ANTJE GROTH

ZEIT, Du kleine HURE

was bist Du für ein merkwürdiges Ding

novum ⬦ pro

Dieses Buch ist auch als
e-book
erhältlich.

Bibliografische Information
der Deutschen Nationalbibliothek:

Die Deutsche Nationalbibliothek
verzeichnet diese Publikation in
der Deutschen Nationalbibliografie.
Detaillierte bibliografische Daten
sind im Internet über
http://www.d-nb.de abrufbar.

© 2025 novum publishing gmbh
Rathausgasse 73, A-7311 Neckenmarkt
office@novumverlag.com

ISBN 978-3-7116-0338-8
Lektorat: Jasmin Fürbach
Umschlaggestaltung, Layout & Satz:
novum Verlag

www.novumverlag.com

Druckprodukt mit finanziellem
Klimabeitrag
ClimatePartner.com/16547-2311-1001

Was wäre, wenn wir wüssten, wie sich unser Leben
entwickeln wird?

Was wäre, wenn wir wüssten, wie ein heutiges Ereignis oder
unsere heutige Entscheidung unser Leben beeinflusst?

Was wäre, wenn wir wüssten, wie wichtig
der jetzige Augenblick ist?

Manche Augenblicke haben keine Ahnung, wie wichtig sie
sind.

Für E. und J.

Inhaltsverzeichnis

Intro

Solange ich denken kann, wollte ich ein Buch schreiben. In unserer Familie ist es Tradition. Eine kleine Tradition. Nicht Goethe, Hesse oder Fontane. Auch nicht Melville, Stevenson oder Verne. Aber es wurde aufgeschrieben, was den Autor interessierte. Schreiben als unterhaltsame Selbstfindung. Nicht für andere – für unser Leben schreiben wir.

Mein Großvater war Hobby-Ornithologe. Das soll jetzt beileibe kein spätpubertärer Spruch sein, aber deswegen kenne ich mich mit Vögeln tatsächlich gut aus. Er veröffentliche 1969 ein Fachbuch über die Papageienzucht der „Unzertrennlichen", einer kleinen bunten Papageienart, die in großen Volieren unseren Garten bevölkerte. Es war seine Welt und ich wuchs mit kleinen bunten Papageien auf, wie andere mit Kaninchen. Sein Buch fand in der Fachwelt internationale Anerkennung.

Meine Mutter erholte sich Anfang der 80er Jahre mehrere Wochen von einer Krankheit. Bei schönem Wetter saß sie in unserem Garten vor den bunten, krächzenden Papageien in ihren Volieren und träumte sich zurück durch ihr Leben. Sie begann, geschichtliche Ereignisse, verbunden mit den Erinnerungen ihrer Kindheit, und Erzählungen von ihren Eltern und Großeltern in einem Manuskript festzuhalten, welches die Salzgewinnung und die Landwirtschaft in unserer Region sowie historische Ereignisse in Deutschland von 1875 bis in die Anfänge des 20. Jahrhunderts beleuchtet – verpackt in eine Familiengeschichte. Sie wurde wieder gesund und das Manuskript geriet in Vergessenheit.

1998, zu ihrem 60. Geburtstag, suchten wir das handschriftliche Manuskript heraus, brachten es in Form und ließen es mit vielen historischen Bildern als Jubiläumsausgabe binden. Diese ging mit Begeisterung im Familien- und Freundeskreis von Hand zu Hand.

2008 verstarb unsere Mutter. Um die Erinnerungen an sie und ihr Andenken weiterleben zu lassen, veröffentlichten wir ihren Roman „Brot & Salz" 2010 mit Unterstützung der Deutschen Literaturgesellschaft Berlin. Es war ein unbeschreibliches Gefühl, das Buch tatsächlich in den Buchhandlungen stehen zu sehen.

Mein erster literarischer Versuch bestand aus fünf kleinen, schief zugeschnittenen und mit Zwirn zusammengenähten Zetteln, die in kindlicher Krakelschrift erzählten: „Wie das Teufelchen König wurde". Ich war sieben Jahre alt. Dann kam das Leben dazwischen und lange *Zeit* passierte nichts.

25. Oktober 2022

Oft grübelte ich über ein spannendes oder wenigstens interessantes Buchthema, aber die Muse küsste lieber Eco, King oder Grisham. Oft schweiften meine Gedanken aber auch zu den vielen Momenten, die ich im Laufe der *Zeit* erlebt hatte, was mir wichtig war im Leben, welche Entscheidungen meinem Leben genau die Richtung gegeben hatten, die ich dann tatsächlich erlebt habe.

Heute wäre meine Mutter 84 Jahre alt geworden. Auch meine *Zeit* vergeht. Tag für Tag. Sie tut es überraschend schnell. Bei vielen Erinnerungen denke ich: Das war doch gerade erst gestern. Dann rechne ich nach und schon wieder ist es nicht gestern oder vor 3 Jahren passiert, sondern vor 13 oder gar 23 Jahren. Manchmal narrt sie uns ganz schön, die *Zeit*. Warum? Vielleicht, weil sie's kann!
    Aber heute, da kommen sie plötzlich zur Tür herein – die Muse und die *Zeit*. Sie sagen: „Such doch nicht so verbissen ein Thema. Ist Dein Leben nicht Thema genug?
    Finde heraus, wie alles zusammenhängt. Das Große in der Welt mit Deinem Leben und das Große in Deinem Leben mit

der Welt. Schreib es nicht für die anderen. Schreib es doch erstmal für Dich."

Im Filmepos „Jenseits von Afrika" bekommt Tanne Blixen (Meryl Streep) nicht nur von Robert Redford romantisch den Kopf gewaschen, sondern sie kann auch auf einen beliebigen ersten Satz, der ihr von ihm angeboten wird, sofort, vor dem Kamin, eine ganze Geschichte entwickeln. Das kann ich leider nicht. Das können wahrscheinlich nur die Wenigsten. Und trotzdem birgt jedes kleine oder auch große Ereignis in unserem Leben, manchmal eben nur ein einziger Satz, spannende Verbindungen. Unsichtbare Fäden, die sich durch Raum und *Zeit* ziehen. Die man finden kann. Wenn man das will.

Die Muse und die *Zeit* sind gute Berater. Schreiben als unterhaltsame Selbstfindung, wie konnte ich nur unsere kleine Familientradition vergessen?

Heute fange ich tatsächlich mal an.

Lesehilfe für den geneigten Leser

Jedes Kapitel behandelt ein Thema, das meinen Lebenskreis berührt hat. Meist durchgängig beschrieben, aber mit *Zeit*sprüngen über mehrere Jahre und Jahrzehnte. So, wie es halt passiert ist. Nun aber ergänzt mit vielen Recherchen, die ich dazu angestellt habe. Oft war ich selbst überrascht, wie das Große in der Welt mit meinem kleinen Leben zusammenhängt und umgekehrt. Es war sehr unterhaltsam, das herauszufinden.

Aber es soll auch für Dich persönlich, lieber Leser, eine unterhaltsame Reise durch die *Zeit* sein: *Zeit*geschichte und *Zeit*geschichten. Deshalb solltest Du die jeweiligen Datumsangaben über den Abschnitten beachten, um nicht den *Zeit*-Faden zu verlieren. Gerne aber auch reflektieren, was Du selbst in der jeweiligen *Zeit* so getrieben hast.

Ich wünsche: „Gute Unterhaltung und viel Spaß". Bei einer verrückten Reise durch die *Zeit*.

1   Lasst die Steine rollen

25. Dezember 1977

Genau am 1.977. Geburtstag des Herrn kamen sie über mich.
Die Rolling Stones. Die Könige der kapitalistisch-dekadenten
Rockmusik. Genau genommen kamen sie über meine ganze
Familie, die am 25. Dezember 1977, einem Sonntag, am festlich gedeckten DDR-Mittagstisch saß, um einer allgemein an-
erkannten Weihnachtskonvention zu frönen: sich mittags mit
toten Vögeln vollzustopfen und nachmittags mit gebackenem
Zucker. Übrigens einer in Ost und West gleichermaßen aner-
kannten Konvention. Also in den beiden Teilen Deutschlands,
die sich damals ansonsten unversöhnlich gegenüberzustehen
schienen. Wahrscheinlich kommt tatsächlich erst das Fressen
und dann die Moral.

Ich war gerade 12 Jahre alt geworden und guckte regelmäßig die ARD-Programmvorschau für die kommende Woche. So
etwas gab es in den 70er Jahren. Eine Fernsehzeitung im Fernsehen. In der DDR besonders beliebt, da man sich ja nicht mal
so eben eine West-Fernsehzeitung am nächsten Ost-Zeitungs-
kiosk kaufen konnte. Gleiche Sachlage beim damals supermo-
dernen Videotext: Gerade hatte man ihn im Sommer 1977 auf
der Internationalen Funkausstellung in West-Berlin erfolgreich
vorgestellt. Aber überraschenderweise ließ er sich in unserem
Ost-Fernsehgerät vom RFT Staßfurt so einfach finden, wie ein
Kamel, das durch ein Nadelöhr passt. Nicht zu verwechseln mit
einer Schachtel Camel, die weder durch ein Nadelöhr noch durch
die Grenzkontrollen passte.

In der vorweihnachtlichen ARD-Programmvorschau stolperte
also mein spätkindliches Interesse über die Ankündigung:

11:30	Sendung mit der Maus
	Vorspann Deutsch / Italienisch
12:00	Rockpalast
	Rolling Stones im Konzert,
	Paris 1976 (WDR)
12:45	Weihnachtsansprache des Bun-
	despräsidenten

Nicht, dass ich mit meinen 12 DDR-Jahren etwas mit dem „Rockpalast" anfangen konnte. Wir hatten vor anderthalb Jahren in Ost-Berlin den „Palast der Republik" eingeweiht. Nicht mal den hatte ich bisher gesehen. Auch der/die/das „Rolling Stones" konnte mein kleines DDR-Gehirn nicht einordnen. Zu einer *Zeit,* in der Biene Maja, Lolek & Bolek, Pippi Langstrumpf e solo domenica, 11:30 Uhr: Il programma con il mouse (Das war italienisch.) noch meine Wegbegleiter waren. Aber es klang für einen vorpubertären Teenager unglaublich herrlich nach großer weiter Welt. Da meine Eltern auch nichts damit anfangen konnten, wurde am 1. Weihnachtsfeiertag 1977, Punkt 12, die gebratene Ente auf den Tisch und das 1. Programm des Klassenfeindes angestellt. Was mich 12-Jährige dann ereilte, fällt definitiv in die Kategorie: Manche Momente haben keine Ahnung, wie wichtig sie sind. Das Konzert wurde am 06.06.1976 aufgenommen. In 14 Jahren wird der 06.06. (**un**bewusst oder **unter**bewusst) mein Hoch*zeit*stag werden.

Die Hausfrau war mit der Essensverteilung beschäftigt und der Hausherr mit der Lobpreisung seiner selbst gemästeten und persönlich umgebrachten Ente. So hatte ich die absolut einmalige Gelegenheit, völlig fasziniert „Honky Tonk Woman" und „Fool to cry"/„You Gotta Move"/„Happy" und „Jumping Jack Flash" zu hören und vor allem zu **sehen.** Mein kleines 12-Jahre-Universum stand Kopf. Wer und vor allem was („Who the fuck is Biene Maja") – war **das** denn???

Ich wurde elektrifi- und infiziert und meine Ente kalt. Als Mr. Jagger sich dann bei „Street Fighting Man" anfing auszuziehen, wurde der Hausherr dann leider doch auf das dekadente Fernsehspektakel aufmerksam. Sein Entenbein reichte gerade noch, bis Mick himself begann, einen Riesenpenis zu besteigen, um weiße Bettfedersamen ins Publikum zu schießen und mit einem (Zitat der Hausfrau) „Pferdeeimer" Wasser ins Publikum zu schütten. Mit einem lauten elterlichen Aufschrei wurde das mittägliche, nicht jugendfreie Weihnachtsprogramm beendet. Aber es war zu spät. Der dekadente Bettfedersamen war in der Tat auf jungfräulichen Boden gefallen. Nämlich auf meinen. Der Beginn einer wunderbaren, lebenslangen Freundschaft und neugierigen Faszination.

Faszination natürlich für die Rolling Stones: Unser Gehirn vergisst nicht. Aber auch Faszination für die unglaublich vielfältigen, schillernden Facetten der Musik überhaupt. Dieses unglaubliche Gefühl, etwas zum ersten Mal in völliger, absoluter Begeisterung zu hören, zu erleben oder zu sehen, sollten wir niemals vergessen oder verlieren. Das funktioniert nämlich auch später noch. Auch viel später. Neugier ist ein verdammt unglaubliches Geschenk. Ich liebe Geschenke. Tun wir das nicht alle?

1989 rollen andere Steine. Mauer-Steine. Das ist gut. Denn danach werde ich die größte Rock-'n-Roll-Band der Welt 15mal live erleben dürfen. Ein Konzert fantastischer als das nächste. Am **27. Juli 2022** werde ich sie ein letztes Mal sehen. Charlie wird nicht mehr dabei sein. Er spielt seit dem letzten Sommer in der himmlischen Rockband, die mittlerweile eine exzellente Star-Besetzung hat. Dort jammen und jauchzen sie jeden Tag. Einmal im Monat soll es ein Live-Konzert geben und im Sommer ein himmlisches Open Air. Ich freue mich schon auf mein erstes Ticket.

17. November 2022

Wenn mein geschätzter Großvater früher erzählte: „Damals, aber das ist schon 45 Jahre her ...", hatte mein kleines Gehirn nicht wirklich eine Vorstellung davon, was „schon 45 Jahre her" bedeutet. Schließlich lebte ich noch in dieser (längst versunkenen) *Zeit*, in der man unsterblich ist. Aber heute sitze ich ergriffen und dankbar vor meinem Monitor: sehe und vor allem höre Mick, Keith, Charlie & Ronnie. Sie haben viel in ihrem Leben erlebt. Sie können viel erzählen. Aus ihrem Leben. Von einer *Zeit*, die man auf keinen Fall vergessen sollte. Und wie schon seit 45 Jahren freuen mich einfach nur ihre Neugier und ihre Lebensfreude. Ich habe es im Laufe meines Lebens vielleicht nicht immer bewusst bemerkt: Aber ich war und bin Teil von einem riesengroßen Stück Musikgeschichte. Ich habe keine Ahnung, wie es sich anfühlt, ein Rolling Stone zu sein. Aber ich bin mir sicher: Ein Mensch ist ein Mensch ist ein Mensch.

25. Dezember 2022: Ich gucke The Rolling Stones, Live in Paris, Aux Abattoirs (aufgenommen am 06.06.1976). Nach meiner Rockpalast-Fernsehpremiere besitze ich das Konzert mittlerweile als VHS-Kassette, VCD, DVD, Doppel-CD, als Vinyl und Offline-Stream. Falls die Technikevolution weiter so rasant fortschreitet, werde ich es mir wohl demnächst noch implantieren lassen können. Wer weiß. Ich bleibe da mal verdammt neugierig.

„*Time* is on my side."

Der 1.977. Geburtstag des Herrn ist jetzt genau 45 Jahre her. Aber es kommt mir vor wie gestern. Und in knapp 14 Jahren wird meine Hoch*zeit* sein ... Und von dem dann noch üblichen DDR-Ehekredit werden wir uns unseren ersten Fernseher kaufen, der Videotext besitzt ...

Zeit, Du kleine Hure: Was bist Du für ein merkwürdiges Ding.

2. Der König ist tot. Es lebe der König. (I)

17. August 1977

Tagesschausprecher Wilhelm Wieben berichtet in einer ARD-Sondersendung über den gestrigen Tod des King of Rock 'n Roll: Elvis Presley. Hunderte Menschen liegen sich schluchzend in den Armen. Vor einem Eisentor türmen sich Blumen. Manche Bilder brennen sich ein, auch wenn Du noch keinen Bezug dazu hast. Ich kann mich an diese Sendung tatsächlich erinnern. Er war 42 Jahre alt, sagt Wilhelm Wieben. Das ist älter als meine Mutter gerade ist. Also urst-alt, denkt da das elfjährige Kind. Und die *Zeit* fließt einfach weiter. Unerbittlich und gnadenlos. Aber auch gerecht und gleich für alle.

3 *Zeit* (I)

Die *Zeit* ist eine messbare physikalische Größe. Ein Babylonier hat mal festgelegt: aufstehen, Bewässerungssystem für Mesopotamien erfinden, essen, lieben, schlafen. Fertig ist ein Tag. Heute präzisieren über 400 Atomuhren an 60 Standorten weltweit diesen Vorgang. Irgendwas ist auch noch mit GPS. Aber im Prinzip hat sich nicht viel verändert: aufstehen, Bewässerungssystem für das versteppende Ost-Deutschland erfinden, essen, lieben, schlafen. Fertig ist ein Tag.

Die nordisch-germanische Mythologie bedient sich der drei Nornen Urd, Verdandi und Skuld. Sie stehen für Vergangenheit, Gegenwart und Zukunft und weben unseren Schicksalsfaden. Sie stehen dafür, dass unser Schicksal irgendwann zu Ende geht. Dass wir der *Zeit* unterworfen sind. Dabei ist der Satz: „Ich habe **keine** *Zeit*." faktisch und auch postfaktisch, liebe Telegram-Gemeinde, unwahr. Wahr wird er erst, wenn wir tot sind. Also: richtig tot. Denn auch wenn die Bösen in Gangsterfilmen gerne zischen: „Ich gebe Dir 24 Stunden. Dann ist sie tot", ist das natürlich physikalisch betrachtet Blödsinn. Niemand kann einem 24 Stunden GEBEN. Und tot ist sie nach 24 Stunden übrigens auch nicht. Denn auch wenn der Gangsterfilm-Regisseur am Filmset andauernd „Cut" schreit, wird die betreffende Dame natürlich nicht mit einem Messer verletzt und ist nach besagten 24 Stunden noch mopsfidel.

Philosophisch betrachtet, beschreibt die *Zeit* die Abfolge von Ereignissen: von der Vergangenheit kommend, die Gegenwart erlebend, zur Zukunft hinführend. Eigentlich bezieht sie sich hier meist auf willkürliche, durch Konventionen festgelegte Fixpunkte: Christi Geburt, High Noon oder der Release-Termin der neuen Rammstein-CD. So weit. So „*Zeit*". Aber als Albert auf der Bildfläche auftaucht, wird's kompliziert. Albert Einstein, ihr wisst schon: die Zunge mit dem weißen Wuschelhaar. Gemeinsam mit den drei Raumdimensionen bildet die *Zeit* nun die vierdimensionale Raum*Zeit*. Und nur jeweils ein einziger Punkt in dieser vierdimensionalen Raum*Zeit* beschreibt die erlebbare Gegenwart – für eine Dauer von zirka 2,7 Sekunden. Wie empfindet man denn bitte schön zirka**!!** zwei Komma sieben Sekunden? Versucht es. Ich hatte nur mäßigen Erfolg. Aber ich arbeite daran.

Und dann gilt das auch nur für Menschen, Tiere und Aliens, die sich mit der gleichen Geschwindigkeit durch Raum und *Zeit* bewegen. Ich schlage vor, wir belassen es dabei, denn wenn ich jetzt auch noch mit der Lichtgeschwindigkeit und *Zeit*reisen um die Ecke komme, bekommen einige wahrscheinlich sofort einen Knoten im Gehirn.

Zeit vergeht eben einfach. Und wir können sie partout nicht umkehren. Eltern bemerken den sich stetig nach vorne abwickelnden *Zeit*faden dadurch, dass die Hosen der Kleinen schon wieder zu eng geworden sind. Wenn die Hosen von uns Großen zu eng geworden sind, hat das nichts mit unserem Schicksalsfaden zu tun, sondern mit einem Zwirnsfaden. Damit sind nachts – besonders gerne um die Weihnachts*zeit* – fiese Zwerge am Werk, die unsere Hosen enger nähen ... Ich merke, dass die *Zeit* vergeht, weil sich schon wieder ein paar meiner geliebten alten Tonträger verabschiedet haben. Alte Tonträger im Sinne von Musik. Nicht betagte Menschen, die einen mineralischen Rohstoff durch die Gegend tragen. Mr. Cliff Burton bleibt auf Metallicas „Kill ‘Em all"-CD mitten im göttlichen Bass-Solo „Anesthesia" hängen. „Whiplash" bleibt zumindest hier für immer ungehört. Auf der „Live-Aid"-DVD erscheint nach der Ankündigung der beiden englischen Bobbys nicht der unvergleichliche Freddy Mercury im Wembley-Stadion, sondern blaue Streifen. Und die härteste Heavy-Metal-Kassette aller *Zeit*en hat Bandsalat ...

Nun ja: Alles hat eben **seine** *Zeit*, denn Leben ist ein ewiger Abschied. Manche Abschiede sind aber einfach zu *zeit*ig. Ich denke, hier hat jeder sein eigenes „zu-*zeit*ig-Erlebnis" zu verarbeiten.

Der Tod gehört zum Leben dazu. Klar. Aber definitiv nicht in einem Alter, in dem wir noch glauben, unsterblich zu sein.

Elvis Aaron Presley war am 16. August 1977 noch in diesem Alter.

2.2   Der König ist tot. Es lebe der König. (II)

April 2013: Graceland

Fast 36 Jahre sind vergangen, seit Wilhelm Wieben die traurigen Zeilen verlas und die Bilder sich in mein junges, musikalisch unbeflecktes Gehirn einbrannten. Aber: Unser Gehirn vergisst nicht. Nach welchem Schema es dabei vorgeht, entzieht sich bis heute meiner Kenntnis. Ich weiß nicht, was am 17.08.1998 passiert ist und wenn ich ehrlich bin, kriege ich ohne meinen Kalender auch nicht mehr auf die Reihe, was am 17.08. im letzten Jahr so los war. Aber an den Fernsehbericht vom 17.08.1977 kann ich mich erinnern.

Elvis mag ich mittlerweile sehr. Bewusst oder unterbewusst. Großartige Stimme, freundlicher Mensch, toller Entertainer und natürlich schön. Ganz großes Kino. Im übertragenen Sinn. Seine Filme geben mir nicht so viel. Außer „Morning Star". Der ist tatsächlich großes Kino.

Der diesjährige Urlaub führt meine bunte Reisegruppe zum fünften Mal in die United States. Nun endlich sind nach den Klassikern San Francisco, Los Angeles und Vegas, New York und Woodstock, Hawaii und Florida die Südstaaten Louisiana, Mississippi, Tennessee und Alabama dran. Ich habe mal wieder unzählige Nächte damit verbracht, einen halbwegs annehmbaren Reiseplan für die verschiedenen Gemüter hinzuzaubern. Einzige Regeln: Flugtickets für alle, halbwegs passable Autos, in denen man zur Not auch mal nächtigen kann und eine grob festgelegte Route, die den Wünschen aller entgegenkommt. Der Rest ergibt sich vor Ort.

Allein der Landeanflug auf New Orleans ist die zehn Stunden im Flieger wert. Unter uns der mäandernde Ol' Man River: der Mississippi, dessen Delta sich nach seiner 3.700 Kilometer langen Reise in den Golf von Mexico ergießt. Was für ein Anblick. Im French Quarter tanzen wir uns die Seele aus dem Leib. Fantastische Bands allerorten. Die Fahrt mit dem Schaufelrad-Dampfer „Natchez" auf dem Mississippi ist obligatorisch. Das Highlight ist seine Dampforgel, die zur Abfahrt „What a wonderful world" von Satchmo Louis Armstrong spielt. Auch ein ganz Großer, dessen World leider nicht immer wonderful war.

Die Welt der First Nation, nach der unser Schaufelraddampfer benannt ist, war alles andere als wonderful. Die Natchez-Indianer wurden hier am Mississippi ab 1729 erst von den Franzosen und einhundert Jahre später vom 7. Präsidenten der Vereinigten Staaten, einem gewissen Mr. Jackson, konsequent ausgerottet. Was übrigblieb, wurde im wahrsten Sinne des Wortes in die Wüste geschickt. Wie viele glückliche Schaufelrad-Touristen wissen das, während sie im Vorbeifahren ein Foto vom dekorativen Reiterstandbild vor der St. Louis Cathedral in New Orleans schießen? Das zeigt genau jenen Mr. Jackson – Andrew mit Vornamen –, der in den 1830er Jahren zehntausende Cherokee, Chickasaw, Choctaw, Muskogee und Seminolen mittels des Indian Removal Acts in die kargen Landstriche im Norden schickte. Mehr als ein Drittel starb auf dem „Pfad der Tränen". Der Rest wurde in den Reservaten, dem neuen Zuhause, das Mr. Jackson für sie vorgesehen hatte, kulturell und spirituell entwurzelt. Sorry, ich schweife ab. Geht gleich wieder. Aber manches muss einfach raus.

Elvis wartet. Die Brücke über den Lake Pontchartrain ist lang. Unglaubliche 25 Kilometer! Ein schöner Start für den langen Weg nach „Graceland", des Königs Zuhause. Nach 700 Kilometern erreichen wir am Abend Memphis, Tennessee.

Am nächsten Morgen bin ich die Erste vor den Kassenhäuschen. 8:30 Uhr. Ein Bus bringt die aufgeregten Frühaufsteher eigentlich nur kurz über die Straße. Welcome to „Graceland". Wir fahren durch das große Eisentor, vor dem sich damals die Blumen türmten. Meine Gänsehaut wird in den nächsten Stunden nicht verschwinden. Aber ich werde um fast 1.000 Fotos und mindestens genauso viele Emotionen und Eindrücke reicher sein. Meine Reisegruppe verschwindet ab Mittag nach und nach zurück ins Hotel. Ich werde das Gelände erst kurz vor Toresschluss mit zwei leeren Kameraakkus verlassen. Beladen mit so viel Merchandise, wie ich mir in meinem ganzen bisherigen Leben zusammen nicht gekauft habe. Es war wie im Rausch.

Das Haus ist mit Sicherheit das Eleganteste, was es in den 70ern gab. Der König entspannte sich in seinem Dschungelzimmer vor einem Wasserfall, konnte in seinem Fernsehzimmer an der Bar sitzen und auf mehreren Fernsehern gleichzeitig schauen, was draußen in der Welt so passiert. Denn verlassen hat er Graceland immer seltener. Einsamkeit ist das Schutzgeld des Ruhms. Aber Platz hatte er damals in Graceland genug. Weite Pferdekoppeln umrahmen das Haus. Drinnen ist der Platz heute sehr knapp. Die unfassbare Sammlung seiner unglaublichen Bühnen-Outfits und persönlichen Gegenstände, geordnet nach den Abschnitten seines Lebens wird nur noch getoppt von den Ausstellungssälen seiner Goldenen Schallplatten. Gold vom Fußboden bis zur Decke. Sortiert nach Kontinenten! Es gibt sogar goldene Kassetten. Es müssen Millionen Memorabilia sein, die meine für Emotionen zuständigen Neuronen zu einer Hochleistungsschicht auflaufen lassen. Und dann seine „Garage": Stellt euch eine Riesenhalle vor, in der dutzende Prachtstücke stehen: vom Pink Cadillac (1955), Mercedes Roadster (1970), Lincoln Continental (1956) über den weiße Rolls-Royce Silver Cloud III bis hin zu Motorrädern, Golf-Carts und einem Snowmobil. Vor der Tür parkt sein Privat-Jet „Lisa-Marie". Und das ist nur ein Bruchteil. Niemand weiß, wie viele Edelgefährte sich der Autonarr Elvis in seinem Leben gekauft hat.

Nun braucht er sie nicht mehr. Im Meditationsgarten liegt der King of Rock 'n Roll im Kreis seiner ganzen Familie: Mutter Gladys, Vater Vernon und Großmutter Minnie Mae. Hier wird am **1. Oktober 2020** sein Enkel Benjamin Keough begraben werden. Er soll sich mit einer Schrotflinte in den Kopf geschossen haben. Ganz im Style von Nirvana-Sänger Kurt Cobain. Beide werden nur 27 Jahre alt und gehören neben Jim Morrison, Jimi Hendrix, Janis Joplin, Brian Jones, Amy Winehouse, Pigpen und vielen anderen dem tragischen Club 27 an. Alle Clubmitglieder starben mit nur 27 Jahren. Enkel Benjamin wird sich ausgerechnet am **12. Juli 2020** erschießen. Genau 53 Jahre nachdem Elvis am **12. Juli 1967** am Filmset von „Speedway" bekannt gab, dass Priscilla ein Kind erwartet: Lisa-Marie. Benjamins Mutter.

Lisa-Marie wird am **12. Januar 2023** sterben. Genau 50 Jahre nachdem ihr Vater seine letzte Bühnenprobe in Honolulu auf Hawaii absolvierte. „Aloha from Hawaii" wird das erste Konzert der Welt werden, dass am **14. Januar 1958** per Satellit in über 40 Länder der Erde übertragen wird. Es erreichte über eine Milliarde Menschen. Mehr als jeden dritten damals lebenden Menschen. Lisa-Marie stirbt mit nur 54 Jahren. Das ist zweimal 27. Sie wird ihrem Vater und ihrem Sohn in den Meditationsgarten von Graceland folgen.

Nun ist der Enkel bei seinem Opa und die Tochter bei ihrem Vater. Ewige Ruhe werden Elvis und seine Familie im Meditationsgarten aber nicht finden. Graceland ist mit 600.000 Besuchern pro Jahr nach dem Weißen Haus in Washington die beliebteste Pilgerstätte Amerikas. Dieser Fakt, der verschwenderische Luxus und die gefühlt 1.000 Gift-Shops lassen den Besuch ein bisschen zum Disneyland mit angeschlossener Gelddruckmaschine verkommen. Aber das haben wir ja vorher gewusst.

Am **2. März 2017** wird Priscilla Presley auf der gegenüberliegenden Straßenseite einen 200.000 Quadratmeter großen und 45 Millionen Dollar teuren Entertainmentkomplex eröffnen. Dann wird sich niemand mehr vorstellen können, dass die Millionen Ausstellungsstücke mal im „kleinen" Graceland untergebracht waren. Und die Besucher- und Geldströme werden wachsen – wie der Ol' Man River nach einem Starkregen.

(4. September 2016:) Ich bin in Bad Nauheim. Auf den Spuren des Kings in Deutschland. Hier kam er am **1. Oktober 1958** an, um seinen Militärdienst abzuleisten. In einem Panzer-Bataillon. Hier lernte er Amphetamine kennen und seine große Liebe Priscilla. Beides wird ihn für die nächsten knapp 20 Jahre nicht wieder loslassen. Es werden seine letzten sein. Dann werde ich als Elfjährige Wilhelm Wieben lauschen. Und in exakt 62 Jahren wird ihn sein Enkel Benjamin besuchen. Am **1. Oktober 2020**. Im Meditationsgarten von Graceland.

28. Juni 2022: Ich sitze im Kino. „Elvis", gespielt von Austin Butler. Colonel Tom Parker, sein Manager, gespielt von Tom Hanks. Ich liebe Elvis. Ich liebe Tom Hanks. Ich bin gespannt. Ich weiß einiges über Colonel Parker, aber definitiv zu wenig. Der Film dauert 159 Minuten. Danach werde ich nie wieder einen Tom-Hanks-Film mit echter Freude sehen können. Er ist ein Schauspieler der Megaklasse, hat aber gerade Elvis in den Tod getrieben. Also nicht Tom Hanks, sondern Tom Parker. Aber: Unser Gehirn vergisst halt manche Bilder nicht.

„Before Elvis, there was nothing". (1)
John Lennon

R.I.P. Elvis Aaron Presley, King of Rock 'n' Roll.
Ich hoffe, es ist schön, da oben bei den Sternen.

4   Kinderzimmer-Musik (I)

Die Wohnungsnot in der DDR war groß. Nicht unbedingt, weil es zu wenig Wohnungen gab, sondern eher, weil die Hälfte absolut marode und unbewohnbar war. Selbst für DDR-Verhältnisse. Bis ich neun Jahre alt war, teilte ich mir deshalb mit meinem Bruder ganze vier Quadratmeter. So viel, wie heutzutage **einem** Bio-Huhn mindestens als Auslauffläche zur Verfügung stehen muss. Es waren einfach vom Etagenflur abgetrennte zwei mal zwei Meter. Als Kinderzimmer konnte man das nicht bezeichnen. Allerdings hatten manche Kinder nicht mal das und mussten im elterlichen Schlafzimmer nächtigen. Mit allen Höhen und Tiefen ... In unserem „Hühnerauslauf" standen lediglich eine Klapp-Couch, ein sehr schmaler, dafür aber hoher Schrank und ein kleiner Nachttisch. Die Couch wurde abends zum Bett umgebaut. Fertig. Mehr gaben die 40 + 4 Quadratmeter unserer Küche-, Schlafzimmer-, Wohnzimmer-Wohnung nicht her. Neidisch blickte ich daher auf einige meiner gleichaltrigen Freunde, die in ausgebauten Dachkammern oder Kellerräumen campierten. Auch wenn man nicht überall aufrecht stehen konnte, war das gar nicht mal so schlecht. Hauptsache ein eigenes Reich und etwas entfernt vom (elterlichen) Schuss.

Im Nachbarhaus lebte meine Urgroßmutter. Unsere Häuser waren und sind identisch. Auch sie hatte ursprünglich eine 40 Quadratmeter-Küche-, Schlafzimmer-, Wohnzimmer-Wohnung. In diesem Haus waren in den zwei mal zwei vom Flur abgetrennten Metern zwei Innen-Toilette für alle Hausbewohner eingebaut. Eine Innen-Toilette: im Vergleich zum Donnerbalken auf dem Hof, den alle bis in die 70er Jahre hinein benutzen mussten – ein enormer Luxus.

Als meine Urgroßmutter im höheren Alter von meiner Oma mitversorgt wurde, gab sie ihre Küche als Kinderzimmer an eine kinderreiche, fünfköpfige Familie ab, die mit ihr die Etage teilte und ebenfalls nur 40 Quadratmeter besaß. Generationentausch wurde in der DDR nicht diskutiert, sondern einfach gemacht. Ohne die sozialistische Wohnungsbaugenossenschaft KWV groß zu fragen. Als meine Urgroßmutter starb, bekam die kinderreiche Familie ein weiteres Zimmer – und das letzte Zimmer bekamen ... mein Bruder und ich! Er war elf Jahre alt. Ich neun. Wir waren starr vor Freude. Unfassbare 20 Quadratmeter. Nur für uns. Und dann auch noch weit entfernt vom elterlichen Schuss. Die linke Kinderzimmerwand grenzte zwar an die rechte elterliche Wohnzimmerwand, aber eben im Nachbarhaus – getrennt durch zwei Außenwände. Wir mussten entweder: eine Treppe runter, zur einen Hoftür hinaus, über den Hof (am Donnerbalken vorbei), durch den Garten, wieder über den Hof (am nächsten Donnerbalken vorbei), zur nächsten Hoftür wieder hinein und eine Treppe wieder hoch, oder: eine Treppe runter, zur einen Straßentür hinaus, zur nächsten Straßentür wieder hinein und eine Treppe wieder hoch. Unser Paradies. Unser unbeobachtetes Paradies.

Ende der 70er

Ein beliebiger handelsüblicher DDR-Sonnabend. Ich, 14 bis 15 Jahre alt: „Heute ist die Geburtstagsparty von ...“ Mutter: „Punkt 9 bist Du zu Hause.“ Das war ich dann tatsächlich: pünktlich zu Hause! Kurz vor dem Fernseher Müdigkeit schauspielern und ab ins Bett. Halb 10 stand das Fahrradtaxi vor der Tür des Nachbarhauses und fuhr mich zur Geburtstagsparty von ... zurück. Gegen 2 oder 3 Uhr morgens musste ich keine Müdigkeit mehr schauspielern und fiel freiwillig und unbeobachtet ins Bett. 8 Uhr: Kater-Frühstück. Mutter: „So spät war es doch gestern gar nicht? Dir ging es doch gut. Hast Du schlecht geschlafen?“ Nein, hatte ich natürlich nicht. Nur leider viel zu wenig. Als das häufiger passierte, fand der mütterliche Instinkt recht schnell des Übels Kern und eine kleine Eiszeit legte sich über die familiäre Nachbarhauslandschaft ...

In den 80ern war meine elternbefreite Kinderzimmerzone dann natürlich ein beliebter Treff- und Feierpunkt. Den Feier-Abend nahmen wir auf keinen Fall wörtlich. Wir feierten zu jeder Tages- und Nachtzeit. Ich glaube, Mutter hat irgendwann resigniert und kapituliert. Einige meiner Freunde kamen vorbei, selbst wenn ich gar nicht da war. Sicherheitsschlösser gab es nicht. Haus- und Zimmertür konnten mit einem „Dietrich" geöffnet werden. „Dietrich" im Sinne von: ein länglicher, gebogener, dicker Draht. Nicht Dietrich, der längliche, gebogene und dicke Mitschüler aus der 9a. Den Draht-Dietrich besaß in der DDR jeder halbwegs gebildete Jugendliche, seit er mit sieben bis acht Jahren ein schusseliges Schlüsselkind geworden war. Und so fand ich oft, wenn ich nach Hause kam, Besuch vor. Gut erzogenen Besuch: Besuch, der stets ein, zwei oder auch fünf bis zehn Getränke für den Erhalt der Gastfreundschaft mitbrachte und – was viel wichtiger war: MUSIK. Denn davon konnten wir einfach nicht genug bekommen. Und das meinten wir in der DDR leider wörtlich.

5 DeDeRon-Musik

Bob Dylan oder Neil Young? Iron Maiden oder Accept? Joan Baez oder Janis Joplin? Rolling Stones oder die Beatles?

Viel mehr Fragen musste ein DDR-Jugendlicher mit ungeschreddertem Gehirn in den 80ern nicht beantworten, wenn er nicht gerade fünfmal das markante Schlüsselrasseln hinter den schweigsamen Mauern einer offiziell nicht existenten Stasi-Zentrale gehört hatte. Andere Geschichte …

Aber egal, wie die Antwort auf obige Fragen ausfiel: In jedem Fall war es lebensnotwendig, dass man einen kannte, der einen kannte, der das begehrte Vinyl besaß. Schwarzes Vinyl: die legendäre Variante eines chemischen Erzeugnisses, das wir mehr so als **DeDeR**on-Kittelschürzen oder Sprelacart-(**Spre**mberg, **La**minat und **Cart**on)-Frühstücksbrettchen kannten.

Das schwarze Vinyl war zwar in der DDR nicht selten, kam aber meist in Formen vor, die unsere natürliche Blut-Hirn-Schranke sofort mit einem gekonnten Roundhouse-Kick ins Nirvana schickte. Auch wenn wir Chuck Norris und Nirvana noch gar nicht kannten, waren „Frank Schöbel" und „Chris Doerk" Worte, die es einfach nicht über unsere Lippen schafften. Nur getoppt von dem unglaublich komplizierten Wort (Gruppe) „Kreis". Ostdeutsche Sprachfehler, die bis heute kein Therapeut heilen konnte. Aber dann gab es noch das echte Vinyl. Schwarzes Gold: seltener und schwerer zu heben als das völlig überbewertete, blutbefleckte Edelmetall, das für einige mit geschreddertem Gehirn Lebensmittelpunkt ist. Mittels einer kleinen Nadel in einem Plattenspieler, auf dem sich das kostbare schwarze Gold drehte, eröffnete sich für uns ein neues Universum. Wenn wir Glück hatten.

Dienstag, 9 Uhr in einer beliebigen, smogverhangenen DDR-Industriestadt der 80er Jahre: Vor dem Musikfachgeschäft der Stadt steht eine Schlange. Was gibt es? Keine Ahnung. Egal. Sofort anstellen. Für den legendären **E**inheits**V**erkaufs**P**reis (EVP) von 16,10 DDR-Mark bekam man an einem guten Tag City, die Puhdys, Karat, Silly oder Renft. An einem sensationellen Tag gab es eine Lizenzplatte von Drupi, Al Bano & Romina Power, André Heller oder Loriot. Und vielleicht einmal im Jahr kam ein nicht beschreibbarer Freudentag vorbei und über den Verkaufstisch gingen gefühlt drei noch vorhandene Exemplare der Lizenzplatten von Bob Dylan, Neil Young, den Beatles, oder – halt mich fest – den Rolling Stones. Unvorstellbare Raritäten. Solche Tage endeten in einem musikalischen Massenfreudengelage. Dafür gab es in der DDR definitiv schlechtere Gründe.

9 Uhr 15 war der Spuk vorbei. Das Mini-Kontingent, das es tatsächlich in das Musikfachgeschäft geschafft hatte, war sold out. Der größte Teil war ohnehin schon durch einen „Schwarzen Kanal" zu Freunden oder Familienangehörigen des sozialistischen Platten-Dealers gelangt. Hast Du das gewusst, Karl Eduard von und zu?

Leider wusste niemand im Voraus, wann der Freudentag vorbeischaut. Und deshalb stand man in den 80ern an mindestens 52 Dienstagen pro Jahr erwartungsvoll vor dem Musikfachgeschäft einer beliebigen, smogverhangenen DDR-Industriestadt am Ende einer unwissenden Schlange, mit dem EVP von 16,10 DDR-Mark in der Hosentasche einer DDR-Jeans Marke Wisent oder Boxer.

Die echten Freaks bedienten sich jedoch ganz anderer Kanäle. Die sozialistische Volksrepublik Ungarn war zwar Mitglied im Ostblock, entwickelte aber nach dem Volksaufstand 1956 den sogenannten Gulasch-Kommunismus, der gewisse Liberalisierungen im politischen, wirtschaftlichen und vor allem kulturellen Bereich ermöglichte. Ungarn wurde zum gelobten Land und Budapest das Eldorado tausender Musikliebhaber aus Karl-Marx-Stadt, Magdeburg, Leipzig oder Rostock. Sie trugen Jesuslatschen, Klettis, Shell-Parker oder eine Thälmann-Jacke. Sie trugen lange Haare und einen Heimatbeutel mit Hirschmotiv drauf. Sie hatten ein ganzes Jahr hart gespart, um nun im

Schlaraffenland, wo Schallplatten und Levis-Jeans flossen, den Urlaub zu verbringen. Sie waren die ersten wahren Shopping-Touristen der Welt. Die Härtesten sparten selbst das Geld für die Zugfahrt und trampten – manchmal tagelang – bis sie die Insel der Glückseligkeit erreichten, um dann in den Budapester Pop-Shops freudig ein halbes Monatsgehalt für Perfect Strangers, das Weiße Album, Sticky Fingers, Morrison Hotel oder Rust never sleeps hinzulegen. Die unglaubliche Freude währte zunächst leider nur kurz, denn nun begannen die Schwierigkeiten erst richtig. Was in der Heimat nicht verkauft wurde, durfte natürlich auch nicht eingeführt werden und im Vergleich mit einem ostdeutschen Zollbeamten war ein westdeutscher Drogenhund ein Chihuahua. Zwar konnte man die Kostbarkeiten im Zug so verstecken, dass einem der Besitz nicht nachgewiesen werden konnte, aber wenn die Kettenhunde in Uniform das schwarze Gold fanden, hatte man mehrere Monate umsonst malocht. Nicht wenige Kassetten fuhren deshalb in vollgeschmierten Abfallbehältern über die Grenze. Nicht wenige Platten klebten an den unmöglichsten Stellen im Zug und mussten bis Dresden wieder unauffällig in Besitz genommen werden. Viel Angstschweiß also, bis man tatsächlich der glückliche Besitzer war. Im schlimmsten Fall eben auch nicht.

Die erfolgreiche Rückkehr des glücklichen Besitzers verbreitete sich dann mit analoger Lichtgeschwindigkeit. Mysteriös-konspirative Telegramme wurden bei der Post aufgegeben und quer durch die musikarme Republik gemorst, um die Vorfreude zu erhöhen: „Sonnabend Fete: perfekt weiße Finger im Hotel, wo der Rost nie schläft. Ankomme ab 16 Uhr. Bring Kohle mit für Bier. Gruß Ratz." Die Stasi hatte uns eh schon auf dem Radar (Dresscode: siehe oben), hatte aber, Marx, Engels und Lenin sei Dank, musikalisch noch weniger Ahnung als ein Chihuahua, denn in vielen Stasi-Akten wird später zu lesen sein: „Er/Sie ist ein jugendlicher, dekadenter Heavy-Metal-Fan." Deep Purple passt da ja gerade noch. Aber die Beatles, Stones, Doors und Neil Young als Heavy Metal zu bezeichnen, zeugte wahrlich vom hohen musikalischen IQ unserer Stasi bzw. von ihrem Interesse für ihre sozialistische Jugend. Leider bedeutete allein diese inkorrekte Tatsache oftmals Haft. Unbegründete, schlimme Haft. Alles zum Wohle des Volkes ...

Nicht dass jetzt ein Unwissender denkt, an besagtem Feten-Sonnabend wurden nach der „Ankomme ab 16 Uhr" **Perfect** Strangers, das **Weiße** Album, Sticky **Finger**s, Morrison **Hotel** oder **Rust never sleeps** auf dem Plattenteller hoch und runter gespielt. Honecker bewahre! Nur der glückliche Besitzer durfte das unfassbar kostbare schwarze Gold anfassen und genau einmal auflegen. Um es auf eine ORWO-Kassette zu überspielen, die bei besagter Fete und in den nächsten Tagen und Wochen so lange zelebriert wurde, bis der allerletzte Ton aufgesogen und verinnerlicht war. Das schwarze Gold kam in die Heilige Plattensammlung und wurde nur echten Musikliebhabern ehrfürchtig von Weitem gezeigt. Selbst die ORWO-Kassette wurde mindestens wie Silber gehandelt. Die besten Freunde durften sich eine Kopie ziehen, die wiederum ihren besten Freunden eine Kopie gaben, die wiederum ... Es war schon mehr als schräg, wenn man verzückt dem orkanartigen Rauschen der zehnten Kopie der Kopie lauschte und ein ehrfürchtiges KULT! in die gefühlten Pausen zwischen den Titeln von Perfect Strangers, dem Weißen Album, Sticky Fingers, Morrison Hotel oder Rust never sleeps hauchte.

Es war ein unglaubliches, unstillbares Verlangen nach einem in Vinyl gepressten Stückchen Freiheit. Es war unser Verlangen. Bis 1989.

4.2   Kinderzimmer-Musik (II)

Zurück zur Kinderzimmerjugendkultur. Nicht nur weitab vom elterlichen Schuss, sondern auch weitab von jedem nur denkbaren anderen Schuss befand sich das „Kinder"zimmer, das mich für den Rest meines Lebens prägte und auch heute noch – nach

35 Jahren – ein sehnsüchtiges Ziehen in meiner Brust erzeugt. Vor ein paar Jahren dachte ich noch, ich habe Sehnsucht nach einer Jugendliebe oder einem **Land**, das es nicht mehr gibt (DDR). Heute weiß ich: Ich habe Sehnsucht nach einer *Zeit,* die es nicht mehr gibt (Jugend).

1990

Irgendwo im Nirgendwo des mitteldeutschen Flachlandes hatte sich ein Freund zwischen Hühnerställen, Ackergeräten und Hausfrauen, die mit Kittelschürze und Lockenwicklern beim Bäcker anstanden, ein helles, lichtdurchflutetes Reich unter dem Dach eines alten Bauernhauses geschaffen. Ein kleines Paradies. Unser Paradies. Ich habe noch heute den Geruch in der Nase, den alte Häuser im Laufe der Jahrzehnte entwickeln. Für mich ist er definitiv positiv besetzt. Ich roch ihn, wenn ich mein Motorrad auf dem Hühnerhof neben einer riesigen, verrosteten Egge abstellte, die alte knarzende Bodentreppe nach oben stieg und mich über den dunklen Dachboden tastete. Dann ging die „Kinder"zimmertür auf. Und die Sonne. 20 Quadratmeter: hell, freundlich, blitzsauber und laut. Sehr laut. Anfang der 90er hörten seine Dorfnachbarn Heavy Metal. Ob sie wollten, oder nicht. Sie wollten definitiv nicht. Keine Kittelschürze in diesem Dorf hat mich je gegrüßt. Hat mich amüsiert. Sie nicht. Jeder ist der Schöpfer seines Universums. Auch jede Kittelschürze … Hier ereilte mich Metallicas „Kill ‘em all". Headbangen bis der Arzt kommt, um das „Whiplash" zu behandeln. Noch heute stehe ich wie ferngesteuert auf, wenn irgendwo die ersten Töne von Cliff Burtons Bass-Solo erklingen, und drehe den Lautstärkeregler auf Anschlag. Ich bin mir dessen gar nicht mehr bewusst.

Kennt noch jemand den Agentenfilm „Telefon" aus den 70ern mit Charles Bronson? Hier wurden „Schläfer" mit einer Textzeile hypnotisiert, die selbst noch nach vielen Jahren aus braven amerikanischen Durchschnittsbürgern meuchelnde Selbstmordattentäter machte, sobald eine sonore Stimme ihnen am Telefon den einprogrammierten Hypnosetext vorlas:

„Des Waldes Dunkel zieht mich an, doch muss zu meinem Wort ich steh'n und Meilen gehen, bevor ich schlafen kann. Und Meilen gehen, bevor ich schlafen kann." (2)

Cliff Burtons Bass-Solo „Anesthesia" ist für mich des „Waldes Dunkel" von Robert Frost. Hypnose, Fernsteuerung, Lautstärkeknopf: Und schon hören alle meine Nachbarn Heavy Metal. Ob sie wollen oder nicht. Meistens wollen sie nicht. Aber sie grüßen noch.

11. September 1996

Wir sind in der Berliner Deutschlandhalle: Ich habe ein VIP-Ticket sponsored by WOM (World of Music). Freudige Erwartung. Es geht los! Ladies & Gentlemen! Straight from Los Angeles, California: Metallicaaaa!!! Lars Ulrich trommelt los, James Hetfield schreit: „So fucking what!" Genau das schreie ich auch: „So fucking what!!" Oh mein Gott: Die Haare sind ab. Bei allen. Ich erkenne sie kaum wieder. Trotzdem sind es unüberhörbar die „Master of Puppets", die heute das Headbangen ohne Haarmähne erfinden. Aber: Ich muss auf keinen Fall den Lautstärkeknopf auf Anschlag drehen. Das haben sie schon selbst erledigt. Der Boden der Deutschlandhalle und mein Brustkorb vibrieren. Herrliches Konzert. Danke, WOM. Hier bleibt „Whiplash" auf keinen Fall ungehört. Allerdings, ohne dass Cliff Burton vorher sein göttliches Bass-Solo anklingen lässt.

„Master of Puppets" war vor zehn Jahren Cliff Burtons letztes Album. Damit gingen sie im September 1986 auf Tour. Am 27. September kam der Band-Bus nachts auf vereister Straße ins Schleudern und überschlug sich. Dabei wurde Cliff im Schlaf aus seiner Koje ins Freie geschleudert.

„Ich riss den Notausgang auf und kletterte in Unterwäsche nach draußen in die eisige Kälte. Ein paar unserer Crewmitglieder liefen schon um den Bus herum, um abzuchecken, was genau passiert war. Ich hörte Kirk aus dem Inneren ‚Was ist denn los?‘ rufen. Dann drehte ich mich um und sah Cliffs Beine unter dem Fahrzeug hervorragen." (3) James Hetfield

Glück im Unglück hatte Kirk Hammett. Bis vor Kurzem hatte er in Cliffs Buskoje am Fenster geschlafen. Dann beschlossen sie, die Plätze neu zu verteilen und zogen dafür Spielkarten. Cliff zog Lemmys Lieblingskarte: das Ace of Spades (Pik-As). Er wählte Kirks Koje und zupft seitdem den himmlischen Bass, während Kirk mit einer niedrigeren Karte „verlor" und überlebte.

Heute in fünf Jahren werden zwei Flugzeuge aus den Twin-Towers im Big Apple hervorragen. Dann werden die Türme in sich zusammenstürzen. Fast 3.000 Menschen können seitdem Cliffs himmlischen Bass lauschen.

Und heute in 27 Jahren (ein ganzes Club-27-Leben später) wird sich James Hetfield, der Sänger von Metallica, das Ace of Spades auf seinen rechten Mittelfinger tätowieren lassen. In der Tattootinte wird sich ein Hauch der Asche Lemmy Kilmisters, dem Sänger von Motörhead befinden. Ein Vermächtnis, das ein ganz Großer an einen sehr Großen weitergegeben hat. „Ohne Lemmy würde es Metallica nicht geben." (4) James Hetfield.

2. Dezember 2022

Punkt 9 Uhr startet der Ticketverkauf für den Deutschland-Stopp der Metallica-Welttournee „Moth in Flame" 2023/2024. Als ich um 11 Uhr nachschaue, gibt es noch genau vier Tickets. Für den Snake Pit. Das Innere der riesigen kreisringförmigen Metallica-Bühne. Für echte Fans. Für echte 1.100,50 Euro. Für **eine** Karte. Kurze Schnappatmung, aber die Komma 50 hinter der 1.100 sind schon wieder so schräg, dass ich die Seite wenigstens halb grinsend schließe. Ob ich mal das WOM anrufe?

28. Mai 2024

Das WOM hat leider nicht abgenommen. Aber ich habe tatsächlich noch Tickets für den zweiten Teil der Metallica-World-Tour ergattert. Für deutlich weniger als 1.100,50 Euro. Ein junger Mensch muss Glück haben. Und hartnäckig sein. Energie folgt dem Fokus. Immer. Letzten Freitag haben sie sich in gewohnter Lautstärke in meine Ohren und in mein Herz gehämmert. Die Master of Puppets. Im Münchner Olympiastadion vor gigantischen 75.000 Besuchern. Nur ein Bruchteil des Metallica-World-Spektakels, aber Tinnitus, Farb-Flash und zuckende Gewitterblitze im strömenden Regen inklusive. Faszinierend. Die Tour führt sie mit 46 ausverkauften Konzerten in 22 Länder weltweit. Sie werden sich in 1,2 Millionen Ohren und Herzen hämmern und mit dem Preis „Rock-Tour of the year" ausgezeichnet werden. Das wollen sie teilen. Mit jedem einzelnen von uns und mit Hilfe jedes Einzelnen von uns. Metallica und wir alle werden 13 Millionen Dollar aufbringen. Spenden-Dollar. 5,9 Millionen für Bildungsprogramme, 2,5 Millionen für Lebensmittelspenden und 3,2 Millionen für die Opfer von Naturkatastrophen. Respekt und Danke. Übrigens auch Danke, dass mich damals die „Kill 'em all" ereilte.

In glücklicher Erinnerung schwelgend, blicke ich auf. Vor mir an der Wand hängt der Jahreskalender 2024 der RockHard. Für den Monat Mai wählten sie ein Foto von Cliff Burton.

6   Deutschland im Herbst (I)

30. Juli 1977

Es ist Samstag. In den frühen Abendstunden wird in der Nähe von Frankfurt am Main der Bankier Jürgen Ponto erschossen. Die große Schwester seines Patenkindes, Susanne Albrecht, kündigt einen Tag vorher ihren Besuch an und wird arglos zum Tee ins Haus gebeten. Ihre Freunde, Christian Klar und Brigitte Mohnhaupt, begleiten sie. Unter einem Strauß Rosen verbergen sie zwei Pistolen. Eigentlich wollen sie Ponto entführen, um die Mitglieder der 1. RAF-Generation Gudrun Ensslin, Andreas Baader und Jan-Carl Raspe freizupressen. Diese sitzen wegen Sprengstoffanschlägen, Banküberfällen und mehreren Morden lebenslänglich im Hochsicherheitsgefängnis Stuttgart-Stammheim. Warum Ponto wenige Minuten später schwer verletzt, von mehreren Kugeln getroffen im Esszimmer seines Hauses liegt, könnten nur Klar, Albrecht und Mohnhaupt zweifelsfrei beantworten. Der Bankier stirbt kurz darauf im Krankenhaus. In 37 Tagen werden weitere Mitglieder der RAF den heutigen Arbeitgeber-Präsidenten und früheren SS-Offizier Hanns Martin Schleyer (7) entführen, um die Stammheim-Häftlinge freizupressen. ...

In 40 Jahren wird das ZDF eine Doku ausstrahlen. Sie wird mich überraschen.

Herbst 1986

Seit zwei Jahren bin ich Student an der Ingenieurhochschule Köthen. Ich muss Verfahrenstechnik studieren. Die SED war und ist nichts für mich. Trotzdem, vielleicht auch gerade deswegen, habe ich die Schule mit einer Eins abgeschlossen. Komma null.

Da ich mich standhaft weigere, ein **S**ozialistischer**E**inheits-**D**iener zu werden, hat mir die Kaderabteilung meines **V**olks-**E**igenen**A**usbildungs**B**etriebes (VEB) mein Wunschstudium – Chemie an der Universität Leipzig – gestrichen und einen Platz auf der Reste-Rampe zugewiesen: Köthen, Verfahrenstechnik. Nicht, dass es ein schlechtes Studium ist. Nur halt nicht mein Wunsch, als ich noch dachte, mit einem 1,0-Schulabschluss darf man sich in der DDR was wünschen. In zehn, zwanzig, dreißig und wahrscheinlich auch vierzig und fünfzig Jahren werde ich wissen, dass diese Entscheidung des VEB-Parteisekretärs einer der wichtigsten Augenblicke in meinem Leben war. Die richtige Wahl aus dem unendlichen Meer der Möglichkeiten. Mein Leben und meine *Zeit* konnten genau deswegen so verlaufen, wie ich sie erlebt habe. Einfach nur glücklich. Einfach nur richtig. Wer weiß, wie mein Studium in Leipzig und mein Chemiker-Leben danach ausgesehen hätten. Leuna? BASF? Monsanto!!!? Wer weiß das schon. Manche Momente habe keine Ahnung, wie wichtig sie sind.

Den Chemiestudienplatz in Leipzig bekam übrigens ein vollwertiger Diener unserer sozialistischen Gesellschaft mit einem schwachen Dreier-Abschluss. Denn er wollte tatsächlich dienen. Mindestens drei Jahre.

„Ich schwöre: Meinem Vaterland, der Deutschen Demokratischen Republik, all*zeit* treu zu dienen, sie auf Befehl der Arbeiter- und Bauernregierung unter Einsatz meines Lebens gegen jeden Feind zu schützen, den militärischen Vorgesetzten unbedingten Gehorsam zu leisten, immer und überall die Ehre unserer Republik und ihrer Nationalen Volksarmee zu wahren." (5)

Manche haben halt eine Wirbelsäule und manche haben ein Rückgrat. Serve or Survive.

Köthen also. In den 80er Jahren hübsche, leider vor sich hin verfallende Residenzstadt in der Provinz zwischen Leipzig und

Magdeburg. Frohes Studentenleben. So ca. ab Mittag. Die 12-Uhr-Nachrichten müssten dringend präzisiert werden, während wir unser Spätstück mit Mittags-Ei einnehmen. „Guten Tag, meine Damen und Herren. Guten Morgen, liebe Studenten, ...“

Die Hochschule hat eine Fremdsprachenabteilung. Eine Mitarbeiterin ist Ingrid B., geborene Jäger. Sie kam vor einem Jahr mit ihrem Mann und ihrem kleinen Sohn von der Ingenieurhochschule Cottbus zu uns und unterrichtet unter anderem Deutsch für Ausländer und Englisch. Sie wohnt gleich nebenan, im Neubaugebiet Rüsternbreite. In einem Monat wird sie uns überraschend verlassen.

28. Juli 2017: Ich bin überrascht.

Das ZDF zeigt den Beitrag „Der Fall Susanne Albrecht“. Sie ist in einer recht wohlhabenden Anwaltsfamilie in Hamburg aufgewachsen. Mit 22 hat sie erste Kontakte zur Roten Armeefraktion (RAF). Im Juli 1977 gehört sie zum RAF-Kommando, das den Bankier Jürgen Ponto erschießt. Danach geht sie in den Untergrund. Ein Jahr später wird sie vermutlich in einem palästinensischen Lager im Jemen militärisch ausgebildet – später in Belgien einen Anschlag auf den Wagen des NATO-Oberbefehlshabers Haig verüben.

1980 flieht sie mit sieben weiteren RAF-Aussteigern über Prag in die DDR. Diesen Deal fädelt die ehemalige Aktivistin der „Bewegung 2. Juni“ und späteres RAF-Mitglied Inge Viett ein – auf dem Ost-Berliner Flughafen Berlin-Schönefeld. Direkt mit dem Leiter der Spezialabteilung XXII des DDR-Ministeriums für Staatssicherheit (MfS). 1983 wird auch Inge Viett in die DDR übersiedeln.

Das MfS nimmt Susanne Albrecht im Rahmen des Deals unter dem Namen Ingrid Jäger auf und verleiht ihr am 8. Oktober 1980, einen Tag nach den Feierlichkeiten zum „Tag der Republik“, die Staatsbürgerschaft der DDR. Im Herbst 1983 gibt sie dem ahnungslosen Akademiker B. ihr Ja-Wort. Natürlich erst, nachdem die Stasi dafür ihr Ja-Wort gegeben hat. 1985 kommt sie als Ingrid B. an die Ingenieurhochschule Köthen und bespitzelt als IM „Ernst Berger" Vorgesetzte, Mitarbeiter und uns Studenten.

Im Herbst 1986 wird sie nach einem ZDF-Bericht über die RAF von einer Kollegin an unserer Hochschule Köthen erkannt. Hektisch wird sie von der Stasi in einer Nacht- und Nebelaktion nach Ost-Berlin „versetzt". Als das nicht weit genug erscheint, ist das Kernforschungszentrum der UdSSR in Dubna bei Moskau für ihre tatsächlich immer noch ahnungslose Familie die Endstation der Flucht.

Am 3. Juni 1990 kehren sie in die zerfallende DDR zurück. Drei Tage später, am 6. Juni 1990, wird Susanne Albrecht in Berlin-Marzahn von der Volkspolizei verhaftet. An diesem Tag gebe ich auf einem ostdeutschen Standesamt mein Ja-Wort. Ohne Stasi-Beteiligung.

Dieser abenteuerliche Krimi spielte in der *Zeit*, als der kapitalistische Teil Deutschlands international mit Hochdruck nach unzähligen Terroristen der Roten Armeefraktion fahndete, während der sozialistische Teil mindestens zehn von ihnen im Rahmen der Operation „Stern" Unterschlupf im Arbeiter- und Bauernstaat gewährte und ein neues Leben ermöglichte. Ob mit Kenntnis und Zustimmung seines großen Bruders, der Sowjetunion und dessen Rote-Armee-Nachfolger, ist nicht bekannt. Geleitet wurde die Operation von der Spezialabteilung XXII des DDR-Ministeriums für Staatssicherheit mit dem offiziellen Auftrag: Terrorabwehr. Es gibt Sachen, die kann'ste Dir nicht ausdenken.

Susanne Albrecht wird in Stuttgart-Stammheim zu 12 Jahren Haft verurteilt. 1996 kommt sie auf Bewährung frei und arbeitet wieder als Deutschlehrerin für Migranten. Allerdings nicht in meiner Studentenstadt Köthen.

6. September 1977

Der deutsche Staat will sich im „Deutschen Herbst" nicht erpressen lassen. Er wird die RAF-Stammheim-Häftlinge nicht freilassen. Angesichts der aktuell brisanten Lage (Ponto tot, Schleyer entführt) wird heute Nacht in Bonn ein neuer, in der Verfassung nicht vorgesehener Entscheidungsträger geschaffen: der sogenannte „Große Krisenstab". Diese – die Opposition integrierende – All-Fraktionen-Exekutive wird nun fast täglich nichtöffentlich, hinter verschlossenen Türen und ohne Protokoll tagen. Hier soll über „exotische" Verfahrensweisen und Entscheidungen angesichts der sich überschlagenden RAF-Ereignisse beraten worden sein. Von der Erschießung inhaftierter RAF-Mitglieder soll die Rede gewesen sein. Auch von Internierungslagern für die Sympathisanten-Szene, massive Repressalien und Drohungen gegen RAF-nahe Angehörige (6), falls der Arbeitgeber-Präsident und frühere SS-Offizier Schleyer (7) nicht freigelassen wird. Rasterfahndung, Nachrichtensperre und Nachrichtenmanipulation werden gezielt eingesetzt und durch einen Lauschangriff im großen Stil, aber ohne Rechtsgrundlage begleitet. Befinden wir uns noch in einem Rechtsstaat? Man weiß es nicht. Alle Beteiligten des „Großen Krisenstabes" unterliegen einer strikten Geheimhaltungsklausel. (8)

Nicht ohne Grund ist der „Große Krisenstab" ein Gremium, das das bundesdeutsche Grundgesetz nicht kennt. Trotzdem hat diese parlamentarisch unkontrollierte All-Fraktionen-Exekutive mindestens 43 Tage lang existiert, Artikel 102 des Grundgesetzes zum Wanken gebracht (gerne mal googlen) und einen einmaligen Vorgang in der deutschen Nachkriegsgeschichte hervorgerufen: Bundeskanzler Helmut Schmidt gab ausdrücklich zu Protokoll, dass er das Grundgesetz nicht brechen wird.

Am 18. Oktober 1977 werden die inhaftierten RAF-Mitglieder Gudrun Ensslin, Andreas Baader und Jan-Carl Raspe tot in ihren Gefängniszellen im Hochsicherheitsgefängnis Stuttgart-Stammheim aufgefunden. Über die Todesursachen kann sich jeder selbst informieren. Jeder soll und darf seine eigene Meinung haben – solange die Meinung keinem schadet. KEINEM SCHADET: Das bezieht sich natürlich auf die RAF, aber auch ausdrücklich auf die Presse, denn die setzt 1977 die „Baader-Meinhof-Bande" in einer atemlosen Erfolgsgeschichte medial dramatisch und verkaufsfördernd in Szene, ruft schon mal den „nationalen Notstand" aus, heizt die ohnehin schon aufgeheizte Stimmung weiter an und trägt zur weiteren Polarisierung des Landes bei. Kommt mir alles irgendwie bekannt vor ... Der Ausnahmezustand wurde zwar nicht erklärt (außer von der Presse), aber praktiziert. Bis heute liegt über dem Gremium „Großer Krisenstab" ein Schleier der Geheimhaltung.

Der Schleyer, um den es geht, wird nur wenige Stunden nach den Toten in Stuttgart-Stammheim erschossen an der französischen Grenze aufgefunden. Er starb, weil er als Arbeitgeber-Präsident und früherer SS-Offizier ins Visier der RAF geriet. Aber auch, weil der Rechtsstaat durch ein nicht-rechtstaatliches Gremium die Durchsetzung der Staatsräson, die Staatsautorität und sein Gewaltmonopol über das Leben einzelner stellte. Der damalige Bundespräsident Walther Scheel sagt beim Staatsakt für Schleyer in der Stuttgarter Domkirche: „Alle deutschen Bürger befinden sich in der Schuld des getöteten Wirtschaftsführers." (9) Deswegen wird seitdem wieder ein Schleier ausgebreitet. Vom Staat höchstpersönlich: über die SS-Biografie des vom Staat Geopferten.

Auch nach dem Tod der RAF-Häftlinge gehen die öffentlichen Diskussionen weiter. Vor allem in Stuttgart, weil Gudrun Ensslin, Andreas Baader und Jan-Carl Raspe hier begraben werden sollen. Der deutsche – von der Presse angefeuerte – Bürger ist empört. Der Stuttgarter Oberbürgermeister Manfred Rommel beendet die heiße „Herbst"-Diskussion um die letzte RAF-Ruhestätte auf dem Dornhalden-Friedhof mit den Worten: „Irgendwo muss jede Feindschaft enden. Und für mich endet sie in diesem Fall beim Tod". (10)

7. September 2016

Ich stehe auf dem Dornhalden-Friedhof in Stuttgart. Zu meinen Füßen befinden sich die damals hier vehement boykottierten Gräber von Gudrun Ensslin, Andreas Baader und Jan-Carl Raspe. Wenn man von der Überwachungskamera über mir mal absieht, sieht der Dornhalden-Friedhof heute so friedlich aus, wie ein Friedhof aussehen sollte.

Gewalt ist keine Lösung. Dieser Satz ist unumstößlich. Mit und auch nicht ohne Rechtsstaat. Aber die Aufarbeitung und vor allem die Gestaltung unserer Geschichte dürfen wir nicht nur der Presse überlassen. Denn schon Erich Kästner wusste: „Viele wissen gar nicht, dass man sich Urteile selbst bilden kann." (11)

12. September 2023

Der „Deutsche Herbst" 1977 in der BRD fiel genau zwischen die große erste Ölkrise ab Herbst 1973 und die kleinere zweite Ölkrise ab Herbst 1979. Deshalb stöhnten vor 50 Jahren die Menschen unter den hohen Benzinpreisen von ca. 75 Pfennig pro Liter (1973) und ca. 1 DM (1979). So, ihr könnt jetzt aufhören mit Weinen. Tatsächlich: 37-50 Cent pro Liter. Heute hat jeder halbwegs sparsam Veranlagte, der der Deutschen Bahn nicht traut und noch kein E-Mobilist ist, eine Tank-App installiert, die ihm sagt, wo man „clever" tankt, um ein paar Cent zu sparen. Deshalb tanke ich eigentlich grundsätzlich an Billigtankstellen wie STAR, Sprint oder HEM. Und E10. Und meist abends. Und bezahle trotzdem viel zu viel, und doch viel zu wenig für unser Überleben. Weil ich der Deutschen Bahn nicht traue. Dutzende verwartete Stunden und Tage meines Lebens auf überfüllten Bahnsteigen könnten weitere Bücher füllen.

Deshalb tanke ich gerade an einer HEM-Tankstelle in Magdeburg. Gleich gegenüber ist die Mertensstraße. Hier befand sich in den 80er Jahren die Abteilung für Sozialwesen des Kombinats

„Schwermaschinenbau Karl Liebknecht" – nur zehnKilometer von unserem Wohnhaus entfernt. Hier managte eine gewisse Eva Schnell seit dem Herbst 1987 die Ferienaufenthalte der Kinder von 6.500 Kombinatsangehörigen. Dafür steht ihr ein Budget von einer Million DDR-Mark zur Verfügung. Sie besichtigt Heime und sorgt für Transport, Betreuung und Verpflegung, damit die Kinder eine schöne Ferien*zeit* haben. Und sie bespitzelt als IM „Maria Berger" ihre ahnungslosen Kollegen. Diese bezeichnen sie (nichtsahnend) als außerordentlich nett, engagiert und haben sie tatsächlich zur Vertrauensfrau gewählt. Sie wohnt in einer Plattenbauwohnung in Magdeburg-Nord. Dort wird Eva Schnell alias IM „Maria Berger" alias Inge Viett, seit 1972 Aktivistin der „Bewegung 2. Juni" und seit 1980 RAF-Mitglied, am 12. Juni 1990 verhaftet.

Schon das zweite in der DDR untergetauchte RAF-Mitglied von zehn, das mein näheres Umfeld kreuzt. Die DDR war tatsächlich nicht groß und tatsächlich ein Dorf. Ich höre mal lieber auf mit meinen Recherchen.

Lest ihr hier auch gerade Re-_cher-_chen statt Re-**s**cher-**s**chen? Oh, man: Feierabend.

7   Atomkraft? Nein, Danke!

4. Mai 1986

Wir feiern in einem kleinen Dorf in Sachsen-Anhalt, die Jugendweihe einer meiner zahlreichen Cousinen. Unsere Familie ist groß.
Meine Oma kam im klirrend kalten Kriegswinter 1944/1945 mit
sechs Kindern aus Pommern hierher. Größtenteils kamen sie zu
Fuß, die wenige Habe in einem Handwagen. Die Angst vor dem
Russen war größer als die Angst vor dem Weg. Mein Opa blieb
im Zweiten Weltkrieg verschollen.
  Die Jahre des Leidens sind mehr oder weniger vergessen. Die
große Familie feiert gerne. Eine Jugendweihe ist ein willkomme-
ner Anlass. Es wird unzählige Male angestoßen. Auf die Jung-
Erwachsene, auf die Familie, auf das Leben, vor allem auf die
Gesundheit und wieder auf die Jung-Erwachsene, die Familie,
das Leben und vor allem auf den ganzen Rest. Die Stunden vergehen feuchtfröhlich. Wir müssen los. Es gibt nur einen Abend-
zug, wenn man noch nach Hause will. Das muss man sonntags
leider. Der wenige Urlaub wird für den Sommer gespart. Der Weg
zum Bahnhof ist ziemlich weit. Es regnet und ich habe vom vielen Anstoßen enormen Durst. Als wir vor dem Bahnhofsgebäu-
de auf den Zug warten, trinke ich das kühle Regenwasser, das
aus der Regenrinne läuft. Meine Mutter ist entsetzt und zieht
ihr angeschwipstes „Kind" weg. Weg vom radioaktiven Regen.

26. April 1986

Um 1:23 Uhr explodiert Reaktorblock 4 im 1.250 Kilometer
entfernten Tschernobyl. In den nächsten zehn Tagen werden
mehrere Trillionen Becquerel freigesetzt werden. Ein Teil davon
wird über das westlich gelegene Europa ziehen und vielerorts
als radioaktiver Regen niedergehen. Ein Fallout. In der DDR

wird man die Reaktorkatastrophe, den Fallout des großen Bruders und die Gefahr für die eigene Bevölkerung verschweigen und keine offiziellen Schutzmaßnahmen ergreifen. Westliche Journalisten berichten ab dem 28. April ausführlich über das Ausmaß der Katastrophe. Das West-Fernsehen wird zur wichtigsten Informationsquelle für die verunsicherte DDR-Bevölkerung. Meine Mutter wird gut zuhören.

12. März 2011

Unsere bunt gemischte Reisegruppe steht erwartungsvoll auf dem Leipziger Flughafen. 10:50 Uhr geht es los. Über Paris ab in die Karibik. Den gestrigen Abend haben wir mit Tasche Packen verbracht. Für Karibikwetter brauchen wir nicht viel. Eine Kofferwaage ist trotzdem unverzichtbar, um auszurechnen, wie viel Dosenbier mitfliegen darf. Haben ist besser als brauchen. Dann gehen alle beizeiten schlafen. Wir müssen früh raus.

Nach dem ganzen Check-In-Theater stehe ich wie versteinert vor den Flughafenmonitoren. Unfassbare Bilder laufen in den Nachrichten in Dauerschleife ab. Ohne Ton, aber Bilder sagen deutlich mehr als Worte. Vor 24 Stunden erschütterte ein Seebeben die japanische Küstenregion. Der darauffolgende Tsunami überflutete mehr als 500 Quadratkilometer. Eine 14 Meter hohe Welle traf das direkt an der Pazifikküste gebaute Kernkraftwerk Fukushima.

Unser Flug wird aufgerufen. Als wir 14 Stunden später in der Karibik landen, hat die japanische Regierung bereits den atomaren Notstand ausgerufen. Erst mal das Gepäck erleichtern, dann schlafen. Dann erfahren wir weitere Details aus den Nachrichten. Auf Französisch, aber Bilder sagen deutlich mehr als Worte. 22.199 Menschen werden offiziell (hauptsächlich durch den Tsunami) sterben. Die Reaktorblöcke 1 bis 4 werden wegen mehrerer Kernschmelzen irreparable Schäden davontragen. Große Bereiche in Japan und deren Bevölkerung werden durch die Freisetzung radioaktiver Stoffe gefährdet. Ein offiziell noch nicht bestimmter Teil davon wird als radioaktiver Regen über dem Pazifik niedergehen. Der Pazifik ernährt mehr als 100 Millionen Menschen ...

In zwei Tagen, am Montag, dem 14. März 2011, werden Kanzlerin Angela Merkel und Vizekanzler Guido Westerwelle ein dreimonatiges Moratorium zur Laufzeitverlängerung der deutschen Atomkraftwerke verkünden. Alle AKWs sollen einer umfassenden Sicherheitsprüfung unterzogen werden. Außerdem wird das Atomgesetz novelliert. Überraschend novelliert. Nach und nach sollen alle Atomkraftwerke abgeschaltet werden. Es ist der Anfang des endgültigen Atomausstiegs in Deutschland. 2022 soll er abgeschlossen sein.

11.11.2022

Um 11:11 Uhr beginnt traditionsgemäß der Karneval. Warum? Im Mittelalter stand die Schnapszahl Elf für Faxen und Narren. Übrigens faxen auch heute nur noch Narren – und unsere Gesundheitsämter. Anderes Thema. Eine Narrenzahl also. Elf: einer mehr als unsere zehn Finger, einer weniger als die zwölf Apostel. Irgendwie etwas dazwischen. Nichts Halbes und nichts Ganzes. Das feiern die Narren.

Seit Monaten geht ein Gespenst um in Europa. Das Gespenst des totalen Black Out. Wieder ist die Angst vor dem Russen groß. Die Panikmache ist größer. Sie überträgt sich von den Medien auf die Menschen und umgekehrt. Die Ereignisse überschlagen sich. Nach Corona-Inzidenzzahlen, Impfquoten und R-Werten studieren wir nun Gasspeicherfüllstände, Preisbremsen und Notfallpläne. Viele Laien werden wieder über Nacht zu ausgewiesenen Experten und Uni-Abgängern. Im besten Fall Abgänger der YouTube-Universität, sonst Telegram. Friedrich Merz, Robert Habeck und Christian Lindner sind an so vielen Interviewschauplätzen gleichzeitig zu sehen, dass in dem Rauschen des Medien-Black-Out-Gespensterwaldes die Meldung über das erfolgreiche Klonen der menschlichen Spezies untergegangen sein muss. Die Frage: Wo gibt es noch elektrische Heizlüfter? ist existenzieller. Atomkraft ist wieder salonfähig und – Überraschung: grün. Kein CO_2-Ausstoß. Gut fürs Klima und fürs Bashing des russischen Aggressors. Atomkraft: Ja bitte? Mit Abschalten war nicht euer Gehirn gemeint.

Um 10:20 Uhr beginnt im Bundestag nach langer heftiger Debatte die namentliche Abstimmung zur Laufzeitverlängerung deutscher Atomkraftwerke.

10:52 Uhr: Bundestagspräsidentin Bärbel Bas unterläuft ein formaler Fehler. Die Abstimmung verzögert sich.
11:11 Uhr: Die Narrenzeit beginnt. Auf dem Kölner Heumarkt regnet es Glitter und Konfetti.
11:17 Uhr: Die Narrenzeit ist in vollem Gange. Die Auszählung im Bundestag ist beendet. 661 Abgeordnete haben abgestimmt. 375 stimmen mit „Ja", 216 mit „Nein. 70 Abgeordnete enthalten sich. Das sind sechs JA-Stimmen mehr als die 369 benötigten. Drei deutsche Atomkraftwerke werden weiterlaufen.
14:17 Uhr: Auf dem Kölner Heumarkt singen Höhner: „Da simmer dabei. Dat ist priiimaaa."

Ich singe nicht mit, denn manchmal lohnt es sich, nach dem Denken nochmal zu denken. Quasi: nachzudenken. Denn meistens kommt es anders, wenn man denkt.

15. April 2023

Heute werden tatsächlich die drei letzten laufenden Atomkraftwerke in Deutschland – Isar 2, Neckarwestheim 2 und Emsland – endgültig vom Netz genommen. Der Atomausstieg in Deutschland ist vollbracht. Oder? Nein. Doch. Ohhh …

Nach einem Ausstieg, dem Ausstieg aus dem Ausstieg und einem Ausstieg aus dem Ausstieg vom Ausstieg sind wir nun tatsächlich ausgestiegen? Ich weiß es nicht. Irgendwann bin ich bei diesem Thema wohl geistig ausgestiegen.

8   Frühling in Prag

Ostern 1989

Jedes Jahr Ostern fahre ich nach Prag. Weil ich Prag nun mal so mag. Mindestens 20 meiner Freunde mögen es auch und kommen regelmäßig mit. Vor der Wende ist es die einzige Möglichkeit, die, die es irgendwie in den Westen geschafft haben, wiederzusehen. Unser privates Deutschlandtreffen. Großartige Verabredungen sind nicht möglich und auch nicht nötig. Der brave Soldat Schwejk verabredete sich mit seinen Trinkbrüdern: „Halb Sechse nach'm Krieg!" in der Prager Kneipe „Zum Kelch". So machen wir es auch: Ostern unter der Prager Uhr. Fertig. Alle wissen das. Und so trudeln jedes Jahr Ostern nach und nach alle ein. Unter der Uhr des U Flekù in der Kremencova 11. Mehrere urige Gaststuben und ein großer Biergarten platzen aus allen Nähten. Es sind Hunderte. Hunderte durstige Deutsche.

Die Kellner sind nicht zu beneiden. Das tschechische Bier im Allgemeinen schmeckt schon gut (im Gegensatz zu unserem ostdeutschen), aber im Flekù brauen sie es selbst und das schon seit fast 500 Jahren. Sie wissen also, was sie tun: Wasser schmeckt nun mal einfach besser, wenn es vorher eine Brauerei besucht hat. Das dunkle Selbstgebraute strömt bis zum Abwinken. Falls man das noch schafft. Dazu gibt es Becherovka und Knedli mit Gulasch. Das Bier ist zwar billig, aber das Flekù hat an den vier Ostertagen insgesamt 56 Stunden geöffnet ... Wie viel wir vom geliebten Dunklen trinken, weiß keiner so genau. Einer meiner Freunde hat sich mal frühmorgens, als die heiligen Türen öffneten, 30 einzelne Kronen in die Hosentasche gesteckt. Die Toilette kostet eine Krone. Die Hosentasche war abends leer. Von uns konnte man nur das Gegenteil berichten.

23 Uhr ist aber gnadenlos Schluss. Erschöpfte tschechische Kellner können sehr konsequent sein. Besonders mit betrunke-

nen Ostdeutschen. Dann ging in den letzten Jahren regelmäßig das Drama los: wo schlafen? Nicht dass irgendwer irgendwelches Geld hatte, um ein Hotel zu bezahlen. So etwas kannten wir nicht, denn wir durften pro Tag nur 40 DDR-Mark in Kronen tauschen. Pro Jahr maximal 440 Mark. Kann sich jeder Wohlstandsbürger mal (oder noch mal) auf einer schmalen Geldbörse zergehen lassen ... Deshalb erste Anlaufstelle: Bahnhof Holešovice. Die Halle ist groß und das dunkle Bier hat neben dem guten Geschmack noch eine weitere liebenswerte Eigenschaft: Es macht Beton weich. Na dann: Gute Nacht. Für ein paar Stunden klappte das. Aber irgendwann kam sie: die uniformierte Staatsmacht. Mit Hunden, die sie auch gnadenlos einsetzen. Tschechische Ordnungshüter sind um Längen konsequenter als erschöpfte tschechische Kellner. Und sie kamen immer ...

Dann sendete der ostdeutsche Buschfunk einen neuen Geheimtipp: die Hochhäuser in Kosmonautů – die gigantischste Plattenbausiedlung der Tschechoslowakei am Prager Südrand. Dutzende Hochhaus-Klötzer recken sich dort, oft 15 bis 20 Stockwerke hoch, in den Himmel. Es hat irgendwie etwas von Massentierhaltung, aber das bemerken wir nachts natürlich nicht mehr. Und tatsächlich: Die Aufgänge sind von ostdeutschen Schlafsäcken belagert. So geheim war der Geheimtipp dann natürlich doch nicht. Wir lagern mit. Für ein paar Stunden klappte das. Aber irgendwann kam sie immer: die uniformierte Staatsmacht ...

(Kar-)Freitag, 13. April 1990

Wir müssen nicht mehr nach Prag fahren, um unsere ausgewanderten neu-westdeutschen Freunde zu treffen. Das geht jetzt auch in Augsburg, München, Frankfurt und Saarbrücken. Aber warum auf eines der schönsten Wochenenden im Jahr verzichten? Natürlich fahre ich nach Prag. Weil ich Prag nun mal so mag. Und natürlich kommen alle mit. Aber in diesem Jahr haben wir uns halbwegs bezahlbare Betten geleistet. Sehr kompliziert gebucht am Telefon – in einer Telefonzelle. Mein Tschechisch beschränkt sich auf Ano, Ne, Prosím, Děkují, Pivo und Na zdraví. Wir wissen nur, dass wir 20 Betten haben in Prag 8, Zenklova. Hoffentlich.

Dorthin bringt uns vom Bahnhof Holešovice die Prager Straßenbahn: Prosím, výstup a nástup, Dveře se zavírají. An jeder Haltestelle ertönt dieser schöne Singsang. Gefolgt von der Ansage der nächsten Station. Wir lieben es. Dann ertönt: Příští stanice: Zenklova. Vor uns ein Haus, dessen Eingangstür in den Deckel eines riesigen Weinfasses eingebaut ist. Darüber steht Na Vlachovce (VLACHOVKA). Das sieht ja schon mal bezaubernd aus. Wir strömen hinein. 20 Prag-Liebhaber, die ihr erstes Bier schon vor etlichen Stunden hatten, welches auf keinen Fall einsam blieb.

Drinnen ist von Betten weit und breit nichts zu sehen. Wir stehen mitten in einer herrlichen, alten tschechischen Kneipe. Meine Reisegruppe ist sich gespenstisch einig. Wie auf ein geheimes Zeichen setzen sich alle und ordern das nächste Bier. Ich frage dann doch lieber nach unseren Betten. Ein Kellner geht mit mir zur Hintertür wieder hinaus. Ich stehe auf einem kleinen Podest und blicke auf einen großen Garten unter alten Bäumen, in dem mehr als 20 riesige Holzfässer stehen. In jedem sind zwei ordentlich bezogene Holzpritschen. Sonst nichts. Es ist das Paradies. Unser Paradies. Fast die Hälfte des Camps gehört uns. Und natürlich ein guter Teil der Kneipe. Hier wird sonntags eine Fernsehshow aufgezeichnet: „Sejdeme se na Vlachovce". Das heißt: Wir treffen uns in VLACHOVKA. Böhmische und mährische Blasmusik. Leider nie am Ostersonntag. Das ist schade. Nach dem fünften Bier hätten wir getanzt.

Manche leiden ja unter Triskaidekaphobie, der abergläubischen Furcht vor einem Freitag, den 13. Für uns ist der Osterfreitag, der 13. 1990, ein Glückstag. Es ist der Beginn einer wunderbaren Freundschaft. „Sejdeme se na Vlachovce". Genau das werden wir in den nächsten Jahren tun: Wir werden uns in VLACHOV-

KA treffen. Jedes Jahr werden wir Ostern das Gefühl haben, nach Hause zu kommen. Insgesamt zehn Mal. „Wir nehmen sechs Spejbel und vier Hurvineks." Der Kellner weiß Bescheid und bringt wie bestellt: sechs dunkle Bier und vier Becherovka.

In ein paar Jahren wird eine trinkfreudige Reisegruppe aus Mecklenburg zu uns stoßen. Sie wird die andere Hälfte der Fässer belegen. Sie sind zwar der Meinung: Alles südlich von Krakow ist Sachsen, aber: Gleiches erkennt Gleiches. Bedingungslos. Die „Sachsen" und die Ost-Norddeutschen mögen sich sofort. Jahr für Jahr wird nun das ganze schöne Camp uns gehören. Ostern. Wenn wir nach Hause kommen. Wir werden unglaublich viel Spaß haben. Wir werden vor unseren Fässern sitzen – im strahlenden Prager Frühlingssonnenschein und in der herrlichen, alten Kneipe: heiser vom Lachen, trunken vom Bier und glückselig vor Freude. Es wird eine fantastische *Zeit* werden.

22. April 2000

Ein Freund leiht sich von einem Freund einen VW-Bus. Es ist Ostern. Auf nach VLACHOVKA. Parken kann man auf der Straße hinter dem Camp.

Unsere neuen nordischen Freunde zeigen uns in den Prager Bergen ein besetztes Haus, in dem abends Konzerte stattfinden. Natürlich gibt es Bier. Nur eben jetzt gerade nicht. Ich stehe am improvisierten Tresen und werde vertröstet. Das Bier ist alle. Ein neues Fass muss her. Ich gehe wieder Band gucken. Nach einer halben Stunde nehme ich erneut Anlauf. Es gibt immer noch kein Bier. Warum nicht, frage ich den Tresen-Mann. Er kann etwas Deutsch und antwortet mit dem herrlichen Spejbl & Hurvínek-Dialekt: „Es dauert seine *Zeit,* bis ein Fass Bier gestohlen ist." Finden wir herrlich.

Am nächsten Morgen ist unser Bus gestohlen. Finden wir gar nicht herrlich. „Natürlich ist euer Bus weg. Heute ist Ostern. Ihr müsst ihn suchen!" Witze, so flach wie der Norden. Wir verbringen Stunden mit der schlecht riechenden tschechischen

Staatsmacht. Wahrscheinlich denken sie dasselbe von uns. Die Nacht war lang ... Dann fahren wir mit dem Zug nach Hause und trösten unseren Freund, der seinem Freund erklären muss, dass sein Bus wohl auf dem Weg nach Weißrussland ist.

In den nächsten Jahren werden wir ein paar Kronen für einen bewachten Parkplatz übrighaben. Das ist in Prag gut angelegtes Geld.

20. Februar 2021

Ich starre fassungslos auf die Nachricht auf meinem Monitor.

„Im Prager Stadtteil Liben, in der Zenklova ulica, hat der Abriss des bekannten Restaurants Na Vlachovce begonnen. An seiner Stelle entsteht ein Mehrfamilienhaus mit mehr als 30 Wohnungen.“

Das Leben ist ein ewiger Abschied. Eine Träne schleicht sich in mein linkes Auge.

Aber dann sehe ich uns alle dort sitzen. Vor unseren Fässern, im strahlenden Prager Frühlings-Sonnenschein und in der herrlichen, alten Kneipe: heiser vom Lachen, trunken vom Bier und glückselig vor Freude. Und ich bin dankbar. Dankbar, dass wir diese *Zeit* erleben durften. Wir haben uns in VLACHOVKA getroffen und wir hatten unglaublich viel Spaß. Jahr für Jahr. Im Frühling in Prag. Weil ich Prag nun mal so mag.

9   Punk im Osten

Bis zur Wende **1989** war Punk nicht wirklich interessant für mich. Ich bestaunte zwar die bunten, ziemlich schrägen Typen, wenn ich sie zufällig vor den Bahnhöfen in Leipzig, Halle oder Berlin herumliegen sah, war selbst aber auf dem Weg zu meinen Idolen: Freygang, Kirsche & Co. oder Monokel. Bereits zu dieser *Zeit* besetzten Punks erste Häuser in Ost-Berlin. Später werden wir oft Freunde in der Dunckerstraße besuchen. In „ihren" Häusern ist es egal, wo man nach durchzechten Nächten landet. Ist man erstmal bei allen bekannt, kann man seinen schweren Kopf überall betten. Er wird auf keinen Fall dem Henker ausgeliefert.

Als eine der ersten Punkbands der DDR gilt Schleimkeim. Dieter „Otze" Ehrlich, sein Bruder Klaus und Freund Andreas gründen die Band 1981 in Stotternheim bei Erfurt. Auf seinen Spitznamen ist Otze stolz, weil man ihn so schön ergänzen kann: Rotze, Kotze, … Mit selbstgebauten Instrumenten, keinerlei musikalischen Kenntnissen und eigenen Stücken erobern sie innerhalb kürzester *Zeit* den musikalischen Underground der DDR und werden zum absoluten Geheimtipp. Über mysteriöse Kontakte mit Stasi-Beteilung kommt es 1982 bei Dresden zu Studioaufnahmen, die den Weg nach Westdeutschland finden und dort als „DDR von unten"-Vinyl veröffentlicht werden. Diese Platte wird natürlich in der „DDR von oben" sofort verboten. Vorsorglich nennen sich **S**chleim**K**eim darauf **S**au**K**erle. Das ist selbst für Stasi-Verhältnisse zu einfach. Otze muss in den Bau. Dafür gilt die „DDR von unten" als erste echte Punkplatte der DDR überhaupt. Der unangepasste Otze wird noch öfter in der DDR einsitzen. Manche Menschen sind für dieses Universum einfach nicht geschaffen, können aber das Wurmloch nicht finden, um nach Hause zu fliegen. Nach der Wende kommen Drogen aller Art ins Spiel. Die Bunten und die Bösen. Für Otze wird aus dem Bau die Psychiatrie. 1999 tötet er im Rausch seinen Vater mit einer Axt. Er wird die nächsten sechs Jahre in der Psychiatrie verbringen. Hier stirbt er 2005: vollgepumpt mit den legalen Drogen der Pharmaindustrie. Auf seinem Totenschein steht: Herzversagen.

1989, kurz vor der Wende, gründet sich in Magdeburg die Punk-/Noise-/Grindcore-Band „Brutal Glöckel Terror" (B.G.T.). Kurze *Zeit* später ist ihr Sänger Nelius halb blind und ein Stück eines Körperteils fehlt. Je nach Legende heißt es: Er hat sich im Drogenrausch selbst entmannt und versucht, ein Auge auszustechen oder sich ein Stück seiner Nase abgeschnitten und selbstgebrannten Schnaps getrunken. Auf alle Fälle landet auch er in der Psychiatrie.

Die neuen Bundesbürger im Allgemeinen und die zarten Ansätze der Subkultur im Speziellen sind weder auf den Kapitalismus noch auf seine psycho-biologisch-chemischen Begleiter vorbereitet. Deswegen werden uns noch so einige verlassen.

3. August 2021

Leider habe ich Otze nie kennengelernt, denn den Punk habe ich erst Anfang der 90er für mich entdeckt. Er fing uns auf und gab uns Halt, als Neonazis in unseren ostdeutschen Städten zum Straßenbildalltag gehörten. Auch wer wie ich etwas später kam, konnte Teil der Punk-Kultur werden. Die bunte Vielfalt der Subkultur wird mich *zeit* meines Lebens begleiten. Bunt statt Braun! Warum sollte man sein Leben an nur eine Farbe verschwenden?

Otze war einer der ersten, der die Punk-Szene viel zu früh verließ.

Ein Internetrechner weiß es mit der kalten Präzision einer Maschine: Otzes genaues Alter betrug 41 Jahre und 158 Tage. Das sind 15.134 Tage oder 363.216 Stunden oder 21.792.960 Minuten. Es sind 1.307.577.600 Sekunden.

Otze hatte 15.134 Lebenstage. Bis zu meinem geplanten Endziel (100) sind es noch 16.169 Tage. Ich habe also vielleicht noch mehr *Zeit* **vor** mir als Otze je hatte. Aber: Er ist 15.134 mal aufgewacht. Und hatte einen ganzen Tag vor sich: zum Musik-machen, Genießen, Verschlafen oder Verjammern. Um es mit einem seiner Vorbilder zu sagen: Er konnte „sich volllaufen lassen, ins Kino gehen oder sein Geld im Puff ausgeben". Ok, letzteres war in der DDR schwierig. Offiziell gab es keine Puffs und die inoffiziellen waren für einen Punk wohl ein finanziel-les Problem, aber ansonsten hat Rio Reiser schon recht. Otze konnte es selbst bestimmen. So wie wir alle es beim Aufwachen selbst in der Hand haben.

1,3 Milliarden reale Sekunden Otze. Unser Sonnensystem ist da etwas älter: fast 4,6 Milliarden. Wohlgemerkt Jahre! Also 145.065 600.000.000.000 Sekunden. 145 Billiarden Sekun-den sozusagen. Warum spaziert mein Gehirn gerade pfeifend zur Tür hinaus? Es wird schon wissen warum. Nur teilen wird es diese Erkenntnis leider nicht mit mir. „Spitzel haben grüne Ohren", oder Otze?

Wir sind ein Wimpernschlag der Raum*Zeit*. Und haben es doch selbst in der Hand, ob es ein spannender und intensiver Wim-pernschlag ist oder eben nur ein Wimpernschlag. Wählen wir wie Neo in „Matrix" die rote Pille und überschreiten Grenzen oder wählen wir doch nur die blaue Pille und drehen uns in unserem Bett um? Wir können vieles entscheiden. Nur in der *Zeit* und in unserem Tod sind wir alle gleich. Denn: „Der Tod ist nicht schlecht. Er verlangt nur sein Recht." Danke, Otze. Ich hoffe, jetzt hast Du Dein Wurmloch gefunden.

30. Juli 1999

Einer, der es selbst in die Hand genommen hat, ist Imre. Imre hat in den letzten zwei Jahren das „Force Attack" aus der Tau-fe gehoben. Ein ostdeutsches Punk-Open Air: Imre am letzten Juliwochenende, fast direkt an der Ostsee – für schmales Geld.

In Behnkenhagen erwarten uns 300.000 m² pure Freude. Mehr als zwei Dutzend Bands auf zwei Bühnen. Es ist alles dabei. Zu Punk, Oi, Ska, Hardcore & Rockabilly tanzen Tausende bunte Besucher glück- und bierselig bis in den frühen Morgen hinein. Dann geht die Fahrersuche los: Wer kann fahren? Fahren **können** natürlich alle. Nur **dürfen** dürfen es die „bis-in-den-Morgen-Tänzer" eher nicht. Aber wir müssen einfach los. Die Ostsee ist nur zehn Kilometer entfernt und lockt. Nicht jeder Führerschein schafft es bis an die Ostsee oder wieder bis nach Hause. Am Strand der Ostsee schlafen dann die einen ihren Rausch aus und die anderen frischen den ihrigen wieder auf. Hunderte Punks belagern die Strände von Graal Müritz und Markgrafenheide und werden von den in der Ferien-Hochsaison ebenfalls zahlreich anwesenden Touristen überrascht bis entsetzt beäugt.

Das erste Mal ist immer unvergesslich, aber Imre und wir werden in den kommenden Jahren der Location Behnkenhagen an der Ostsee treu bleiben. Ab dem nächsten Jahr wird das Festival auf drei Tage erweitert, die Bandanzahl auf ca. 40 erhöht und der Strandbesuch um einen Tag verlängert. Imre – noch für schmales Geld. Das Maskottchen des Festivals, die riesige Möve, wird – nach dem Zapfhahn – definitiv unser zweites Lieblingstier werden. Imres Engagement wird sich zur „größten Punker-Party" weltweit entwickeln. Bis zu 10.000 werden wir in Spitzenjahren sein. Wir werden uns einen Sommer ohne Force Attack und Ostsee gar nicht mehr vorstellen können. Ich werde zehnmal dabei sein. Glück- und bierselig tanzen bis in den frühen Morgen hinein. Dann werde ich ein Auto suchen, das an den Strand fährt, …

Im **Sommer 2022** werden Punks das für drei Testmonate geltende neun Euro-Ticket nutzen, um die Nordseestrände von Sylt zu besuchen und ein Protest-Camp zu eröffnen: „Sylt für alle". Wieder werden die in der Ferien-Hochsaison ebenfalls zahlreich anwesenden Touristen überrascht bis entsetzt reagieren. Andere Geschichte. Aber: Wer hat's erfunden?

29. Juli 2012

Imre und wir müssen unsere einzigartige „größte Punker-Party der Welt" aufgeben. Es ist auch nach einem Umzug auf ein neues Gelände nicht mehr händelbar. Nie werde ich den jetzigen Moment vergessen: Wir verlassen ein letztes Mal die 300.000 m² pure Freude. Ich winke und flüstere: Mach's gut, Imre. Und DANKE! Schon wieder schleicht sich eine Träne in mein linkes Auge. Das Leben ist tatsächlich ein ewiger Abschied. Deshalb wünsche ich mir, dass wir die fantastischen *Zeit*en, die wir manchmal als selbstverständlich erachten, einfach noch intensiver – bewusster – genießen. Denn irgendwann, auch wenn es sich niemand in der Euphorie des Jetzt, Hier und Heute eines Force Attack vorstellen kann: Es werden immer ein Ende und ein Abschied kommen.

17. August 2023

Natürlich sind wir unserem Geist, unserem Spirit, treu geblieben. Deswegen gibt es heute viele weitere schöne Locations und Open Airs, die unserer Subkultur Raum geben. Aber wie das ebenso ist, mit der ersten Liebe, dem ersten Live-Konzert, dem ersten Rausch oder dem ersten Joint: Es wird nie wieder so faszinierend und einprägsam sein, wie beim ersten Mal. Lieber Imre: Gerne würde ich Dich heute noch mal umarmen. Und Danke sagen. Danke, für mein erstes Punk-Open-Air und für die schönen Sommer an der Ostsee. Erschaffen auf dem Acker von Behnkenhagen.

Eines der Open Airs, das wir seit einiger *Zeit* gerne besuchen, ist das „Spirit from the Street". Da sind wir heute. Auf der Festwiese in Loburg. Fast direkt vor unserer Haustür in Sachsen-Anhalt, aber in den letzten Jahren gefühlt öfter umgezogen, als es Sommer gab. Weil, nun ja: Weil unsere Subkultur natürlich schon schwierig für den Normalbürger ist. Bunte Vielfalt können manche einfach nicht ertragen. Inakzeptanz, Hass oder doch Neid, weil wir Spaß haben? Warum das so ist, können nur diese Menschen selbst beantworten. Ich habe jedenfalls Spaß. Jede Menge. Ich treffe alte Freunde und lerne neue Bands kennen. Aber wir sind eben, besonders wenn wir viele sind, oft unerwünscht. Es stört mich schon lange nicht mehr. Jeder darf tun, was immer er will. Solange er keinem schadet. Natürlich gibt es Grenzen. Sie sind nur von Mensch zu Mensch verschieden. Und damit müssen alle leben.

Einer, der sich 1985 in der DDR wohl kaum mit dem Punk identifizierte, ist der Liedermacher Gerhard Schöne. Und trotzdem hat er es zauberhaft beschrieben:

„Als mein gelber Wellensittich aus dem Fenster flog,
hackte eine Schar von Spatzen auf ihn ein.
Denn er sang wohl etwas anders und war nicht so grau wie sie
und das passt in Spatzenhirne nicht hinein." (12)
Danke, Gerhard Schöne.

10   Rammstein-Feeling

13. Mai 1989

Pfingsten in Steinbrücken: Auf der Bühne herrscht Chaos. Der quirlige Sänger zappelt und kreischt: „Mix mir einen Drink." Ein schmales Bürschchen mit Brille und einer Art Aluhut auf dem Kopf haut in irgendwelche Tasten, die ziemlich quäkende Geräusche von sich geben. Eigentlich macht jeder, was er will. Und allen macht es Spaß. Vor der Bühne stampft ein friedlich durchmischter Fan-Block. Punks springen Bluesern ins Genick. Langhaarige geben ihr Bier beim Haareschütteln an Haarlose weiter. Einige liegen am Rand und schlafen. Aber alle sind sich definitiv einig: Genau dafür sind wir hier. Hier kennen Freude und Freiheit keine Grenzen.

Eine Stunde später: Die Band spielt noch, aber der Sänger hat wohl jemanden gefunden, der ihm einen Drink gemixt hat. Er schläft auf der Bühne, angelehnt an eine Lautsprecherbox. Die Meute stampft trotzdem und freut sich immer noch. Wir sind auf einem Feeling B-Happening.

Im allgemeinen Chaos eines Steinbrücken-Open-Airs gingen solche Kleinigkeiten unter. Steinbrücken: ein unerklärliches, kleines Stück Freiheit. Mitten in der ansonsten streng regulierten und überwachten DDR. Es war legendär. Gelebte Anarchie. Privat organisiert – autonom an jedem Parteisekretär und Dorf-Sheriff vorbei. Der Alltag durfte definitiv nicht mit rein. Bis heute weiß ich nicht genau, warum es dort funktioniert hat. In den Anfangsjahren kamen Hunderte. Später Tausende. Zu DDR-*Zeit*en! Es war eine der wenigen Inseln der Glückseligkeit in der DDR. Wenn nicht die Einzige. „Hea Hoa ..."

Pfingsten 1990 – 2005. Immer noch in Steinbrücken

Hier wird es gleich anfangen zu regnen. Wie jedes Jahr. Es regnet immer. Das hügelige Gelände der Wolfsschlucht wird sich in eine einzige Lehmmatschbahn verwandeln, über und durch die Dutzende begeistert rutschen. Bei manchen sieht man nur noch weiße Zähne und weiße Augen aus einem braunen Matschklumpen leuchten. Herrlich: nochmal. Am Montag wird ein Trecker unsere Autos aus dem Matsch und vom Platz ziehen. Der Regen wird immer noch an die Scheiben prasseln. Auch das wird der Freude keinen Abbruch tun. Ohne das erlebt zu haben, wären wir nie nach Hause gefahren. Jeder braucht ein Woodstock. Sein Woodstock.

Feeling B galt in den 80ern in der DDR als Spaß-Punkband. Tatsächlich: Sie und wir hatten Spaß. In der DDR. Denn unser absoluter Lebensmittelpunkt waren Live-Konzerte. Feeling B (und wir) waren öfter auf den Fernverkehrsstraßen und in den ostdeutschen Dorfsälen zu finden als zu Hause in Ost-Berlin. Und wenn sie gerade nicht in Steinbrücken oder on the Road waren, an eine Lautsprecherbox gelehnt oder unter der Bühne schliefen, traf man sie wahrscheinlich in ihrem Sommerdomizil: auf Hiddensee. In erster Linie eine geografische Insel. Aber auch eine Insel der kleinen Freiheit, denn hier konnten Berliner Großstadtflüchtlinge, Unangepasste, Aussteiger, Lebenskünstler und Intellektuelle ein relativ freies, glückseliges Leben führen. Wenn, ja wenn, man es einmal auf die Insel geschafft hatte. Die Kontrollen waren streng. DDR-Grenzgebiet. Dänemark ist nicht weit. Ohne Vitamin B(eziehungen) hatte man oft keine Chance, eine Unterkunft nachzuweisen und wurde schon vor Betreten der Fähre wieder nach Hause geschickt. Republikflucht war wohl an der Tagesordnung. Über 5.000 sollen über die Jahre den Weg über die kalte Ostsee gewagt haben. Offiziell ertranken mehr als 150. Über 4.500 sollen gefasst und verhaftet worden sein. JVA Bützow, Bautzen oder Burg: Das Gewaltmonopol der DDR hatte da so einiges zu bieten. Der Rest: vermisst? Oder doch erschossen? Das war also keine erfolgversprechende Option. Fliehen wollten die Feeling-B-Jungs definitiv nicht. Sie wollten einfach ihre Freiheit genießen, Spaß haben, selbst gebastelte Ohrringe verkaufen, um sorglosen Alkoholismus praktizieren zu können und einfach mal am Strand ein kleines Konzert geben.

„Feeling B wollte den Menschen in der DDR das Lächeln zurückbringen." Ronald Galenza (13)

Apropos Lächeln und sorgloser Alkoholismus: Wenn sie all das nicht getan haben, wurde geslamert. Im besten Fall auf der von ihnen selbst entwickelten Slamer-Maschine. Hardcore-Trinken, wie es nur der Osten erfinden und zelebrieren konnte. Ich war leider nie dabei, aber Jahre später werde ich im sonnigen Süden ein fantastisches Feeling-B-Buch lesen. Titel? Überraschung, Tusch und Trommelwirbel: „Mix mir einen Drink".

„Wir lernten das Slamern in Kopenhagen kennen. Im besetzten Stadtteil Christiania. Dazu gibt man gleiche Anteile Tequila und Sekt in ein Glas, hält oben die Hand schön dicht drüber, haut das Glas dreimal auf den Tisch und kippt es in einem Zug runter. Dann explodiert das Ganze im Mund und geht direkt ins Blut. Die Wirkung liegt in der Physik. Nicht in der Chemie. Das Slamern hat in kurzer *Zeit* enorme Ausmaße angenommen. Alle machten es. Wir haben uns damit fast um die Ecke gebracht. Zum Schluss slamerten wir sechs Flaschen Tequila. Dann hat Aljoscha das Helm-Slamern erfunden. Er hat einen Helm aufgesetzt, sich das Zeug direkt in den Mund gekippt und den Kopf dreimal auf die Tischplatte geschlagen. Das ist sehr originell. Aber Unsinn." (13a)

Slam kommt aus dem Englischen und bedeutet bezeichnenderweise zuschlagen/zuknallen. „Ja, wir slamern, slamern, slamern und lassen uns einfach gehen ..."

22. November 2004

Wir landen am Flughafen Schönefeld. Der sonnige Süden war schön. Der Weg nach Hause geht schnell, denn wir geben Gas. Wir werfen unsere Taschen in hohem Bogen aufs Parkett, greifen uns die Tequila-Flasche und finden tatsächlich eine dauerhaft verschmähte, staubbedeckte Flasche Sekt. Helm auf. Feuer frei. Es tut nur beim ersten Mal weh.

Die weiteren Knaller sollen mal unkommentiert bleiben. Spoiler: Wir werden es bereuen, wenn wir wieder nüchtern sind und ein monströser Kater von uns Besitz ergreift. Ich empfehle, dass eine universitäre Einrichtung mal untersucht, was da so im Kopf passiert. Also vorher. Wie man auf so eine verrückte Idee kommen kann. Ich werde 24 Stunden meines Lebens vergessen. Slamern lässt die *Zeit* nicht nur stillstehen. Slamern lässt sie einfach verschwinden. Wer es nicht glaubt, greift bitte zu Tequila, Sekt und einem TÜV-geprüften Helm. Feuer frei – und lang lebe der Restalkohol.

„Ohne Bewusstsein: Das muss kein Verlust sein …"

Am **8. August 2022** werde ich Aljoscha Rompe wiederfinden, den quirligen Sänger aus Steinbrücken. In seinem Sommerdomizil. Auf dem Inselfriedhof von Hiddensee. Hier liegt er begraben, seit mehr als 20 Jahren. R. I. P. und mix mir einen Drink, der mich woanders hinbringt.

10. Dezember 1994

Wir sind im Dorfsaal von Schinne: irgendwo im Nirgendwo der Altmark. Wenn die Welt eine Scheibe wäre (Liebe Flacherdler-Anhänger: Ist sie aber nicht!) ist hier das Geländer. Aber es ist einer unserer Lieblingssäle. Freygang, Keim*zeit*, Kirsche & Co.: Yes, Yes & Yes. Bei Konzerten verdoppeln wir die Einwohnerzahl des kleinen Straßendorfes. Heute spielt eine Band, die wir noch nicht kennen: Rammstein. Sie sollen gut sein. Wir sind *zeit*ig da. 300 weitere Gäste auch. Viel Bier. Dann geht es los: „Rammstein: Ein Mensch brennt".

Bei einer Flugschau über der amerikanischen Air Base Ramstein in Rheinland-Pfalz kollidieren 1988 drei Kunstflugzeuge und stürzen brennend ins Publikum. 70 Menschen sterben.
    Über Geschmack lässt sich bekanntlich streiten. Aber sie sind tatsächlich gut. Brachial. Auf der Bühne steht – hinter dem Funken sprühenden Sänger – wieder das schmale Bürschchen mit Brille aus Steinbrücken. Heute ohne Aluhut. Aber mit ähnlichen Tastentönen. Feeling B gibt es nicht mehr. Seit Mai spielen er und sein Freund Paul hier, in dieser Pyromanen-Show mit. Er guckt ernster, hat aber offensichtlich immer noch viel Spaß. Lange nach dem Konzert werde ich mit ihm hinterm Tresen, unter dem Billard-Tisch im Vorraum oder einfach nur vor der kleinen Bühne liegen (wo genau ist mir nicht mehr so ganz erinnerlich) und Bierreste trinken. Wir lachen uns kaputt, weil das Leben schön und einfach lustig ist. Vielleicht auch nur, weil noch genug Bierneigen da sind. Er wird der wohl bekannteste Keyboarder der Welt werden.

6. März 2004

Wir fahren mit der Monotrail durch Sydney zum Sea Life Aquarium. Am Haltepunkt Paddys Market dröhnt durch die offene Kabinentür Musik aus einem Laden unter uns. Rammstein: „Du, Du hast, Du hast mich." Rammstein hat in den letzten zehn Jahren die Welt erobert. Ich habe ihre harten Töne noch nicht so ganz für mich entdeckt. Egal. Hier am anderen Ende der Welt freuen wir uns über den Erfolg der kleinen Band aus Schinne. Zack – ist die Kabinentür wieder zu und Till verstummt. Nächste Woche werde ich in einem Laden in Brisbane eine herrliche Mick-Jagger-Jacke entdecken. Die Verkäuferin wird uns als Deutsche erkennen und völlig enthusiastisch fragen: „I love

Rammstein. What does ‚Du hast' mean?" My Englisch is not the yellow from the egg. Komplizierte und dazu noch doppeldeutige Sätze kriege ich nicht hin. „Du hast mich gefragt und ich hab' nichts gesagt" und dann auch noch eine verneinte Hochzeit unterbringen, ist auf die Schnelle definitiv zu kompliziert für mich. Deshalb antworte ich: „You hate me." Sie wird wegen meines unterirdischen Englischs wohl für immer falsch informiert sein. Wie viele Kriege mögen aus fehlinterpretierter Völkerverständigung schon entstanden sein?

23. April 2019

Ich suche im Atlas einen Schlafplatz für heute Nacht. Wir fahren gerade an der Mosel in Luxemburg entlang. Wunderschön. Draußen scheint die Sonne. Dann kommt sie im Radio. Rammstein: „Hier kommt die Sonne". Genau in dem Augenblick finde ich auf meiner Landkarte Ramstein, gleich neben Kaiserslautern. Da kommen wir morgen auf dem Weg in den Schwarzwald fast vorbei. Na, das gucken wir uns doch mal an ...

Wir werden nicht weit kommen. Der Schlagbaum wird von GI's bewacht. Nö: Brauchen wir doch nicht. Wir drehen ab. Ist auch besser so. Zu Hause werde ich recherchieren und entsetzt sein: Die Militärbasis Ramstein ist das Hauptquartier der United States Air Forces in Europa. Es ist die größte Einrichtung der Air Force außerhalb der Vereinigten Staaten. 52.000 Amerikaner leben hier. Viele von ihnen koordinieren Kampfdrohneneinsätze und gezielte Angriffe auf Terroristen im Irak, Afghanistan, Jemen oder in Pakistan. 2014 berichteten die Süddeutsche Zeitung und das Fernsehmagazin Panorama von Stellenausschreibungen für Geheimdienstanalysten mit der Tätigkeitsbeschreibung, „Ziele" – auch Menschen – für die Ziellisten der US-Amerikaner zu „nominieren". Hier werden offenbar mitten in Deutschland gezielte Tötungen geplant und gesteuert.

„Bang Bang, Feuer frei"? Hattet ihr euch das damals wirklich gut überlegt, Till, Flake, Richard, Paul, Oliver und Christoph? Ok, 1994 wusste das wohl noch keiner so genau.

30. März 2019

Ich treffe das schmale Bürschchen mit Brille wieder. Er hat mir mehr als zwei Stunden lang unglaublich viel zu erzählen. Wieder lachen wir uns kaputt, weil das Leben schön und einfach nur lustig ist. Diesmal allerdings brav auf Stühlen sitzend, leider auch ohne Bier. Im Rostocker Moya-Club liest Flake, der Keyboarder von Rammstein, definitiv ein Kind der DDR, aus seinem Buch: „Heute hat die Welt Geburtstag". Es ist wie nach Hause kommen.

Am **29. April 2022** wird Rammstein das 8. Studioalbum veröffentlichen: *„Zeit"*. Anscheinend interessiert das Thema nicht nur mich. Auf dem Cover ein merkwürdiger, *zeit*loser Turm mit einer Treppe, die Paul, Richard, Flake, Till, Christoph und Oliver herunterlaufen.

Drei Wochen später werde ich sie in der Leipziger Red Bull Arena treffen. Es werden 39.700 Zuschauer mehr anwesend sein als 1994 im kleinen Dorfsaal in Schinne. Ein heftiges Unwetter wird zur ersten (kurzen) Konzertunterbrechung in der Bandgeschichte führen. Steinbrücken hätte nur mild gelächelt und weitergestampft ... Auch in Leipzig wird es der Freude keinen Abbruch tun, aber auch keine lehmigen Matschbahnen erzeugen, die einen Trecker auf den Plan rufen.

Am **2. August 2022** werde ich den Campus der Uni Adlershof in Berlin besuchen und die Treppe des Trudelturms herunterlaufen. Da steht er nämlich, der merkwürdige, *zeit*lose Turm vom Rammstein-*„Zeit"*-Cover. Gebaut 1935, diente er dazu, das Trudeln abstürzender Flugzeuge zu simulieren, um sie vor dem Aufprall abzufangen.

„Rammstein: Ein Mensch brennt!"

11   Freygänger

André Greiner-Pol (AGP): In den 80er-Jahren ein Komet unserer ostdeutschen Musikszene. Kompromisslos dem Leben verfallen. Eine Kerze, die von beiden Seiten brannte. Einer, der verdammt oder vergöttert wurde. Manchmal scheint es nur schwarz oder weiß zu geben. Entweder man gab sich ihm und seiner Band Freygang kompromisslos hin oder man nannte ihn Schweine-Pol. Seine Kreativität kam nicht nur in seiner Musik und seinen unvergleichlichen Texten zum Ausdruck, sondern auch im Umgehen der staatlichen Auftrittsverbote. Denn bei den Kulturfunktionären der DDR war er eine Persona non grata, eine unerwünschte Person. Wenn Freygang gerade mal wieder verboten waren, sang er eben bei „Pasch" oder spielte unter dem Namen „OK" entlang der russischen Erdgastrasse im Ural. Wenn er die Geige ansetzte, schlich sich Teufelsgeiger Niccolo Paganini mit hängenden Schultern aus dem Saal. Um finanziell über die Verbotsrunden zu kommen, fuhr der bekennende Fan des russischen Kultautos „Wolga" auch schon mal ein paar Runden Schwarztaxi in Berlin.

6. Juli 1983: Rundschreiben
an alle Polizeidienststellen der DDR

an alle stadtbezirksraete fuer kultur == ho-bezirksdirektion gaststaetten == s p i e l v e r b o t == mit wirkung vom 6. juli 1983 ist der amateurtanzkapelle „f r e y g a n g" die spielerlaubnis xv/iv24 und gruppenregistrierkarte entzogen worden. damit ist die gruppe nicht mehr auftrittsberechtigt. herrn andre greiner-pol wurde die spielerlaubnis 3159/75 fuer 2 jahre entzogen ... mit sozialistischem gruss juergen schuchardt stadtrat magistrat von berlin hauptstadt der ddr abteilung kultur. (14)

Aus Spaß (oder vielleicht auch nicht) entwickelten die Freygänger eine eigene gezeichnete Schriftsprache. Jeder Buchstabe wurde mit einem kleinen Piktogramm dargestellt:

Peitsche **O**sten **L**iebe: P O L.

Die ostdeutsche Underground-Musikszene war Dank – heute nicht mehr glaubhaft vermittelbarer – staatlicher Repressalien überschaubar. Nur schmerzfreie Idealisten und Träumer aus einer anderen Welt hielten dieses Leben zwischen Stasi-Anwerbungsversuchen, Gefängnismauern und den Brettern, die die Welt bedeuten, aus und durch. Sie wurden deswegen von all denen, die sich weniger trauten, abgöttisch geliebt. Aus dem daraus resultierenden Personalmangel oder tatsächlich nur aus Spaß spielten einige der Idealisten und Träumer in mehreren Band-Projekten oder spontan als Gastmusiker bei Live-Konzerten mit. Es gibt Aufnahmen aus den 80ern, da haut doch tatsächlich ein schmales Bürschchen mit Brille bei einem Freygang-Konzert in die Tasten. Oder: Während eines Feeling-B-Konzertes in Dresden wird feierlich ein Sarg auf die Bühne getragen. Heraus springt der „Untote" André Greiner-Pol und schmettert mit Aljoscha ein wildes Duett. (14) Juwelen unserer Jugend.

1986 wird André Greiner-Pol auf der Bühne verhaftet: wegen Widerstandes gegen polizeiliche Maßnahmen und Störung des sozialistischen Zusammenlebens. Gregor Gysi verhindert einen längeren Knastaufenthalt, aber nicht das Auftrittsverbot auf Lebens*zeit*, das der Berliner Stadtrat für Kultur nun verhängt: „Sie, Herr Greiner-Pol werden die Bühnen unseres Landes nie wieder betreten." (15) **P**eitsche – **O**sten – **L**iebe.

6. Juli 1987

Unsere Kleinstadt hat einen Magneten. Er zieht Langhaarige, Thälmannjacken, Shell-Parker, Kletterschuhe und Heimatbeutel aus der ganzen DDR magisch an. Nur einen Steinwurf vom Bahnhof entfernt befindet sich das Lenin-Kulturhaus. Einmal im Monat kommen sie alle. Denn dann ist Musikmarkt. Viel Blues, viel Metal und für DDR-Verhältnisse viel Freiheit – für 2,05 DDR-Mark Eintritt. Die fünf Pfennig sind ein sogenannter Kulturbeitrag. Heute steht Blues auf dem Programm.

Bevor es losgeht, steht neben mir ein unglaublich charismatischer Mensch und säuselt: „Heute ma 'ne Penne hier, wär schon nich' schlecht." Er hat Locken wie ein Engel. Die Stimme ist wohl eher vom Teufel gepachtet. Gestreifte Röhrenhosen. Lederjacke. Ich will ihn gerade einladen, aber da wird er schon weggezogen – André Greiner-Pol. Kurz danach steht selbiger auf der Bühne und schreit: „Hey, Schwätzer, habt ihr Probleme?" Pasch, die Götter sind in der Stadt. Und André Greiner-Pol **auf der Bühne**. Schönen Gruß an den Berliner Stadtrat für Kultur. Die fünf Pfennig sind tatsächlich ein gut angelegter Kulturbeitrag.

Noch 1989 werden Freygang und Freunde erste Häuser besetzen. Im Nowhereland Berlin-Mitte. Im Wende-Taumel ein völlig gesetzfreier Raum, in dem sich die lebendigste Subkultur unserer Generation niederlassen wird. Alles scheint möglich in einem sich auflösenden Staat. Neben unglaublich vielen unangemeldeten, manchmal recht kurzlebigen Clubs, Bars, Kneipen, Cafés und Galerien entstehen Lebensräume wie der Eimer oder das Tacheles. Eine leider temporär begrenzte autonome Zone. Sie wird Berlin-Mitte nach ein paar fantastischen Sommern viel zu schnell wieder verlassen. Hinterlässt aber in unseren Herzen ein Lebensgefühl, das für immer bleiben wird. In ein paar Jahren werden sich kalte Beton-, Stahl- und Glasfassaden über unseren glücklichen Erinnerungen und dem damals legendären Ruf einer weltoffenen Metropole Berlin erheben.

Zur Berliner Kommunalwahl im Mai 1990 wird AGP für die Autonome Aktion WYDOKS in Berlin-Mitte kandidieren. 2.840 Stimmen werden nicht reichen und er bleibt Gott sei Dank bei der Musik. Ab 1992 wird es ihr eigenes Open Air geben. In Hohenlobbese: irgendwo im Nirgendwo von Brandenburg. Klein, aber unglaublich fein. Danke, Margitta.

Am **6. Juni 1990** werden Freygang in den Backstagebereich des Berliner Olympiastadions eingeladen und treffen dort die Rolling Stones. André Greiner Pol schenkt Mick Jagger ein Matchbox-Auto. Einen „Wolga" made in USSR. Ob Mr. Jagger deshalb ein paar Jahre später den Frontmann der Band „Matchbox 20" als Co-Autor für sein Soloalbum „Goddess in the Doorway" engagiert, ist nicht überliefert.

Freygang wird die Band meines Lebens, die ich am häufigsten live treffen werde – an Land und auf dem Wasser. 89-mal, wenn ich mich nicht verzählt habe. Jedes Konzert garantiert gute Laune – mindestens eine Woche lang. Einer von Andrés Lieblingssprüchen ist: „Seid ihr zufrieden mit unserer Leistung?" Dem folgt Stante Pede euphorischer Jubel. Danke für fast zwei Jahre unglaublich gute Freygang-Laune in wöchentlichen Häppchen. Alle meine Konzerte nonstop aneinandergereiht ergeben bei (nur) zwei Stunden Konzertdauer rund 180 Stunden. Ich habe Freygang also mehr als eine ganze Woche meiner Lebens*zeit* rund um die Uhr live gesehen. „Steil & Geil". DANKE.

Auch am **22. Dezember 2008** werde ich sie gemeinsam mit vielen Freunden treffen. Auf dem Friedhof vom Prenzlauer Berg in Berlin. André Greiner-Pol ist vor einer Woche überraschend gestorben. In die kleine Kapelle passt nicht mal ein Bruchteil von uns hinein.

Online-Kondolenzbuch, Januar 2009

„Du hast uns begleitet seit mehr als 25 Jahren: erst unbewusst (zu jung, der Alkohol …), dann mit zunehmender Euphorie den Texten, der Performance und dem Charisma gegenüber gestanden – die Einzigartigkeit erkannt! Seit Hohenlobbese Mitte der Neunziger Ausdruck eines unbeschreiblichen Lebensgefühls. Ich weiß nicht, wie viele Kilometer wir insgesamt durch Deutschland getourt sind, um nach jedem Konzert sagen zu können: „Gute Laune für die nächste Woche". Es müssen an die hundert Konzerte gewesen sein, aber „es war mehr – viel, viel mehr" – als hundert Wochen gute Laune. Es ist ein Lebensgefühl, das uns so lange begleiten wird, bis „der Himmel wie Unendlichkeit leuchtet" und wir uns alle wiedersehen. Der Himmel hängt ja vielleicht wirklich voller Geigen … „Nichts wird so sein, wird so sein, wie es einmal war". Die Kinder trauern und spielen trotzdem weiter."

Ich werde sein Grab jedes Jahr besuchen. „In stiller Trauer".

„Am Anfang war der Traum, in einer großen Band mitzuspielen. Dann kam der Traum, eine Band zu machen, von der andere nur träumen." (16) Lieber André, wir waren mehr als zufrieden mit Deiner Leistung. Danke, dass wir mit Dir träumen durften.
„Der König wurde nur 57 Jahre alt." Das bin ich heute und ich würde mich über viele weitere Lebensjahre freuen. Den „Bewaffneten Blues" habe ich einfach noch nicht oft genug gehört. Und wenn nicht? Dann freue ich mich, Dich wiederzusehen, André Greiner-Pol.

„Wir sind alle bunte Lichter."

12   Deutschland im Herbst (II)

22. September 1989

Wir stehen schon mehr als eine Stunde an der tschechischen Grenze. Ich sitze mit meiner Mutter im Zug. Wir machen einen Wochenendausflug und wollen uns Prag ansehen, die goldene Stadt. Man soll sie sich tatsächlich außerhalb von Ostern ansehen können. Unglaublich ... Die Kontrollen dauern ewig. Die Grenzer nehmen alles auseinander. Seit am 27. Juni der ungarische und der österreichische Außenminister demonstrativ vor den Augen der Presse ein Loch in den Stacheldrahtzaun ihrer gemeinsamen Grenze geschnitten haben, gibt es für viele von uns kein Halten mehr. Nur irgendwie Ungarn erreichen und dann ab ins gelobte westdeutsche Land. Mehr als 50.000 sollen es schon geschafft haben. Oder über den Zaun der deutschen Botschaft in Prag geklettert sein. Dort sollen schon mehr als 3.000! sitzen und auf den Treppen schlafen. Endlich ruckt der Zug an.

Morgen werden wir auf der Prager Karlsbrücke Freunde von mir treffen. Sie werden mir zuraunen: „Willst Du auch zur Botschaft? Kommst Du mit?" Ich sehe die unbändige Sehnsucht nach Freiheit in ihren Augen und ich höre den tiefen Atemzug meiner Mutter. Ich schüttele unmerklich mit dem Kopf. Dann sehe ich meine Mutter an. Die Panik in ihren Augen verschwindet.

In acht Tagen wird Außenminister Hans-Dietrich Genscher hier in Prag auf den Balkon der bundesdeutschen Botschaft treten und den Satz beginnen: „Wir sind gekommen, um Ihnen mitzuteilen, dass heute Ihre Ausreise ...". (17) Der Rest des Satzes wird im unglaublichen, tausendfachen Jubel untergehen.

Zu Hause werden wir die kommenden Montagabende mit Friedensgebeten und Schweigemärschen verbringen. Wir werden Kerzen tragen. Helle Lichter gegen die Angst. Die Angst vor einem unberechenbaren, menschenverachtenden System. Allein in unserer Kleinstadt werden Hunderte Kerzen die Straßen erleuchten. In Leipzig, Dresden und Berlin wird das Licht bis hoch in den Himmel strahlen. Wir sind viele. Wir sind das Volk.

7. November 1989

Ich bin im Stadtparksaal meiner Heimatstadt. Sonst gehen wir hier zur Disco und tanzen uns bei „Don't worry, be happy" unser ostdeutsches Leben schön. Heute findet eine Stadtdiskussion statt. Die Bürger sollen zu Wort kommen. Doch schon? Nach 40 Jahren! Der Saal platzt aus allen Nähten. Es wird tatsächlich heiß diskutiert. Zornig, besonnen, leise und laut. Dann betritt ein Mann mit einem Zettel die Bühne. Er geht zum Mikro und liest vor: „Soeben erreichte uns aus Berlin die Eilmeldung, dass die Regierung der Deutschen Demokratischen Republik geschlossen zurückgetreten ist." Der Saal explodiert vor meinen Augen.

Morgen wird auch das Politbüro des Zentralkomitees der SED zurücktreten.

Und übermorgen, um 19 Uhr, wird Günter Schabowski, 1. Sekretär der SED-Bezirksleitung Berlin, überraschten Journalisten mitteilen: „Privatreisen nach dem Ausland können ohne Vorliegen von Voraussetzungen, Reiseanlässen und Verwandtschaftsverhältnissen beantragt werden. Die Genehmigungen werden kurzfristig erteilt ... Das tritt nach meiner Kenntnis, ähh, ist das sofort, unverzüglich." (18)

9. November 1989

Am Grenzübergang Bornholmer Straße hat Oberstleutnant Harald Jäger Dienst. Um 21:20 Uhr steht ihm bereits eine Schlange von mehr als 100 Trabbis gegenüber und eine Menge von rund 1.000 DDR-Bürgern, die, so laut sie können, schreien: „Tor auf! Tor auf!" Er gibt seinen 14 diensthabenden Grenzern den Befehl: „Lasst die Waffen stecken, damit nichts passiert! Wenn wir schießen, hängen wir da vorne am Fahnenmast." Die Lage gerät zunehmend außer Kontrolle. Um 23:30 Uhr wird er seinen Vorgesetzten anrufen. Er wird ihn nicht zu Wort kommen lassen: „Ich lasse die Leute jetzt raus. Wir fluten jetzt!" Die Berliner Mauer ist gefallen. Wir müssen keine Angst mehr haben.

09.11.2022:

Was hast Du getan, als die Mauer fiel? Wo warst Du, als die Türme brannten?
Könnt ihr diese Fragen beantworten?

09.11.(1989): Während die Mauer fiel, hatte ich Spätschicht! Wie viel unglaubliche Emotionen können in so einem kleinen Satz stecken: wahnsinnige Freude, Erleichterung, Hoffnung und Glück. Leider kann man Monat und Tag auch vertauschen.

11.09.(2001): Als die Türme brannten, saß ich zu Hause vor dem Fernseher. Wieder unglaubliche Emotionen: diesmal aber Fassungslosigkeit, Trauer, Ohnmacht und Wut. Emotionen sind die Essenz unserer Menschlichkeit und werden oft in Bildern transportiert. Sie sind unsere Reaktion auf *Zeit*-Ereignisse. Die *Zeit* selbst scheint emotionslos zu sein. Wir füllen sie mit unseren Emotionen. Ich würde wahnsinnig gerne wissen, warum.

Unkonventionelle Denker wie der Forscher und Philosoph **Ernst Mach** haben dafür interessante Antworten. Sie sagen: Alles ist mit allem verbunden. Alles interagiert mit allem. Jeder einzelne Mensch ist also Teil von allem und interagiert mit allem. Und durch das Wahrnehmen der Interaktionen von allem mit allem, mit unseren Emotionen und Sinneswahrnehmungen, manifestieren wir *Zeit* und Raum, unsere Welt und unser Universum überhaupt erst – machen sie wirklich und wahr. Bewusstsein entsteht durch bewusstes Sein. **Mach** macht ganz schön **Ernst**, oder?

11.11.1989

Gestern war ich tatsächlich nochmal auf Arbeit. Die gesamte DDR belagert die Bahnhöfe oder steht gen Westen im Stau. Ich bin nochmal zur Spätschicht gegangen. Kein Narrenwitz: Mein DDR-Gehirn schien kurzfristig mit der spontanen Freiheit überfordert zu sein. Nun reicht es aber. Heute hole ich mir meinen Freiheitsstempel im Ausweis und ab geht's. Mit einem Freund fahre ich nach Berlin. Die Züge sind brechend voll. Nicht brechen soll man mit guten Traditionen. Erst mal am Alex in die Wernesgrüner Bierstuben auf ein, zwei oder drei Beruhigungsbier. Wir sind unglaublich aufgeregt. Der Vierertisch neben uns ist fast noch aufgeregter. Wir wollen aus der DDR raus. Sie wollten rein.

Siegfried und Christine mussten 1981 die DDR verlassen. Er hatte gegen die Ausbürgerung von Wolf Biermanns protestiert und sich im Jenaer Untergrund engagiert. Die Stasi zog eine Ausbürgerung der Verhaftung vor und schob beide am **13. August 1981** durch die Berliner Mauer ab. Genau 20 Jahre nachdem diese errichtet wurde. Seitdem steht er auf den Fahndungslisten der DDR, da er, Stasi-Zitat 198**3**: „… noch heute gegen die DDR subversiv tätig ist." (19) Das weiß die Stasi, weil sie ihn seit seiner Ausbürgerung auch im Westen operativ überwacht. Falls jemand gerade an James Bond denkt: In Kinofilmen kann viel Wahrheit stecken. Heute leben sie in Lübeck und haben mit Freunden das Chaos an der Grenze ausgenutzt, um in die alte Heimat zu kommen. Um Zigaretten zu kaufen. Karo. Die vermissen sie nämlich sehr. Bleiben wollen sie nicht lange. Chaos hin, Chaos her: Noch steht er auf den Fahndungslisten. Schnell noch ein Bier.

Dann laufen wir gemeinsam in einem wogenden Menschenstrom zum Grenzübergang. Vor drei Tagen war hier unsere Welt zu Ende. Für meinen Mitfahrer ist sie es leider immer noch. Er ist gerade bei der Volksarmee und wird deshalb zurückgeschickt. Siegfried hält seinen bundesdeutschen Pass hoch und wird Gott sei Dank einfach durchgewunken. In dem absoluten Chaos scheinen Fahndungslisten das kleinere Übel zu sein. Er und seine Frau passieren zum zweiten Mal die Berliner Mauer von Ost nach West. Sie nehmen mich mit. Für mich ist es das – bis vor Kurzem absolut undenkbare – erste Mal. Ich kann vor emotionaler Überwältigung kaum sprechen. Gemeinsam fahren wir zum Bahnhof Zoo. Für einen kurzen Wimpernschlag der *Zeit* ist Berlin die Hauptstadt der Welt. Auf dem Ku'damm feiern, tanzen, singen und lachen die Menschen. Jeder fällt jedem in den Arm. Diese Bilder gehen gerade um den ganzen Planeten. Ich stehe völlig überwältigt mittendrin.

Wir werden diese Nacht durchfeiern, als gäbe es kein Morgen. Ich besitze nicht eine müde Westmark. Siegfried und Christine werden mir viel Bier ausgeben. Im Morgengrauen umarmen wir uns und ich gehe zurück. Zurück in ein Land, das es nicht mehr gibt.

Am Montag werde ich ein Paket nach Lübeck schicken. Mit 20 Schachteln Karo.

In 14 Tagen werde ich einen Freund im Saarland besuchen. Er ging schon im September in Ungarn über die Grüne Grenze. Er wird mit mir nach Frankreich fahren. Zum Froschschenkel essen. Sorry, ich tue es nie wieder. Aber wenn mir einer vor drei Wochen gesagt hätte, dass ich in Berlin auf dem Ku'damm tanzen und in einem französischen Restaurant sitzen werde, hätte ich wohl eher geglaubt, dass sich ein Frosch, den ich küsse, in einen Prinzen verwandelt.

Niemand, wirklich niemand, kann diese Emotionen teilen, der im November 1989 nicht in Berlin getanzt hat.

13   Wende-Rausch

Keiner wusste, wie's geschah: Die Mauer fiel und plötzlich war sie da: die angeblich dekadente Musikkultur des Klassenfeinds, der uns gestern noch antagonistisch gegenüberstand. Sie traf uns stellenweise unvorbereitet und mit voller Wucht. Hand in Hand mit ihrem Bruder, dem Kaufrausch stand sie plötzlich vor unserer Tür und wir baten sie überschwänglich dienernd hinein. Solange die Banane in Deinem Mund steckt, kannst Du nicht protestieren. Was machst Du, wenn Gott Dich nach „lebenslangem" Warten zwar ins vermeintliche Paradies reinlässt, Dich aber nur 15 Alu-Chips in die legendäre D-Mark umtauschen lässt? Du gibst dem Teufel Deine Hand und holst Dir die 100 Silberlinge. Heute kommt es mir irgendwie armselig vor. Damals war es das definitiv nicht. 115 also. 115 was? Whatever. Egal. Angesichts des Nachholbedarfs hätten es auch 115 Fliegenschisse sein können, die man uns genau auf der Nasenspitze platziert.

Aber in den ersten Monaten kam auch ein nie wiederkehrendes, unglaubliches Einigkeitsgefühl zur Tür herein. Eine *Zeit,* die man tatsächlich nie wieder vergisst. Wir ertranken förmlich in Musik. Jeder echte Fan kaufte sich ja von seinen 115 Silberlingen exakt seinen größten Musikwunsch. Sein persönliches „Satisfaction". Das, was er nie gewagt hätte zu denken, zu besitzen. Die konspirativen Wohnungen der letzten Monate und Jahre wurden zu Oasen der Freude. Manche stürmten direkt von der Autobahn oder vom Bahnhof dorthin. Unterm Arm die einzigartigen Vinyl-Errungenschaften, die unbedingt geteilt werden mussten. Wir teilten und tranken uns durch einen nie wiederkehrenden unglaublichen Wende-Winter. Böhse Onkelz oder Joan Baez? Toleranz wurde in der Tat noch T O L E R A N Z geschrieben. Hör doch mal. Hör doch mal. Wir hörten glückselig.

Noch ein letztes Mal kurz zurück zur „Kinder"zimmer-Jugendkultur.

10. Februar 1990

Im eingangs beschriebenen Lautstärkeparadies im mitteldeutschen Flachland halte ich gerade die erste Picture-Vinyl-Scheibe meines Lebens in der Hand: Böhse Onkelz, Lügenmarsch. Wir sind heute extra in den Westen, ins hügelige Harzvorland, gefahren, um sie zu kaufen und nun zu zelebrieren. Das erste Mal ist immer unvergesslich. Mitteldeutsches Flachland: Mach. Dich.bereit.

Tja, die Onkelz: „Gehasst, verdammt, vergöttert." Für den Ossi im Wende-Rausch war das einfach nur saugeile neue Musik. Nazis existierten für uns seit dem Zweiten Weltkrieg nicht mehr. Schon gar nicht im sozialistischen **DeDeR**on-Land. Offiziell. Inoffiziell gab es bis 1989 über 9.000 bekannte Straftaten mit rechtsradikalem Hintergrund. Ich weiß nicht, bei wem sie bekannt waren. In meiner ostdeutschen Provinz waren sie es damals nicht. Wir mochten die Onkelz sofort, denn sie brachten es auf den Punkt: „Heute trinken wir richtig" war für uns kein Musiktitel. Es war das einzige Leben, das wir bisher hatten. Wir lebten es. 24/7 sagt man heute. Über solchen Scheiß hätten wir nie nachgedacht. Wir haben es einfach gemacht. Um das Leben zu lieben. Uns zu lieben und nicht den Nächsten, sondern Mr. oder Mrs. „Heute Abend". „Alkohol: Mir schwinden die Sinne." Unter dem machten wir es nicht. Nach drei Tagen Nebel kommt Montag. Oder die Verlängerung in das berühmte 6-Tage-Rennen.

Mit „Kneipenterroristen" kannten wir uns also bestens aus, „Freddy Krüger" lernten wir gerade in unzähligen Filmnächten kennen und „Lack und Leder, Stöckel und Strapse" holte man sich bergeweise in der nächsten Videothek. Mindestens dort. „Mädchen, Mädchen: Komm und schmeiß die Beine."

„Du bist Skinhead. Du bist stolz. Schrei es heraus" nahmen wir als eine erweiterte Englisch-Lektion aus dem sagenhaften Commonwealth an: einem Ort, der bis vor Kurzem in der ostdeutschen Provinz so nebulös und unerreichbar schien, dass „nördlich von Entenhausen" oder „hinter der Milchstraße links" deutlich realistischer waren. Wir wussten nicht, was ein Skinhead ist. Englische Sozialkunde kam im Staatsbürgerkundeunterricht der DDR nicht vor. Englisch als Schulfach hatten nur Abiturienten. Wir lernten Russisch und tauschten unsere DDR-Erlebnisse mit einer gewissen Tamara in Leningrad aus. Abgründe einer sozialistischen Kindheit. Wenn Du es nicht anders kennst, hinterfragst Du es nicht. Erstmal ...

Ein Skinhead war also ein Arbeiterkind aus East London. Das fiel tatsächlich auf einen sozialistisch gut bereiteten Boden. Warum sollte ein Arbeiter nicht stolz darauf sein, ein Arbeiter zu sein und es herausschreien, so laut wie er nur kann. Der Kern dieser Botschaft könnte **doch** dem verhassten DDR-Staatsbürgerkundeunterricht entsprungen oder von Erich Honecker in einer Rede zwar nicht herausgeschrien, sondern mehr so dahin genuschelt worden sein. Wobei Erich wohl eher nicht „tätowiert auf der Brust" war.

Neunzig Prozent der sozialistischen Werktätigen in der DDR waren Arbeiter. Viele malochten in unglaublich maroden, stinkenden bis giftigen Industriebetrieben und starben deshalb oft früh. Aber jetzt sollte ja alles besser werden. „Deutschland" war für uns im Wende-Rausch also noch definitiv positiv besetzt.

Leider kommt nach jedem fantastischen Rausch Kater „Unweigerlich" unterm Bett hervorgekrochen. „Die Schmerzen im Kopf waren ein vertrautes Gefühl." Wir hatten gelernt, sie zu ignorieren. Die Schmerzen im Herzen waren neu. Wir glaubten an eine bessere Welt und wurden brutal auf den Boden der neuen, realen Tatsachen geholt.

Torsten Lamprecht wurde am **11. Mai 1992** in Magdeburg auf den Elbterrassen von Neonazis erschlagen. Die Welt stand still. Für mich. Für alle, die im neuen Freiheitsgefühl mit wenig Halt dahintaumelten, aber ihre Menschlichkeit nicht verloren hatten. Er war 23 Jahre alt. Er war ein Punk. Nur drei Monate später brannte in der Pogromnacht von Rostock-Lichtenhagen das Sonnenblumenhaus. Unter dem Beifall von 3.000 Schaulustigen. Braune Scheiße von Hoyerswerda bis Eberswalde.

Unteilbarer Schmerz „über eine kranke Welt. Das neue Leben stank gewaltig."

Ich wohnte kurz*zeit*ig im DDR-Neubaugebiet Magdeburg-Olvenstedt. In den 90ern ein sozialer Brennpunkt, wie er im Buche steht. Zehntausende abgewickelte Arbeitsplätze verdeckten die blühenden Landschaften und verwandelten sie in einen braunen, stinkenden Sumpf. Fünfzig Meter von unserem Balkon im Erdgeschoss (!) entfernt befand sich ein Nazi-„Jugendclub". Völlig unbehelligt und legal im ziemlich gesetzlosen Wende-Rausch. Jeden Abend hörten wir sie grölen, wenn wir uns durch den Hintereingang ins Haus schlichen. Warum Hintereingang? Migrationshintergrund sagt man heute. Kannten wir damals nicht. Aber unser Überlebensinstinkt wusste auch so, was zu tun war. Hintereingang. Fertig.

Am **15. September 1990** fuhren wir mit der S-Bahn von einem Freygang-Open-Air nach Hause. Die S-Bahn wurde von Neonazis gestürmt. Ein Freund von mir verlor 4 Zähne. Ein anderer ein Auge. Niemals werde ich das Bild einer grauhaarigen älteren Dame vergessen, die später mit einer blutenden Platzwunde am Kopf auf dem Bahnsteig stand. Polizei nicht in Sicht. Wozu?

Es war und ist einfach nur schlimm. Aber wir leben. Torsten Lamprecht ist und bleibt tot. Die Antifa kämpfte jahrelang für die Umbenennung der Elbbrücke am Tatort Elbterrassen in Torsten-Lamprecht-Brücke. Die Stadtverwaltung Magdeburg lehnte ab. Stattdessen wird seit Jahrzehnten Jahr für Jahr der „Trauermarsch" der Rechtsextremisten am 16. Januar in Gedenken an die Opfer der Bombardierung Magdeburgs im Zweiten Weltkrieg genehmigt. Und Jahr für Jahr frieren wir uns im Januar den Arsch ab, bei der stundenlangen Besetzung aller Bahnhöfe Magdeburgs, um die braune „Trauer" am Aussteigen zu hindern. Denn: „Zu Risiken und Nebenwirkungen von Nazi-Aufmärschen lesen Sie ein Geschichtsbuch oder fragen Sie Ihre Großeltern!"

Nach mehr als 20 Jahren und mehr als 20 Nazi-Aufmärschen wurde eine kleine Straße am Tatort Elbterrassen nach Torsten Lamprecht benannt. Eine sehr kleine Straße, denn es reichte nur zum Torsten-Lamprecht-Weg. Falls ihr mal wissen wollt, wo braune Scheiße Leben ausgelöscht hat: Besucht den Tatort Elbterrassen und den Torsten-Lamprecht-Weg in Magdeburg. Um die Stadtverwaltung könnt ihr ja einen Bogen machen.

Die Onkelz muss man nicht mögen. Ich höre sie wieder gerne. Und Punk. Warum auch nicht. Es wird immer ein schwieriges Thema sein: Aber ich glaube an eine zweite Chance für die, die sie ergreifen **wollen**. Denn falls jetzt jemand beim Lesen Onkelz-Schnappatmung bekommen hat und die früheren Schlagzeilen der Mainstream-Presse gerade durch seinen Kopf rattern: Man kann Fehler machen. Darf und sollte man natürlich auf keinen Fall, denn manche Fehler sind einfach nicht wiedergutzumachen. Aber man muss sie erkennen, unbedingt daraus lernen, ABSTELLEN und neue, bessere Chancen nutzen.

Der Mainstream-Presse und den (a)sozialen Medien darf und muss man – übrigens nicht nur bei bei den Onkelz, sondern bei jedem Thema – seinen gesunden Menschenverstand gegenüberstellen. Immer und grundsätzlich. Ist einfach wichtig. Bis wir tot sind ... und wenn dann der Teufel keinen Punk spielt (und keine Onkelz), muss ich doch in den Himmel ... Und wer zum Teufel will das schon.

Ein **Fehler** kann auch zu einem **Helfer** werden. Anagrammt es mal.

„Jeder braucht die Zeit. Die Zeit zum Lernen.
Man kommt nicht auf die Welt und sieht die Dinge, wie sie sind.
Jeder macht mal Fehler: große oder kleine.
Jeder macht mal Fehler: Nur Du machst keine.
Wenn Du wirklich alles weißt: Zeig mir den Weg!" (20)

14   Raclette & Raketen

Silvester 1989: 22 Uhr in einer smogverhangenen ostdeutschen Industriestadt. Es ist Sonntag. Wer sich daran erinnern kann, war nicht dabei. Der wohltätige Alkoholnebel des Vergessens legt sich deutlich vor 0 Uhr über den Smog und über die Industrielandschaft. Wir wollten um die Häuser ziehen. Ich glaube, mit mir taten es meine Freunde buchstäblich. Eines der wenigen Bilder, die es in die Zukunft geschafft haben: Wir sitzen alle mitten auf der Fahrbahn vor unserem Haus. Mit vielen Kerzen und noch mehr Bier. Es herrscht Frost. Äußerlich. Innerlich strahlen und lodern wir hell und heiß. Es heißt ja nicht umsonst: vorglühen ... Nein, das ist es nicht. Egal. Wir hatten im Wende-Herbst seit Wochen und Monaten auf der Straße unsere Freiheit er-demonstriert und mehr oder weniger viel riskiert. Wir haben es geschafft. Die Angst ist verschwunden. Wir sind uns alle absolut einig: Wir glauben an eine neue, momentan noch nicht wirklich vorstellbare, leuchtende Zukunft. Brot für alle und Frieden für die Welt. Alles ist möglich. Die Welt steht uns offen. Noch etwas unvorstellbar für uns, hatte doch der Begriff „Wohnhaft in der DDR" bislang eine traurige, doppelte Bedeutung. Nachdem wir jeden einzelnen Tag unseres Lebens bisher eingeengt und eingesperrt in einem (später unvorstellbaren) Sozialismus verbracht haben, überfluten uns nun die Glückshormone. Die Endorphine wabern förmlich über die Fahrbahn und mit jedem Bier saugen wir mehr davon auf. „Brot statt Böller" ist die Devise. Und wirklich jeder von uns hat im Rahmen seiner Möglichkeiten dafür auch Geld gespendet. Wir sind uns einig und wollen in dieser unglaublichen Wende-*Zeit* ein Zeichen setzen. „Nie wieder Krieg" war der Schlachtruf unserer Elterngeneration, den wir natürlich mittragen. „Brot statt Böller" ist unser Schlachtruf. An Silvester des legendären Jahres 1989. Nie wieder Geld in den Himmel schießen und einfach verpulvern. Nie wieder.

31. Dezember 2019

Ich will nicht darüber nachdenken, wer von uns damaligen Schlachtenrufern sich *zeit* seines Lebens darangehalten hat. Ich spende seitdem grundsätzlich und immer. Nicht nur zum Jahreswechsel, sondern regelmäßig. Für Tiere, die oft die besseren Menschen sind. Für Obdachlose, die in einem der reichsten Länder der Welt gerade immer mehr werden. Oder für den Seenotrettungsdienst im Mittelmeer, der die Notwendigkeit seiner Arbeit und die Freiheit seiner Mitarbeiter vor Gericht erstreiten muss, während sich Touristen in der sizilianischen Abendsonne eine „Mediterrane Dorade auf Tomate und Zucchini mit Limetten-Schnitzchen" bestellen. Im Biologieunterricht Klasse 5 beim Thema Nahrungskette aufgepasst? Oder doch lieber Mandy/Kevin zwei Reihen weiter vorn ein Liebesbriefchen zugeschmuggelt? Hätten sie mal lieber aufgepasst, wovon sich der Raubfisch teilweise ernährt hat, der da gerade so appetitlich auf ihrem Teller liegt. Am Mittelmeer. Bon Appetite.

In den Jahrzehnten nach 1989 flogen so viele Böller und Raketen weltweit in den Himmel, dass wohl kaum noch jemand auf unserem Planeten hätte verhungern müssen, wenn „Brot statt Böller" es im Ranking der beliebten Slogans auf Platz 1 geschafft hätte. Dort ist jedoch seit den Wirtschaftswunderjahren ab 1950 der allseits beliebte Satz: „Wir brauchen mehr Wachstum." fest angeschraubt. „Brot statt Böller" liegt abgeschlagen auf Platz 6.666.

Deshalb feiere ich seitdem grundsätzlich den 30. Dezember eines jeden Jahres. Mit guter Musik und Bier. „Bier statt Böller" halt. Am 31. gibt es dann ein vegetarisches „Raclette-Ohnmächtig-Essen", damit ich definitiv das Silvester-Desaster verschlafen kann. Klappt mehr oder weniger gut. Es gibt leider immer noch so viele Idioten und Sprengmeister, die ihr letztes Geld in den Himmel schießen.

Elon Musk ist damit natürlich definitiv nicht gemeint. Er hat ja Dank der Ausbeutung unser aller Ressourcen so unglaublich pervers viel Geld, dass er neben reichen „Kollegen" auch noch so ganz nebenbei 12.000 STARLINK-Satelliten in den Himmel schießen kann. Und für sein „Lebenswerk" auch noch gefeiert wird. Aber fragt mal die Brandenburger rund um die Tesla-Gigafactory, wie krank diese Welt auf verrückte Geldgeber reagiert.

Elon, der Gute, versprach 12.000 Arbeitsplätze und alle krochen geifernd vor ihm durch die staubtrockene ostdeutsche Landschaft. Wirtschaftswunder. Aufschwung. Eine leuchtende Zukunft …, die so ganz nebenbei einen maximalen Produktionsbedarf von 1,4 Millionen Litern **Trink**wasser beantragt hatte. Jährlich. Tja, und dann wurde wohl selbiges überraschend knapp, was den zuständigen Wasserverband Strausberg-Erkner zu einem neuen Werbe-Slogan nötigte: „Ein verantwortungsvolles Handeln muss zur Selbstverständlichkeit werden. DU entscheidest. Klimaschutz beginnt an DEINEM Wasserhahn." (21) Und um das den brandenburgischen Wasserhähnen auch tatsächlich beizubringen, muss der Wasserverband jetzt sozusagen eine Limited Edition vergeben. Per Vertrag stehen jedem Neukunden 37 Kubikmeter Trinkwasser zu. Pro Jahr. 105 Liter pro Tag.

In manchen afrikanischen Regionen würden bei diesem Limit die Freudentänze nie wieder aufhören, was die Sachlage aber noch trauriger macht. Alle Bestandskunden des Wasserverbands, die schon seit Jahren und Jahrzehnten im zunehmend versteppenden Brandenburg wohnen, müssen sich bis zum 31.03.2025 selbst stellen, um die Limited Edition zu erwerben. 37 Kubikmeter pro Jahr also beantragen. Freiwillig natürlich. Fast. Sonst …, ja sonst wird am 1. April 2025 der brandenburgische Wasserhahn zugedreht, oder es wird richtig teuer. Auf den Aprilscherz freuen sich heute schon so einige.

Elon, der Gute, meinte dazu lapidar: „Wenn hier kein Wasser wäre, würden hier keine Bäume wachsen. Wir sind ja schließlich nicht in der Wüste." (22) Und schwuppdiwupp: Schon waren die ersten 12 Hektar Wald für seine neue Factory gerodet. Fällt es euch auf: 12.000 Satelliten, 12.000 Arbeitsplätze, 12 Hektar. Die 12 mag Elon oder Elon mag die 12. Bezeichnenderweise ist die 12 tief im Volksglauben verankert. Man glaub(e), Gott und der

Teufel haben die Wichtigkeit der 12 als „Zahl der Vollkommenheit" erkannt und streiten um die Macht über sie. Tja: Im Jahr 2022 werden wir wissen, wer gewonnen – und jetzt auch noch einen blauen Vogel befreit hat. 44 Mrd. Dollar hat Elon, der Gute, sich die (Meinungs-)Freiheit des Twitter-Vogels kosten lassen. Knapp 4.000 Mitarbeiter, die u. a. für die Moderation der Inhalte und das Beschwerdemanagement verantwortlich waren, wurden umgehend ebenfalls in die Freiheit entlassen. Und auch bislang (ein-)gesperrte ehemalige Nutzer-Vögel, wie Donald „Eichhörnchenfrisur" Trump können *zeit*nah auf Befreiung hoffen. Dann darf jeder so zwitschern, wie ihm der Schnabel gewachsen ist. 44 Mrd. Dollar, knapp 4.000 Mitarbeiter: 4 + 4 + 4 =? Ich muss damit aufhören – oder bin ich da an was ganz Großem dran?!

1. Dezember 2020

Heute wird Elon Musk mit dem Axel-Springer-Nachhaltigkeitspreis geehrt. Verliehen wird er – Überraschung – vom Medienunternehmen Axel Springer. Elon, der Gute, befindet sich damit in der guten Gesellschaft der vergangenen Jahre – als diesen Preis unter anderem Amazon-Chef Jeff Bezos und Facebook-Erfinder Mark Zuckerberg erhielten. In diesem Jahr würdigt Axel Springer den Erfindergeist und die Innovationskraft von Elon, dem Guten. Wahrscheinlich für seine Tesla-E-Autos oder seine biologisch abbaubaren STARLINK-Satelliten. Vielleicht aber auch für sein Engagement im Hochwasserschutz für Brandenburg. Denn mit einem Hochwasser ist dort wegen der fabrikbedingten Grundwasserabsenkung durch die Tesla-Gigafactory in den nächsten Jahrzehnten wohl nicht zu rechnen.

Silvester 2022. In einer ostdeutschen Kleinstadt. Die Industrie ist schon seit Jahrzehnten verschwunden. Gott sei Dank auch der Smog. Es ist Sonnabend und wir werden uns daran erinnern. „Brot statt Böller" ist realistischer als 1989. Für viele von uns. Der Traditionsbäcker gegenüber hat nach 90 Jahren geschlossen. Für immer. Er konnte kein bezahlbares Brot mehr backen. Nun ist der Ofen aus. Bei ihm und 780 weiteren Bäckermützen seit Jahresbeginn. Auch die „Öfen" generell sind oftmals aus. Gas und Öl sind hochexplosive Stoffe. Das hat nun auch ihr Preis erkannt und macht mit. Beim Explodieren. Der Brotpreis der Discounter-Backstation hat vom Discount-Prinzip noch nie etwas gehört. Die Schlangen vor den ortsansässigen Tafeln sind lang. Viel länger, als sie es ohnehin schon waren. Fast 1.000 Tafeln soll es in Deutschland schon geben. Fünfmal mehr als Starbucks-Filialen. Die Raumtemperatur und die Stimmung sind vielerorts deutlich unterkühlt bis frostig.

Und nun frage ich mal all die Sprengmeister, die sich „Jahr für Jahr in der Dezember-Dämmerung an der polnischen Grenze von einem ominösen Lolek mit Augenklappe" (Danke, Torsten Sträter) für Hunderte Euro Hunderte chinesische Böller kaufen: Könnt ihr es euch in diesem Jahr noch leisten? Und wenn ja: Wäre euer Geld nicht beim einheimischen Bäcker gegenüber und das Brot bei der ortsansässigen Tafel besser aufgehoben?

Am Himmel leuchten die Sterne. Kostenlos. Auch an Silvester. Geld kann man dafür einsetzen, dass es einem selbst oder anderen viel glückliche *Zeit* schenkt. Menschen, Tieren oder helfenden Händen. Schaut euch um. Glück verdoppelt sich, wenn man es teilt.

Rutscht gut rein und Happy New Year.

15   Panische Zeiten

5. Januar 1990

20 Uhr: Verpackt wie eine Zwiebel und dick wie ein Michelin-Männchen ziehe ich los. Morgen ist der Tag der Tage. Unsere Chance. Der Meister kommt. Ich muss nur diese eine Nacht überstehen. Bei 0 Grad fallen Schneeregenflocken vom Himmel und verlangen lautstark nach heißen Getränken als überlebensnotwendigen Proviant. Tee mit Rum wurde ja nicht umsonst erfunden.

Vor dem Ernst-Grube-Stadion steht ein kleines Container-Kassenhäuschen. Davor schon eine beachtliche Schlange. Die Nacht wird lang werden. Sehr lang. Und kalt. Sehr kalt. Der Rum-Tee wird nicht lange halten und helfen. Die Schlange wird wachsen. Beachtlich wachsen. Morgen früh ab acht Uhr wird uns warm werden. Mehr als uns lieb ist. Dann wird sich die Schlange zusammenziehen, drücken und pressen wie eine Boa Constrictor. So sehr, dass manche einfach wegsacken. Wer es bis zum Kassenfenster schafft und Erfolg hat, wird von helfenden Händen einfach nach oben auf das Containerdach gezogen. Eine andere Möglichkeit gibt es nicht, der panischen Menge zu entfliehen. Ich schaffe es bis zum Kassenfenster, kann mich aber nur an einer Hand hochziehen lassen. Denn die andere Hand umklammert wie ein Schraubstock 3 Tickets von 3.000. In sechs Tagen wird Udo Lindenberg in unserer Stadthalle spielen. Mit seinem Panik-Orchester.

Nur zwei Monate nach dem Mauerfall wird der Meister uns und sich selbst den größten Traum erfüllen. Er rockt und rollt durch die DDR. Danach wird er sagen: „Alle DDR-Konzerte haben eine unglaubliche Masse Emotionen gebracht. In Magdeburg standen mir mehrfach Tränen in den Augen!" (23) Uns auch, Meister. Uns auch.

In 20 Jahren werden wir in See stechen.

5. – 9. Mai 2010

Wir sind auf Odyssee. Auf einer großartigen, wenn nicht der großartigsten überhaupt. Und im Gegensatz zum Namensgeber Odysseus wissen wir sehr genau, wohin die Reise geht. Zum Hamburger Hafen. Auf den Rockliner Nr. 1. Gemeinsam mit Udo, Jan Delay und Nina Hagen schippern wir mit 1.998 weiteren Fans über das Meer. Von Hamburg nach Dover. Im Winter klingelte das Telefon. Ein Freund bot mir Tickets an, weil seinen Freunden etwas dazwischengekommen ist. Was kann einem denn bei einem Rockliner mit Udo Lindenberg „dazwischenkommen"?? Da regt mich doch allein schon die Frage auf. Nicht nachdenken, sondern vordenken. Ich frage nicht, was die Tickets kosten. Ich frage nur: „Wo muss ich unterschreiben?" Dann tanze ich durch mein Wohnzimmer.

Es werden die fünf tollsten Tage meines Lebens – und ich hatte weiß Gott schon ein paar davon. Fünf Tage kompromisslose, exzessive Party. Und nicht nur die Party-Gewohnheitstiere wollen sie. Nein: Alle 2.000 Passagiere sind dabei und legen eine Konsequenz an den Tag, die die Rockliner-Barkeeper an die Grenzen ihrer Leistungsfähigkeit bringt. Ich schätze, auf dem Rockliner Nr. 2 im September nach Oslo nehmen sie noch ein paar Ersatz-Keeper mit. Leider ist der schon ausgebucht.

Man kann es nicht mit Worten beschreiben. Ich befrage Dutzende. Man munkelt: jeden! Keiner kann in Worte fassen, was hier gerade passiert. Weiße Magie? Es ist wie Massenglückshypnose. Ein Rausch der Glückseligkeit. Die Kommentare in Udos Gästebuch überschlagen sich förmlich – aber selbst die euphorischsten Beiträge können es nicht beschreiben. Auch die Rockstars selbst, die sich so gar nicht als solche benehmen, sind fassungslos glücklich darüber, was sie hier gerade anrichten. Es ist die Geburtsstunde einer neuen Reiserubrik, die in kürzester *Zeit* Tausende begeisterte Anhänger finden wird: Full Metal Cruise, Rock the Boat, Rock 'n Roll Cruise oder Rock 'n' Sail werden folgen. Aber: Wer hat's erfunden?

Zu jeder Tages- und Nacht*zeit* besuchen wir unser Lieblingstier: den Zapf-Hahn. Er läuft immer, aber auf keinen Fall weg. Und er lässt unsere Lieblingsblumen wachsen, auf jedem einzelnen Glas. Cenosillicaphobie, die Angst vor einem leeren Glas, ist tatsächlich eine anerkannte Krankheit (Wer es nicht glaubt: googeln.). In dieser Beziehung leben wir hier völlig angstfrei. Ich weiß nicht, wie Udo das macht: Er ist ja noch ein paar Jährchen älter, aber er ist immer und überall überirdisch präsent. Wenn die Konzerte im großen Saal vorbei und wir völlig geflasht sind, ziehen er und das Panikorchester mit den Instrumenten unterm Arm nur kurz um ins Casino auf Deck 7 – und weiter geht's. Natürlich nicht, ohne zwischendurch im Atrium am Flügel noch eine kleine Spontaneinlage hinzulegen, Fotosessions mit uns zu machen oder eine kleine Anekdote zu erzählen. Und immer und überall hört das Auge begeistert mit. Liebe, Begeisterung und fassungsloses Glück bekommen hier völlig neue Bedeutungen. Neu sind auch jede Menge Freunde, die wir hier kennenlernen, denn auf dem Rockliner ist nie (N I E) vor Sonnenaufgang Schluss. Erst wenn Helligkeit und Promillestand nicht mehr zueinander passen, fallen wir in einen kurzen Tiefschlaf. Bis der Zapf-Hahn wieder kräht ... Es ist „die unglaublichste Reise auf einem verrückten Dampfer!" meines Lebens.

Der nächtliche Einlauf in den Hamburger Hafen zum Hafengeburtstagsfeuerwerk ist legendäre Geschichte. Udo auf der höchsten Reeling, 120 Fans mit E-Gitarren und 2.000 Kehlen spielen und brüllen „Candy Jane". Der Hafen bebt. „Nimm Dir das Leben. Und gib's nie wieder her."

Ich werde auf dem Heimweg von Hamburg nach Hause einen Kreislaufzusammenbruch haben, aber nach so viel Euphorie wird der 9. Mai 2010 definitiv kein Tag zum Sterben sein. (Fast) nichts haut einen Seemann um. Und Udo? Der wird munter schon die nächste Tour planen. Ich vergesse nie die Tage, als wir auf Odyssee waren – da draußen auf dem Lindischen Ozean.

Am **29. Mai 2011** werden alle alten und neuen Freunde zusammen in Berlin am Potsdamer Platz das Udo-Musical sehen und am

3. Juni 2011 live bei Udos Unplugged-Konzert im Hamburger Kampnagel dabei sein. Für die Tickets wird einer unserer neuen Freunde wieder eine ganze Nacht lang anstehen. Aber er wird Glück haben: Am Morgen wird keine Boa Constrictor erwachen, er darf es bei Plusgraden vorm Hotel Atlantic in Hamburg tun und es gibt Eierlikör.

11. August 2013

Es ist Sonntagnachmittag. „Sonntagnachmittag. Draußen Regen. Langeweile und es wurde immer schlimmer." Nein, so wie in „Lady Whisky" fühlen wir uns nicht. Wir wollen bei Udo Kaffee trinken. In seiner Residenz, dem Hotel Atlantic in Hamburg. Es hat einen schönen kleinen Innenhof. Und schöne große Preise. Der Kellner serviert stilvoll den Kaffee und fragt uns dabei: „Entschuldigen Sie bitte, aber haben Sie Ihren Mercedes vor dem Eingang geparkt? Er steht leider im Parkverbot." Ich kann mich stilvoll zusammenreißen und antworte: „Nein, unser Mercedes parkt in Ihrer Hotelgarage." Dann trinken wir stilvoll unseren Kaffee, zahlen den schönen großen Preis im schönen kleinen Innenhof des Hotel Atlantic in Hamburg, gehen rüber zum Hauptbahnhof und fahren mit unserem Wochenendticket nach Hause.

„Was hat die *Zeit* mit uns gemacht?" Viel Schönes. Unglaublich viel Schönes, denn Rock 'n Roll-Wege sind unergründlich und „Stärker als die *Zeit*".

Ich freue mich schon auf den Kartenvorverkauf im Januar 2030.

16 Highlander

26. Mai 1990

Ich stehe am vereinbarten Treffpunkt und warte auf einen Freund. Ich bin pünktlich. Just in *Time*. Von ihm ist weit und breit keine Spur zu sehen. Die *Time* verrinnt. Nach 25 vertimten Minuten erscheint er. Ein tief geseufztes „Endlich!" bricht aus mir hervor. Verbunden mit einem dreifachen Augenrollen.

Habe ich mir tatsächlich überlegt, was dieses kleine Wort bedeutet? „Endlich". Eben gerade hatte es eine erlösende Bedeutung. Ich muss nicht mehr warten. Wir können pünktlich zum langersehnten Stones-Konzert ins Frankfurter Waldstadion gehen.
Aber: Endlich kommt von Ende. Unsere wahrgenommene Welt wird von physikalischen Regeln und Konstanten bestimmt. Dabei haben das Universum im Allgemeinen und die Natur im Speziellen eine materielle und *zeitliche* Endlichkeit vorgesehen. Jedes „Ding" und jede damit verbundene *Zeit* ist endlich, auch wenn unser Gehirn irgendwie Begriffsschwierigkeiten damit zu haben scheint. Alles hat ein Ende: jedes noch so schöne Konzert genauso wie ein Knastaufenthalt, eine langweilige Konferenz, der erste Kuss, das kurze 27-Jahre-Leben von Rolling Stone Brian Jones, mein Leben und auch in einer für uns nicht vorstellbaren Dimension das Universum selbst. Irgendwann hat alles tatsächlich ein Ende. Dass nur die Wurst zwei hat, ist einer der dümmsten Sprüche des 20. Jahrhunderts. Nur noch getoppt von: „Wir brauchen mehr Wachstum!"

Viele glauben, dass wir unserem Schicksal unterworfen sind. Dass unser Leben vorbestimmt ist. Dass wir keine Gestaltungsmöglichkeit haben. Sie leben vor sich hin und geben gerne irgendjemandem oder irgendetwas die „Schuld". Ich glaube nicht an vorbestimmte Biomasse. Und schon gar nicht, dass an meinem

Leben jemand „Schuld" hat. Ich glaube, das Universum im Allgemeinen und die Natur im Speziellen beinhalten eine unfassbare Fülle an Möglichkeiten. Aber unser Gehirn hat leider auch damit Vorstellungsschwierigkeiten. Wir können es uns einfach nicht wirklich vorstellen, was alles möglich ist, wenn wir unseren Fokus darauf richten. Energie folgt dem Fokus. Immer. Die einzigen Begrenzungen, die uns beschränken, sind die physikalischen Regeln und Konstanten. Schade eigentlich, sonst wäre ich im Frankfurter Waldstadion bei „Start me up" spontan mal eine Runde über die Bühne geflogen.

Was wäre, wenn wir die Regeln mal außer Kraft setzen?

Nachdem ich mit Mick und Keith bei „Start me up" über die Bühne geflogen bin, beame ich mich an einen blauen Strand, der kopfüber über einem gelben Meer schwebt. Durch die Dampfwolken des brodelnden gefrorenen Meeres scheinen die Schatten unserer beiden Monde, die im sanften Geschmack einer Walzermelodie pulsieren. Neben mir hängen zwei Klingonen und kreischen „pa'QIS wovmoHwI' Qlb". *Zeit* existiert nicht. Deshalb hat dieses Szenario kein Ende. Niemals. Ok. STOPP. Vielleicht sind unsere Regeln und Konstanten doch gar nicht so schlecht. Eigentlich finde ich es hier, so wie es ist, mein Leben, wie es ist, sehr schön. Nur eben schade, dass es für mich irgendwann endlich ist. Können wir wenigstens diese Regel außer Kraft setzen und ewig leben?

Was wäre, wenn es diese Möglichkeit tatsächlich gäbe?

6. Juli 1990

Seit dem vergangenen Herbst passieren täglich unfassbare, neue Dinge. Ich sitze mit sieben Freunden dicht gedrängt vor meiner neuen West-Technik: ein Farbfernseher, der mit einem dicken unförmigen Kabel an einen dieser modernen Videorekorder angeschlossen ist. Es nennt sich: „Syndicat des Constructeurs d'Appareils Radiorécepteurs et Téléviseurs". Nein, bei mir sitzen

nicht sieben Vertreter eines französisch-sizilianischen Syndi-
kats auf der Couch. Seit ein paar Tagen sind West-Fernseher
und West-Videorekorder mit einem sogenannten S C A R T-Kabel
verbunden und lassen uns in ein unfassbares neues Filmuniversum eintauchen. Die West-Technik steht in meiner DDR-Anbau-
wand an der linken Wohnzimmerwand. Auf der anderen Seite
dieser Wand, nur einen 12er-Mauerstein entfernt, befindet sich
seit Kurzem eine sogenannte Videothek. In nur drei Tagen zog
die unglaublich bunte, moderne Medienwelt des noch jungen
Wende-Jahrzehnts neben uns ein. Seitdem bin ich nicht mehr
allein. Nicht eine Minute am Tag, in der Woche und überhaupt.
Denn jeder, wirklich jeder meiner unzähligen Freunde besucht
erst meine Nachbarn und klingelt dann eine Tür weiter. Bei mir,
mit einem hohen Stapel Videokassetten vor der Brust. Um die
neuesten Errungenschaften zu gucken, zu teilen und abzufei-
ern. Was sich manchmal schwierig gestaltet, weil ja schon fünf
andere Neu-Cineasten im Laufe des Tages geklingelt haben und
ihren Videokassettenstapel in das Wohnzimmer meiner kleinen
Ein-Raum-Wohnung trugen. Playlists werden diskutiert und erstellt, Filmabfolgen durchnummeriert und präzise *getimt*. Bei
unlösbaren Interessenskonflikten („Kannst Du bitte mal Dein
Kind nach Hause und ins Bett bringen. Ich habe endlich „Terminator" gekriegt. Wir gucken jetzt auf keinen Fall diese bescheu-
erten Knetfiguren „Wallace & Gromit!" „Guckst Du bitte mal auf
die Uhr: Es ist 15:30 Uhr.") entscheidet auch mal Schere, Stein,
Papier, das bei uns erst in einigen Jahren „Schnick, Schnack,
Schnuck" heißen wird.

Irgendwer hat immer *Zeit*. Wir versinken rund um die Uhr
im neugeborenen Filmuniversum. Action, Komödie, Thriller,
Fantasy. Horror, Porno, Romanze, Mystery und Science-Fic-
tion: zu dieser *Zeit* völlig egal. Wir saugen das Angebot auf, wie
ein Schwamm, der 25 Jahre in der Sahara lag. Geschlafen wird
beim Kassettenwechsel oder halt bei „Wallace & Gromit". Das
Kind hatte „Papier", der „Terminator" „Stein". Mit unserem er-
holsamen Kurzschlaf beim Kassettenwechsel werden wir das
relativ neue, medizinische Teilgebiet der „Schlafforschung"

enorm bereichern. In einigen Jahren werden die Experten ihn Power-Nap nennen. Darauf sind wir schon mal gut vorbereitet. Und erst, wenn wir den letzten Zentimeter Magnetband von der anderen Seite meiner Wohnzimmerwand konsumiert haben, werden wir differenzieren, wählerischer sein und zu echten Film-Freaks werden.

Morgen werden wir wissen, dass heute ein Highlight auf dem Programm stand. „Highlander: Es kann nur einen geben" mit Christopher Lambert als Connor MacLeod vom Clan der Mac-Leod, der im Mittelalter in einer Burg in den schottischen Highlands aufwächst. Es stellt sich heraus, dass er unsterblich ist. Deshalb vermutet sein Clan das – nach aktuell anerkanntem Wissensstand des Jahres 1536 – definitiv naheliegendste: Dass er mit dem Teufel im Bund steht. Er wird verstoßen und lebt später abgeschieden, aber glücklich, allein mit seiner Frau in den Weiten der Highlands. Seht ihr auch gerade „Ay, meine Blume"-Heather in ihrem roten Kleid auf die kleine verfallene Kate zulaufen, dann im *Zeit*raffer altern, in den Armen des ewig jungen Highlander sterben und von ihm begraben werden? Vor der spektakulären Kulisse der schottischen Highlands – untermalt von Queen und Freddy Mercurys göttlichem: „Who wants to live for ever?"

„Wo sind wir Connor?" „Wir sind in den Highlands, meine Blume. Wo sonst? Wir laufen die Berge hinunter. Die Sonne scheint. Es ist nicht kalt." (24) Welcher Boomer kriegt jetzt nicht gerade Gänsehaut. Kurz nach der Wende war „Highlander" definitiv ein Highlight.

Die morgige Videokassetten-Setlist wird gehörig durcheinandergeraten. Viermal werde ich das Highlight zurückspulen und mit wechselnden Besuchern und wachsender Faszination gucken. Die Idee eines zwar immer wieder heftig erkämpften, aber unendlichen Lebens ist faszinierend. Connor MacLeod darf nur nicht seinen Kopf verlieren, dann ist er unsterblich. In den nächsten Wochen wird diese Theorie nächtelang heftig diskutiert: Wollen wir unsterblich sein? Die Meinungen sind durchaus geteilt. Ich würde es wollen.

Neben dem spannenden Thema sind natürlich die Film-Locations einfach überwältigend. Schottland wird sofort ein magischer Sehnsuchtsort für uns. Die Highlands: Allein das Wort verströmt schon einen gewissen Zauber. Und dann ist da ja auch noch Sean Connery als eleganter Adeliger Ramirez, dem nicht mal ein Mantel aus Pfauenfedern seine Coolness rauben kann. Legendär, sein Unterricht, mit dem er den noch unerfahrenen Highlander das Kämpfen lehrt. Sean Connery ist auch im realen Leben ein waschechter, kämpferischer Schotte. Er kämpft vehement für die Unabhängigkeit Schottlands von der Queen. Also nicht von „Who wants to live for ever?"-Queen, sondern von der britischen Krone-Queen. Bislang ohne Erfolg. In ein paar Jahren wird er sich auf der Burg der MacLeods von Catherin Zeta-Jones verführen lassen, nachdem sie gemeinsam eine millionenschwere Maske aus einem Museum gestohlen haben: „Verlockende Falle". Andere Filmgeschichte …

13. Juli 2018

Es hat etwas gedauert. 28 Jahre, um genau zu sein. Mehr als ein ganzes Brian Jones-Leben. Aber ich habe mir meinen Traum nun endlich erfüllt: „Wir sind in den Highlands. Wo sonst? Wir laufen die Berge hinunter. Die Sonne scheint. Es ist nicht kalt." (22) Die Highlands sind genauso episch und wunderschön, wie Russell Mulcahy sie in seinem Film dargestellt hat. Einsame Weiten, leuchtend grüne Grasebenen, sanfte Hügel, bizarre Felsen und stille, dunkle Lochs. Überall blühen Wildblumen. Eine malerische Landschaft: unbewaldet und unbesiedelt. Traumhaft schön. Hier schlägt das Herz Schottlands. An einer besonders schönen Stelle in der Nähe der Five Sisters halten wir an und machen ein Picknick. Danach liege ich einfach nur im Gras und träume. Und da sehe ich sie: Heather trägt einen Korb im Arm und Connor einen blaukarierten Kilt. Beide schauen wie ich faszinient in die malerische Landschaft der Highlands. „Hey, it's a kind of magic." Connor und Freddie haben so Recht.

Morgen früh werden wir Eilean Donan Castle, am Loch Duich in den westlichen Highlands besuchen. Die Burg, in der Connor McLeod vom Clan der McLeod aufwuchs und Catherine Zeta-Jones Sean Connery verführte, ist heute das mit Abstand beliebteste Fotomotiv des Landes und Sinnbild des mystischen Schottlands. Wir werden über die drei geschwungenen, steinernen Brückenbogen schreiten, wie durch ein Tor zu einer anderen *Zeit,* die sich in den vielen verwinkelten Zimmern der Museumsburg verbirgt. Hier kann man eintauchen: eintauchen in die Geschichte der zauberhaften Highlands. Einem Sehnsuchtsort der Extraklasse, nach dem ein Fantasyfilm der Extraklasse benannt wurde.

31. Oktober 2020

Heute müssen wir unbedingt ein letztes Mal unsere Freiheit genießen. Morgen werden wir eingesperrt. Nein, wir haben keine millionenschwere Maske aus einem Museum gestohlen. Wir müssen eine tragen. Corona-Lockdown Nr. 2 steht vor der Tür. Sehen wir ein. Trotzdem: heute nochmal nichts wie raus. Corona-konform dorthin, wo wenige Menschen sind. Wir fahren in die Colbitz-Letzlinger Heide – eine ähnlich einsame Gegend wie die Highlands. Nur halt mit Wald. Übernachten wollen wir recht feudal: in einem Schloss. Nicht im Eilean Donan Castle, aber in einem ähnlich pittoresken Bau: dem Jagdschloss Letzlingen. Englische Tudor-Architektur aus dem Jahr 1840. Auch eine kleine *Zeit*reise.

Dort angekommen hören wir in den Nachrichten: „Heute starb der Schauspieler Sir Thomas Sean Connery im Alter von 90 Jahren." Dear Sean: Du warst nicht unsterblich. Ruhe in Frieden. Auch „Highlander" Christopher Lambert wird im realen Leben nicht ewig leben, so wie ich nicht und ihr auch nicht.

Bis zum Jahr 2045 soll zwar das sogenannte Mind-Uploading funktionieren, so die mutige These von einigen Wissenschaftlern, aber das ist keine echte Unsterblichkeit. Bei diesem noch hypothetischen Prozess sollen die Gedanken, Emotionen und Erinnerungen eines Menschen in einen Computer hochgeladen werden. Sie wollen also meine begeisterte Erinnerung an die Highlands in Einsen und Nullen verwandeln? Ich kann es mir nicht vorstellen.

Wollen wir für immer leben? Wenn wir es könnten? Einigen würde es wahrscheinlich langweilig werden. Ich finde die Idee immer noch faszinierend. Praktisch betrachtet hat sie natürlich Schwachstellen. Unendliches Leben auf einem endlichen Planeten bedeutet: Irgendwann müssten wir die Erde wegen Überfüllung und daraus resultierendem Ressourcenmangel schließen. Gut, das müssen wir demnächst auch, aber das hat andere Gründe. Schließlich brauchen wir unbedingt mehr Wachstum ...

Und die, die dann einmal da wären, müssten eine unendliche *Zeit* mit immer den gleichen Leuten verbringen. Stellt euch vor: „Witze-Fritze" Friedrich Merz, „Spar-Fuchs" Christian Lindner, „Agent Orange" Donald Trump und euer nerviger Nachbar f ü r i m m e r ! Dann wohl lieber doch nicht, denn das wäre das Tor zur Hölle.

Ist Connor MacLeod glücklich, weil er ewig lebt? Bin ich traurig, weil ich endlich bin?

Diese Fragen kann nur jeder für sich selbst beantworten. Aber wer die Endlichkeit begriffen und ihre Unausweichlichkeit akzeptiert hat, hat unendlich viele Möglichkeiten, die Endlichkeit zu gestalten. Man muss sich nur trauen. Denn von Canopy mal abgesehen (kommt später), ist Angst vor den unglaublich vielfältigen Facetten des Lebens absolut entbehrlich.

Was ist der Sinn des Lebens?
Einfach sein und einfach **sein**. Denn alles ist einS (oder Null ☺).

17 Highway-Promille

13. September 1990

Seit gut zehn Wochen haben wir die gelobte Währung. Viele
haben sie uns auf den Straßen in Leipzig, Dresden und Cottbus
redlich erbrüllt: „Kommt die D-Mark, bleiben wir. Kommt sie
nicht, geh'n wir zu ihr". Einige werden später wissen, dass eine
Währung(s)-Union nichts nützt, wenn am Ende des Monats keine
Währung mehr da ist, um Brot zu kaufen. Oder kein Union (Hell).

Die seit November 1989 nur noch formalen Grenzkontrollen
sind *Zeit*geschichte. Ich brause mit dem Motorrad und einem
großen leeren Rucksack über den Highway to Heaven: die A2
von Magdeburg nach Helmstedt. Ein Freund kommt mit. Wir
haben ein paar D-Mark für Hamsterkäufe im „Schlaraffenland"
zusammengespart. Heute vor 45 Jahren fuhr man zum Bauern
aufs Land, um Hamsterkäufe zu erledigen. Das hatte nichts mit
Schlaraffenland zu tun, sondern mit Überlebensstrategie. Heute
in 30 Jahren werden wir Klopapier hamstern, in 31 Jahren Öl
und Senf und in 32 Jahren elektrische Heizlüfter. Dann wird die
Welt unsere „German Angst" belächeln. Denn auch das hat nichts
mit Schlaraffenland zu tun, sondern einfach nur mit Dummheit.

Am ehemaligen Grenzübergang Marienborn steht auf ostdeutscher Seite zwischen den beiden Mittelleitplanken eine riesige
Beton-Stele mit einem großen runden Schild in zehn Metern
Höhe. Darauf der unmissverständliche Hinweis für DDR-**ein**-
reisende, westliche Besucher: Hier gilt: 0,0 Promille. Fährt man
als DDR-**Aus**reisender einhundert Meter weiter in den Westen,
darf man dort 0,8 Promille haben. Um das zu schaffen, sollte
man ein sportliches Trinkverhalten an den Tag legen. Wobei man
Promille auf keinen Fall mit Litern verwechseln darf. In einer
handelsüblichen Spirituosenflasche befinden sich 0,7 Liter. Der

Satz: „Im Westen sind 0,8 erlaubt, deshalb trinke ich nur 0,7." ist eine Hypothese, die sich im Experiment nicht bestätigt hat. Genauso eine handelsübliche Flasche kaufen wir als krönenden Abschluss unserer Hamsterfahrt. Jack Daniels. Neben Jim und Johnny wird Jack in den nächsten Jahren ein Freund vieler Neu-Bundesbürger. Am **26. April 2013** werde ich Jack näher kennenlernen: in Lynchburg, Tennessee bei einem Besuch der Jack Daniels-Distillery. Sehr zu empfehlen.

Auf dem Rückweg parke ich mein Motorrad an der Beton-Stele am Grenzübergang auf dem Seitenstreifen, überquere die Autobahn, lehne mich an den 0,0-Promille-Befehl und setze die Jack-Flasche an. Mein Mitfahrer macht ein Foto. Ich gehe zurück und starte mein Motorrad. Dann fahren wir mit unserem schweren Rucksack nach Hause.

So etwas war **1990** tatsächlich möglich, im gesetzlosen Niemandsland des Grenzstreifens auf dem Highway to Heaven. Einfach mal parken und ein Foto machen. Heute, angesichts des mörderischen Verkehrsaufkommens und der wahrscheinlich flächendeckenden Videoüberwachung, undenkbar und lebensgefährlich. Dass die Flasche natürlich noch verschlossen ist, sieht man auf dem Foto nicht.

Bereits zu *Zeit*en der Weimarer Republik wurde die heutige Bundesautobahn A2 geplant. Sie sollte das Ruhrgebiet über Hannover, Helmstedt und Magdeburg mit dem Berliner Ring verbinden. Dann kam **1929** unplanmäßig die Weltwirtschaftskrise dazwischen. Sie begann am sogenannten Black Friday Ende Oktober mit dem größten Börsen-Crash der Geschichte, der aus den USA nach Europa schwappte. In New York sprangen einige Aktionäre aus dem Fenster. In Deutschland wurden Millionen Menschen arbeitslos. Der soziale Abstieg und die bittere Not bereiteten den Boden für radikale Parolen und Parteien. Der Aufstieg der NSDAP begann. Heute feiern wir den Black Friday als größtes Shopping-Event und größte Schnäppchenschlacht des Jahres. Das ist mehr als makaber, obwohl beides tatsächlich nichts miteinander zu tun haben soll.

1934 war der erste Spatenstich und Dank der unzähligen Arbeitslosen kamen die Nazis mit dem Bau der Reichsautobahn gut voran. Doch dann wurden die Arbeiten abrupt unterbrochen, weil bei Bob, dem Baumeister, der schon immer latent schlummernde Größenwahn ausbrach. Wozu Straßen bauen, wenn man sie weltweit erobern kann? Die Straßen der Welt ließen sich zwar nicht erobern, aber Bob, der Wahnsinnige, brachte in den nächsten Jahren unmenschliches Leid über sie.

Am **30. April 1945** wurde des Wahnsinnigen Sch(l)uss im Führerbunker zelebriert und am 8. Mai durch den Tag der Befreiung manifestiert. Viele Nazis taten das, was sie in den letzten zehn Jahren auch getan hatten: Sie folgten ihrem Führer. Recht so. Leider wählten auch viele Zivilisten den Freitod. Die Angst vor den einmarschierenden Russen war groß und vielerorts alles andere als latent.

Die Siegermächte teilten das kapitulierte tausendjährige Reich in vier Zonen auf und wurden zu Besatzungsmächten. Dort konnte jede Macht machen, was sie wollte. Was ziemlich selten gut ausgeht. Die UdSSR machte das Experiment Sozialismus, die USA, Großbritannien und Frankreich machten einen auf Kapitalismus und die jeweilige Bevölkerung machte gezwungenermaßen mit. Der Antagonismus wurde zwar nicht im Sommer 1945 im Potsdamer Schloss Cecilienhof erfunden, aber genau dort auf eine neue Stufe unvereinbarer Erkenntnis gehoben. 1784 war er bei Immanuel Kant noch die „ungesellige Geselligkeit der Menschen. Ein Widerstand, der die Menschen antreibt und ihre Potenziale fördert". (25) Kant kannte noch nicht die Kalte-Kriegs-Kante, auf der der Antagonismus seit Mitte des 20. Jahrhunderts absolut ungesellig tanzt. Ein Tanz auf dem Vulkan, der jederzeit unkontrolliert ausbrechen konnte und kann.

Die Reichsautobahn verlief nun also durch den britischen und sowjetischen Sektor. An der Grenze zwischen beiden wurde in Marienborn ein Alliierten-Kontrollpunkt eingerichtet.

1948 kam es, wie es kommen musste: Die sowjetische Besatzungsmacht schloss die Autobahnstrecke auf ihrem Gebiet für den Transit nach West-Berlin und die Ära der Rosinenbomber begann. Kommunisten sperrten die Reichsautobahn der Nazis! Man hörte den Wahnsinnigen in seinem Grab rotieren.

Grund der Transitsperrung durch die Sowjets waren der Beschluss des Marshallplans und die Einführung der D-Mark. Der Marshallplan war ein Wirtschaftsförderungsprogramm für den verwüsteten Kontinent. Über das im November 1948 gegründete Kreditinstitut für Wiederaufbau (KfW) werden seitdem (Überraschung!) Kredite für den Wiederaufbau ausgegeben. Für den westlichen Kontinent. Der östliche Kontinent wurde durch ein vergnatztes NJET der Sowjetunion ausgeschlossen. Auch die D-Mark wurde nur in den drei Zonen der westlichen Alliierten eingeführt. Auch hier machten die Sowjets nicht mit. In 42 Jahren wird man auf den ostdeutschen Straßen lautstark nach ihr rufen.

Ab **1950** war die Transitstrecke zwar wieder befahrbar, aber nun wurde der Interzonenverkehr von den DDR-Grenztruppen unerbittlich und streng kontrolliert. Später übernahm die Stasi. Seitdem wurde mit urdeutscher Gründlichkeit jahrzehntelang durch knapp 1.000 Mitarbeiter im Dreischichtsystem schikaniert. Und da irgendwann wurde es aufgestellt, das große Schild mit dem unmissverständlichen Hinweis: 0,0 Promille.

Bis zum **9. November 1989** entwickelte sich die A2 zur wichtigsten Transitstrecke zwischen Ost und West und die Grenzübergangsstelle (GüSt) Marienborn zum größten und bedeutendsten Grenzübergang der DDR.

Dann darf ich am **13. September 1990** zu meiner ersten Hamsterfahrt über den Highway to Heaven brausen, um mit der neuen D-Mark einzukaufen. Am **26. August 1991** wird meine Familie dank des 1948 beschlossenen Marshallplans einen KfW-Kredit erhalten, um unser Haus zu sanieren, das seit dem vergnatzten NJET der Sowjets seit über 40 Jahren vor sich hin marodiert.

Am **13. August 1996** – 35 Jahre nach dem Mauerbau – wird auf dem Gelände der Grenzübergangsstelle Marienborn die Gedenkstätte „Deutsche Teilung" eröffnet werden. Auf mehr als sieben Hektar wird man sich die undenkbaren Erfindungen eines menschenverachtenden Systems ansehen können, das sich sozialistisch nannte: Sperrzonen, Hundestaffeln, Stacheldraht, Tretminen, nagelgespickte Wegfahrsperren, Kontrolltürme mit Suchscheinwerfer und Selbstschussanlagen. Der antifaschistische Schutzwall: alles zu unserem Schutz.

Ich werde mehr als 20 Jahre brauchen, bis ich mich am **29. Juli 2017** zu einem Besuch aufraffen kann. Einem Besuch, der mir auch nach so vielen Jahren Abstand eine dicke Gänsehaut beschert. Gänsehaut kann nicht lügen.

18 Generationen-Kreise

Wie sich unser Gehirn, das unglaubliche Geschenk in unserem Kopf, entwickelt, hängt nicht von unseren Genen ab, sondern davon, wie und wofür wir dieses Geschenk benutzen. Durch Erfahrungen, Sinneseindrücke und Beziehungen formen und stabilisieren sich im Frontallappen jene komplexen Verbindungen, die unsere Persönlichkeit ausmachen.

Wenn Du drei Häuser weiter in die Familie Müller hineingeboren wärst, hättest Du heute ein anderes Gehirn. Was uns wirklich überwiegend ausmacht, sind unsere Erfahrungen.

Neurologisch betrachtet sind Erfahrungen die besonders stabilen synaptischen Verknüpfungen im Gehirn: die Highways unter den Nervenbahnen. Je öfter uns eine Information „durch den Kopf" geht, umso tiefer gräbt sie sich in unsere Synapsen ein. Aber es sind eben nur persönliche Konstrukte. Denn: Ein Fußballspiel lässt den Einen jubeln, den Anderen trauern und einen Dritten völlig kalt.

Entscheidend sind also nicht die Dinge und Sachverhalte, sondern wie wir diese bewerten. Was wir wiederholt oder begeistert erleben, strukturiert unser Gehirn. Die entscheidende Zutat, unser Potenzial zu entfalten, ist unsere Begeisterung. Sie ist die Stararchitektin unseres Gehirns. Das hat mit neuroplastischen Botenstoffen zu tun: Adrenalin, Noradrenalin und Dopamin. Wenn wir uns für etwas wirklich begeistern, werden sie wie mit einer Gießkanne verteilt und fluten unser gesamtes Gehirn.

Kinder erleben 20 bis 50 Begeisterungsschübe pro Tag. Wenn wir sie lassen. Und das sollten wir unbedingt tun. Denn wenn sie es den Eltern oder wichtigen Personen in ihrem kleinen Leben trotz größter Anstrengung nie recht machen können, suchen sie einen Weg, sich selbst und allen anderen zu beweisen, dass sie niemanden brauchen.

Das werden die Besserwisser, die nun ihrerseits andere abwerten – müssen. Der Teufelskreis aus Begeisterungsverlust, Anpassung und Abwertung kann sich über Generationen fortsetzen.

Es geht aber auch anders.

Mein Urgroßvater hat **1910** unser (damals neu gebautes) Nachbarhaus gekauft. Ein Mehrfamilienhaus. Sein Sohn, mein Großvater, ist ganz selbstverständlich später mit seiner Frau ebenfalls dort eingezogen. Meine Mutter wuchs also mit Eltern und Großeltern gemeinsam in einem großen Haus auf. Wenn sie als Kind Kummer oder Sorgen hatte, war immer jemand liebevoll für sie da. Sie kannte es nicht anders.

1968 kaufte sie ganz selbstverständlich mit ihrem Mann das Nachbarhaus – unser Haus. Auch ein Mehrfamilienhaus. Mein Bruder und ich wuchsen also mit Eltern und Großeltern gemeinsam in zwei Häusern auf. Wenn wir als Kinder Kummer oder Sorgen hatten, war immer jemand liebevoll für uns da. Wir kannten es nicht anders.

Beide Häuser haben wir wegen der Mangelwirtschaft in der DDR in den **70er Jahren** an die Stadt abgeben. Nach der Wende aber holten wir uns ganz selbstverständlich beide Häuser zurück, um alle darin zu wohnen. Wir kannten es ja nicht anders.

Meine Nichte wuchs also mit Eltern, Großeltern, Urgroßvater und mir gemeinsam in zwei Häusern auf. Wenn sie als Kind Kummer oder Sorgen hatte, war immer jemand liebevoll für sie da. Sie kannte es nicht anders.

2019 übernahm sie mit ihrem Mann ganz selbstverständlich das Haus meines Urgroßvaters, um mit ihrer Familie hier zu wohnen. Sie kannte es ja nicht anders.

Ihre Kinder wachsen hier nun also in der 6. Generation mit Eltern, Großeltern und mir gemeinsam in zwei Häusern auf. Wenn sie Kummer oder Sorgen haben, ist immer jemand liebevoll für sie da. Sie werden es nicht anders kennen.

Und nun ratet, wer in meiner Wohnung wohnen wird, wenn ich später mal unter meiner Buche im Friedwald wohne?

Der Kreis aus Familie, Zusammengehörigkeit und Zuwendung kann sich über Generationen fortsetzen. Es ist ein schöner Kreislauf. Nicht immer einfach, aber schön.

19   Das ist unser Haus

4. Dezember 1971

Der linke Stadtguerillero und Anarchist Georg von Rauch lebt in einer Kommune in Berlin-Charlottenburg, deren Hauptmieter der Rechtsanwalt und zukünftige Innenminister Deutschlands Otto Schily ist. (26) Am Abend wird Georg von Rauch in Berlin-Schöneberg während einer bewaffneten Auseinandersetzung mit der Polizei durch einen Kopfschuss tödlich getroffen.

Er wird für die Sympathisanten der Hausbesetzerszene eine Art Märtyrer werden. Nur vier Tage später wird das Bethanien-Krankenhaus am Mariannenplatz in Berlin-Kreuzberg besetzt und das ehemalige Schwesternwohnheim ihm zu Ehren in „Georg von Rauch-Haus" umbenannt. Unter den Hausbesetzern sind Mitglieder der Berliner Gruppe „Ton Steine Scherben". Während der Besetzung schreibt ihr Sänger Rio Reiser den „Rauch-haus-Song". Er wird 1972 auf ihrem Album „Keine Macht für niemand" erscheinen. „Musik ist eine Waffe. Und fünf Finger sind eine Faust." (27/28)

17. Juni 1992

Fast 100 Quadratmeter sind mein. Endlich. Und davor ein kleiner Flur in unserem großen Mehrfamilienhaus. Wir haben uns unser altes Elternhaus nach der Wende nicht nur zurückgeholt: Nach zwei Jahren schuften around the Clock – zement-, teer-, erd-, farb- und allgemein dreckverschmiert – ist es wie neu. Dank der großen Hilfe von Freunden und Familie haben wir alles irgendwie ohne teure professionelle Hilfe hinbekommen und viel Lehrgeld bezahlen dürfen. Gut so. Handwerk hatte ja schon immer den sprichwörtlichen goldenen Boden, aber in ein paar Jahrzehnten wird es purer Goldstaub sein, da die Handwerksmeister nach der Jahrtausendwende nicht nur sehr rar, sondern – im wahrsten Sinne des Wortes – aussterben werden. Wir haben Wände versetzt und Deckendurchbrüche gestemmt, eine Wendeltreppe konstruiert, gemauert auf Teufel komm raus, Dächer gedeckt, Heizung, Sanitär und Elektrik neu installiert, fast zwei Dutzend neue Fenster und Türen eingebaut, Hunderte Quadratmeter Fußböden und Decken eingezogen, unglaubliche Mengen an Fliesen gefliest, einen Brunnen gebohrt, eine Regenwasserzisterne verbuddelt, Teich und Swimmingpool ausgeschachtet – bis man nur noch weinend, mit schmerzendem Körper, auf einem Riesenberg Erde einschläft – sowie Gerüste gestellt und die Dämmung des großen Mehrfamilienhauses bei 30 °C Mittagshitze hingezaubert. Nur noch den Haussockel verklinkern und das Treppenhaus mit Holz verkleiden. Das sind Lappalien, sagt Bruder Bauleiter. Jetzt ist es tatsächlich wieder unser Haus.

Endlich viel Platz für das zahlreiche Partyvolk. Mehr als 30 Gäste auf meinen knapp 100 Quadratmetern werden an den Wochenenden keine Seltenheit sein. Wenn Du zwei Jahre lang täglich 12 Stunden auf Deiner Baustelle verbracht hast, manchmal am Rande der Verzweiflung, verlangen die Jugend und Dein vernachlässigter Freundeskreis ihr Recht. Der kleine Flur in unserem großen Mehrfamilienhaus ist für die unglaublich vielen Gästeschuhe definitiv zu klein. Das Raumvolumen für 80 % rauchende Gäste auch. Jetzt ist es mein kleines „Rauch-Haus". Lappalien, sage ich mal. Es ist unser Haus.

In einigen Wochen werden alle meine Nachbarn Ton Steine Scherben, Sänger Rio Reiser und meine zahlreichen Background-Sänger gut kennen. Ob sie wollen oder nicht. „Und wir schreien es laut: Ihr kriegt uns hier nicht raus. Das ist unser Haus." dröhnt nachmittags, abends und nachts durch unsere Straße. Es ist meine Entschädigung für die Quälerei der letzten zwei Jahre. Besonders in der Stille der Nacht ist es gut zu hören. Auch früh um drei sind wir noch relativ textsicher. In 500 Metern Luftlinie entfernt befindet sich eine Tankstelle. Manche wollen dort nachts oder im Morgengrauen auf dem Heimweg von irgendwo nur schnell einen Absacker holen, hören in der Stille leise Rio schreien und wissen Bescheid: Da geht noch was. Sie kaufen Zigaretten, kommen vorbei und stellen ihre Schuhe auf den großen Haufen in meinem kleinen Flur in unserem großen Mehrfamilienhaus. Das dürfen sie, denn um diese *Zeit* sind Zigaretten in meinem Rauch-Haus überraschenderweise oft Mangelware. Dann legen wir für die Nachzügler „Keine Macht für niemand" mit dem „Rauchhaus-Song" gerne noch mal auf. Ich besitze das Album nur als Vinyl. Es ist schon ziemlich abgenutzt. Manchmal vergessen wir im morgendlichen Schummerlicht, die Platte, die schon auf dem Plattenteller liegt, runterzunehmen. Dann dreht ein musikalisches Doppel seine Runde. Auch Triple sind möglich, gelegentlich begleitet von etwas Zigarettenasche und verschüttetem Bier ...

Liebe Mitbewohner und Nachbarn: Ich hoffe, ihr habt es mit zähneknirschendem Humor und viel Oropax bewältigt und wenn nicht, wenigstens im Laufe der *Zeit* verdrängt. In einigen Jahren wird es ruhiger werden. *Zeit* soll Wunden heilen und gelegentlich auch schlechte Erinnerungen an schlaflose Nächte. Verzeiht mir. Ich liebe mein altes Haus. Das Haus meiner Kindheit. Ich bin sehr dankbar, dass wir als Neu-Bundesbürger mit so viel Enthusiasmus und Elan an die Sachlage „Neubesitz einer sehr maroden Altimmobilie" herangegangen sind. Denn es war, ist und bleibt „Unser Haus".

10. Mai 1996

Endlich darf ich ihn live sehen. Rio Reiser spielt Solo im alten Kinosaal in Mieste. Irgendwie hat es sich vorher bei mir leider nicht ergeben. Immer noch viel Baustelle, immer noch viel Party – in unserem Haus. Für mich ist es ein schönes Konzert. Rios Stimme ist gewaltig. Er selbst sieht zart, schmal und leicht fertig aus. Die Setlist ist gemischt, die Solosongs überwiegen, die Ansagen sind spärlich. Manche rufen unentwegt: „Scherben! Scherben!" Nun ja ... Ich freue mich, Rio endlich mal live zu begegnen. Charismatischer Mensch. Durch und durch. Diese Tour ist dank eines entweder gnadenlosen oder profitorientierten Managements – was auf das Gleiche hinausläuft – nicht so gelaufen, wie geplant. Rio wollte eine ruhige Tour. Kurze Fahrstrecken. Nicht mehr als drei Tage Konzerte am Stück. Das Management hat dann wohl „Sklavenhändler, hast Du Arbeit für mich?" komplett falsch interpretiert. Off-Day-Tage sind spärlich arrangiert. Rio antwortet mit Schweigsamkeit zwischen den Auftritten und gesundheitlichen Off-Days. Das alles kann das zahlreiche Publikum heute in Mieste nicht wissen. Ich tanze glückselig. „Lass uns ein Wunder sein".

20. August 1996

Ich liege am See in der Sonne. Auch wenn ich viel und gerne laute Musik höre: Das plärrende Radio nebenan stört. Ich will ein bisschen dösen. Die mediterrane Siesta ist nicht umsonst Garant für ein längeres Leben. Im Laufe der Jahre habe ich gelernt, bei störenden Nebengeräuschen einfach abzuschalten. Man lernt es zwangsläufig: in einem 4-Personen-Zimmer im Studentenwohnheim. Zuhause so gegen Mitternacht, wenn Du am nächsten Morgen fit sein musst, der Rest der anwesenden Bagage aber nicht. Oder auf langen Autofahrten, wo jeder der vier Mitreisenden alle fünf Minuten einen neuen Musikwunsch hat. „Hör doch mal." „Hör doch mal." Manchmal will man hören. Und manchmal eben nicht. Ich blende also das plärrende Radio neben mir ziemlich gut aus und döse in der Sonne. Jetzt spielen sie Rio: „König von Deutschland". Ich summe leise mit und denke an das schöne Konzert im Mai in Mieste. Aber dann übernimmt mein Unterbewusstsein die Macht. Es hat nämlich trotzdem gut „zugehört" und schiebt jetzt den letzten Satz des Moderators mit jeder Silbe in mein Bewusstsein. „Heute ist Rio Reiser, der Sänger von Ton Steine Scherben, in Fresenhagen gestorben." „Alles Lüge?" Das Unterbewusstsein kann nicht lügen. Die Sonne schiebt sich hinter den „Junimond" und die Welt wird dunkler.

Die *Zeit* und das Leben, das sich schon ereignet hat, kann man nicht ändern. Nur rückwirkend genießen. Lieber Rio, ich hoffe, Deine *Zeit* war ein Genuss. R.I.P. Du hast Deine letzte Schlacht gewonnen.

Ich fahre zurück in unser Haus und lege den Soundtrack meiner Jugend auf: die ziemlich abgenutzte Platte „Keine Macht für niemand". Sie ist wie Du: vom Leben gezeichnet, aber genau deswegen einmalig.

19. Juli 2020

Wir besuchen Rios Haus in Fresenhagen. Auch das hatte sich bisher irgendwie nicht ergeben. Als es Ton Steine Scherben durch den fordernden Druck dogmatischer Linker Mitte der 70er Jahre in Berlin zu anstrengend wird, kaufen sie das Haus, ziehen gemeinsam in die Einsamkeit kurz vor der dänischen Grenze und nehmen sich eine Scherben-Aus*zeit*. An verschiedenen anderen Projekten arbeiten sie weiter. Mitte der 80er startet Rio seine Solokarriere, mit der er mich zehn Jahre später in Mieste beglücken wird.

Hier in Fresenhagen wird Rio **1996** im Garten neben seinem schönen reetgedeckten Haus begraben. Dafür gab es tatsächlich eine Ausnahmegenehmigung der damaligen Ministerpräsidentin von Schleswig-Holstein, Heide Simonis. Heute aber ist Rio fort. Die ewige Ruhe war ihm hier nicht vergönnt. Seine Geschwister konnten den Hof nicht mehr betreiben und mussten sein Haus verkaufen. Deshalb zieht er **2011** noch einmal um. Seitdem ruht er in einem Ehrengrab der Stadt Berlin auf dem Alten St.-Matthäus-Kirchhof. In der Stadt, aus der er Mitte der 70er Jahre geflohen ist und die im Jahr **2022** den Oranienplatz im Herzen von Kreuzberg nach ihm benennen wird. Nicht weit entfernt vom Bethanien-Krankenhaus, dem „Georg von Rauch-Haus" und dem Mariannenplatz. Kreise schließen sich.

Dort, auf dem Alten St.-Matthäus-Kirchhof in Berlin, werde ich ihn am **23. April 2023** besuchen und ihm eine gelbe Rose mitbringen. Daran befestigt: ein kleines Cover-Bild von „Keine Macht für niemand".

Danke, Rio: „Uns trennt nichts vom Paradies, außer unsre Angst."

20 Erstklassige Dritte Wahl

14. Oktober 1995

Kann eine 3. Wahl 1. Wahl sein? Die Geschichte beginnt mit einem Freund. Er kommt aus einer benachbarten Kleinstadt und mag laute Musik. Szenerie: ein beliebiges West-Kaufhaus. Unser Freund stolpert in voller Metal-Montur rein. Das Konzert gestern ging lange. Die Party an unseren Autos war noch länger. Er schafft es fehlerfrei bis zum Verkaufstresen der Musikabteilung und fragt die Verkäuferin mit schwerer Zunge: „Haste Dritte Wahl?" Diese nimmt leicht pikiert Abstand und antwortet: „Junger Mann, wir führen hier nur 1. Wahl." Unser Freund bekommt an diesem Tag leider nicht das, was er will. Aber gestern, da haben wir sie bekommen – die Dritte Wahl. Etwas, was unser Leben ab sofort bereichern wird. Eine Band aus dem Norden der DDR. Deutscher Metal-Punk oder Punk-Metal? Egal. Zwei Akkorde können sehr erfüllend sein. Sänger Gunnar und Drummer Krel sind Halbbrüder und mit Busch'n am Bass verschmelzen die Drei zu echten Brüdern. Sie sind erstklassig. Erstklassige gradlinige Dritte Wahl. Textlich, politisch und musikalisch treffsicher. Dritte Wahl lassen sich definitiv nicht „vom Markt regeln". Sie haben einen eigenen Zauber, der auch uns umschließt. Radikal gegen das Schlechte und für das Gute in der Welt. Kritisch aufrüttelnd auf unvergleichlichem Textniveau, das erfolglos seinesgleichen sucht. Auch hier erschafft jedes Konzert mindestens sieben Tage gute Laune. Ihre Platten laufen – manchmal tagelang – in Dauerschleife. Bis man auch das letzte i-Tüpfelchen textsicher beherrscht.

„Ihr seid so, wie sie wollen, dass ihr seid und sie wollen, dass ihr bleibt, wie ihr seid alle *Zeit*."

Ihre Spielfreude ist unglaublich. In den nächsten Jahrzehnten werden sie sich den Arsch abtouren und laut Gunnar auf drei Akkorde upgraden. Respekt und Danke.

15. Januar 2005

Wir sind im B.A.Rocktikum in Güstrow. Hier spielt Dritte Wahl heute fast ein Heimspiel. Sie sind hier um die Ecke zu Hause. Viele meiner Freunde auch. Der Laden platzt aus allen Nähten. Keiner darf und will heute fehlen. Der Bass klingt anders als sonst. Busch'n spielt ihn immer mit Herzblut, aber heute hängt ein Schatten über ihm und der Bühne. **Der** Schatten. „Halt mich fest, so fest wie Du nur kannst": Gunnar schreit sich buchstäblich seine Seele aus dem Leib. Wir auch. Aber auch zusammen sind wir nicht laut und stark genug. Wir können den Schatten nicht vertreiben. Manche verdammten Momente haben keine Ahnung, wie scheiße sie sind. In zwei Tagen wird unser Freund Marko Busch'n Busch, der Bassist von Dritte Wahl, an Magenkrebs sterben. Mit nur 35 Jahren. „Mach's gut und gute Reise, bring Dich in Sicherheit. Auch wenn ich jetzt traurig bin, denke ich daran: Was werden wir erst feiern, wenn ich nachkomm' irgendwann."

17. November 2005

Busch'n ist sehr offen mit dem Thema Tod umgegangen und hat, bevor er starb, seine Freunde ermutigt, unbedingt weiterzumachen. Er hatte sogar einen Wunschkandidaten als Nachfolger, falls er es nicht schafft. Deshalb gibt es Dritte Wahl heute noch. Am Bass nun Stefan, der Busch'n viel Raum gibt, wenn der mal bei einem Konzert vorbeischaut und uns von oben zuwinkt. Ich habe ihn schon oft gesehen.

Heute ist mein 40. Geburtstag. Alter ist zwar nur eine Zahl, aber 40 ist doch schon ein besonderer Punkt im Leben. Außerdem bin ich die Riesenpartys in meiner Wohnung und die danach ständig notwendigen Schönheitsreparaturen (an mir und meiner Wohnung …) leid und will mal etwas anderes machen. Beim Checken der Konzerttermine blieb vor ein paar Wochen mein Blick hängen bei: 18.11.2005, Dritte Wahl + Exploited, Barcelona. Na, das ist doch mal ein Plan. Ich feiere meinen 40. Geburtstag in Barcelona mit Dritte Wahl. Meine Freunde habe ich mit dem Satz eingeladen: „Geburtstagsparty diesmal auf der Rambla. Wer kommt, kommt." Sechs sind tatsächlich erschienen. Wer fehlt, sind leider Dritte Wahl und Watti, weil mit dem Booking was „schiefgelaufen" ist. Natürlich haben wir drei tolle Tage in Barcelona, nur eben ohne Dritte Wahl. Dankeschön.

5. November 2020

Wir sitzen im Lockdown. Es ist der bereits der Zweite und diesmal hat ihn irgendein Spaßvogel „Lockdown Light" genannt. Was kann denn an einer Pandemie „Light" sein?

Eigentlich ist Corona ein mexikanisches Bier. Zwar in weißen Flaschen abgefüllt, aber gar nicht mal so schlecht. Vor zehn Jahren hat ein Sixpack (0,33 l) ca. vier Euro gekostet. Ein seltener, da recht teurer Genuss. Heute kostet ein Sixpack Corona fast das Doppelte: ca. 7,50 Euro. Man sollte meinen: Jetzt gönnen wir uns Corona noch seltener, aber in diesem Jahr hat Corona in nur wenigen Wochen den gesamten Planeten erobert. Das böse Corona aus China. Das gute Corona aus Mexico kann nichts dafür, denn das hat eine Hefebasis und macht maximal Kopfschmerzen. Das böse Corona hat eine Virusbasis und tötet.

Früher unterteilten wir unsere *Zeit*rechnung in B.C. (before Christ – vor Christus) und A.D. (Anno Domini – im Jahr des Herrn). In unserer neuen „modernen" *Zeit* rechnen wir in B.C. (before Corona – vor Corona) und A.D. (außer Dienst). Das sind nämlich gerade die meisten von uns. Übrigens kann der Betonung des Wortes „modern" gar nicht genug Bedeutung beigemessen werden kann. Betone ich die zweite Silbe, hat das etwas mit

„Neu und Aktuell" zu tun: z. B. moderne Technik oder moderner Trend. Betone ich die erste Silbe, hat das etwas mit „Verrotten und Verfall" zu tun: z. B. moderndes Laub. Wer hat sich sowas für ein und dasselbe Wort mal ausgedacht?

Wir sitzen also im Lockdown, modern so vor uns hin und haben *Zeit*. Viel *Zeit*. Man kann spüren, wie sie sich auflöst und die Tage ineinander verschmelzen. Die Wochen vergehen wie in *Zeit*lupe. Mir ist die Endlichkeit des Seins, **meine** Endlichkeit, mehr als je zuvor bewusst, denn gerade verlassen viele, viel zu viele – unglaublich viele – Menschen die Ebenen unseres Seins – in doppelter Hinsicht: Sie verlieren ihr Leben an ein unsichtbares Virus oder unter einem Aluhut ihren Verstand. Die Vernunft steht weltweit unter Quarantäne. „Manchmal wünsche ich mir Jay und Kay wären hier. Und ihr Glücksapparat wäre auch mit am Start."
Pessimismus kann ich nicht und so stöbere ich durch die unendlichen Weiten des World Wide Web, um mich abzulenken. Und was finde ich dort: Dritte Wahl live beim Rockpalast OFFSTAGE im Containerhafen von Emmerich am Rhein. Aufgenommen am 21. August 2020 mitten in der Pandemie. Zuschauer gibt es nicht. Nur einen Kameramann. Sie stehen mutterseelenalleine zwischen riesigen Seecontainern, die gerade verladen werden und spielen mit einer Freude und Energie, als gäbe es tatsächlich kein Morgen. Gunnars Schlusssatz: „Wem es nicht so gefallen hat: kurz unten auf den Namen schauen: Dritte Wahl. Da kann man ja nun nicht sagen, dass man falsch beraten wurde." Lieber Gunnar: Dieser Konzert-Link verbreitet sich schneller als Scotty beamen kann und bringt uns allen viel Licht in diese trostlose *Zeit*.

Januar 2023

Ich weiß nicht, wie oft ich dieses Container-Konzert in den trübseligen, einsamen Lockdown-Monaten gesehen habe. Aber es hat definitiv dazu beigetragen, dass ich gerade in den schlimmsten Corona-*Zeit*en konsequent weiter Tickets aller Art bestellt habe.

Eintrittskarten bestellen, ohne hinzugehen, war das neue Live-Feeling, denn Hoffnung ist ein Regenbogen, der sich um die Gewitterwolke nicht schert. Eventim hatte wahrscheinlich schon 'ne Glocken-App installiert, die regelmäßig anschlug, wenn ich den Regenbogen betrat. „Hört mal, hört mal: Die Verrückte hat schon wieder ein Ticket bestellt – von 'ner Ami-Band. Als ob jemals wieder ein Flieger in den United States startet, um nach Europa zu kommen ..." Aber ich habe auf alle Konzerte und Bands gewartet, mich gefreut und vertraut: Es wird passieren. Ich werde euch alle wiedersehen. Deshalb wurde mein Ticketstapel höher und höher, als ein Lockdown den nächsten jagte und „Emmerich am Rhein" zu einem für mich definitiv positiv besetzten Begriff. Im **Mai 2022** habe ich die Stadt mal aus reiner Sentimentalität auf dem Weg nach Holland besucht.

Denn irgendwie – auch wenn fast niemand mehr dran geglaubt hat – ist es leise, still und heimlich tatsächlich passiert. Es hat fast 3 Jahre gedauert, aber nach und nach haben wir uns unser schönes Leben zurückerobert und fast jede Karte abgetanzt. Mit Glücks- und Freudentränen in den Augen. Im Publikum und auf der Bühne. Es gab ein Leben nach Corona. Jeder einzelne, der das Virus nicht überlebt hat, ist einer zu viel. Aber Hoffnung und Freude bestehen nicht aus biologischen Zellen, an denen Viren andocken können. Deshalb haben Hoffnung und Freude trotz allen Kummers überlebt.

Am **12. Juli 2023** wird der Rockpalast erneut ein Dritte-Wahl-Konzert ausstrahlen. Diesmal aus der Music Hall Köln, in die sich offensichtlich ein paar weitere Akkorde reingemogelt haben. Und Publikum. Ein sehr textsicheres, total glücklich feierndes Publikum. In meinem Regal werden schon wieder ein paar neue Tickets für die Sommersaison liegen. Dritte Wahl ist gleich zweimal dabei. Es wird mein 47. und 48. Konzert seit Oktober 1995. Und um die fehlenden zwei Tickets bis zu meinem persönlichen Dritte-Wahl-Jubiläum werde ich mir definitiv keine Sorgen machen. Kann sich nur um ein paar Wochen handeln, denn ich habe immer noch viel Nachholbedarf – nach einer Pandemie, die aus China kam und nach einem mexikanischen Bier benannt wurde.

Kann eine 3. Wahl 1. Wahl sein? Ich möchte lösen: Sie kann es definitiv.

21   Reisen bildet

Seit 1999 bereisen wir die Welt. Erst musste das marode Haus saniert und dann der KfW-Kredit bezahlt werden. Ohne den gemeinschaftlichen Kraftakt von tatsächlich drei Generationen meiner Familie wäre das nicht passiert, aber wir haben es gemeinsam geschafft. Mein Bruder war der Bauleiter. Ein guter Bauleiter. Und wir waren die emsigen Ameisen. Beides Teilanagramme von gemeinsam. Prüft es nach.

Nun die Welt. Reisen wird mein Leben verändern. Meine Anschauung. Die meisten Weltanschauungen stammen ja leider von Menschen, die sich die Welt **nicht** angeschaut haben. Ich werde Reiseleiter. Ich hoffe, ein guter. Wir haben uns als immer bunt gemischte Reisegruppe zusammengefunden. Wen das Reiseziel interessiert und wer es sich gerade leisten kann, ist in den nächsten 17 Jahren herzlich eingeladen.

Ich weiß nicht, wie viele Nächte meines Lebens ich mit der Quadratur des Kreises verbracht habe: große Wünsche, verschiedene Gemüter und kleine Geldbeutel gemeinsam unter einen großen Zauberhut bringen. Ich kann euch versichern: Die Quadratur des Kreises ist möglich.

Reiseleiter-Alltag: • wochenlang Wünsche abfragen • den kleinsten gemeinsamen Nenner manifestieren • einen Flug finden • ihn wieder verwerfen (zu teuer) • Mietautos finden • sie wieder verwerfen (zu klein: „Seit wann wird denn am Auto gespart? Lieber schlafe ich zwei Wochen darin.") • Visa für alle beantragen (What the fuck is E.S.T.A?) • All information has to be filled out in English (Ich muss Englisch lernen: Wann zum Teufel?) • Geld einsammeln (manche haben nicht genug) • verwunderte Fragen der Bank beantworten („Wo kommt in so kurzer *Zeit* so viel Geld her?") • beim Überweisen die Schweißperlen von der Stirn tupfen (bloß keinen Fehler machen bei fünfstelligen Beträgen) • eine grobe Reiseroute festlegen („Du hast jetzt nicht wirklich Vegas vergessen, oder?") • Gibt es Pflichtimpfungen? • Haben die alle? („Frag mich doch nicht nach einer Impfung: Welche Bands spielen?") Und dann eben nächtelang Reiseführer und Globetrotter-Bücher studieren. Zum Schluss • 100-mal alle Unterlagen checken (Bitte, lieber Gott: Lass mich nichts vergessen) • den Zug zum Flug finden (Bitte, lieber Gott: Lass ihn pünktlich sein) • beten, dass keiner krank wird (an der Reiserücktrittsversicherung wird definitiv gespart) und alle! bei! Laune! halten! „Ich will Tiere." „Ich will wandern." „Seid ihr irre: Wo ist der nächste Plattenladen?" „Kann ich am Fenster sitzen?" „Vor um 9 stehe ich auf keinen Fall auf. Ich habe Urlaub." „Sind wir bald da?" Auch Urlaub hat seine Schattenseiten. Allein meine Telefonrechnung verschlang in *Zeiten*, als eine Flatrate noch völlig unbekannt war, schon unzählige Euro Urlaubsgeld. Nach ein paar Jahren habe ich nicht nur die Geburtsdaten und Wünsche aller im Kopf, sondern auch ihre Passnummern und das Ablaufdatum ihrer internationalen Führerscheine. Please take your time filling out the VISA application form carefully. Achtmal (!) fucking carefully. Aaaahhhhh. Der Rest wird sich vor Ort ergeben.

Wir haben es immer geschafft. Gemeinsam und ohne größere Verluste.

Ist euch schon mal aufgefallen, dass in „gemeinsam" nicht nur die emsigen Ameisen, sondern auch die Worte „gemein" und „einsam" stecken? Beide haben nichts, gar nichts, damit zu tun, was wir around the world gefunden haben. Denn zusammen stehen sie für etwas ganz anderes. Etwas viel Schöneres.

Manche haben gesagt, das geht nicht: zu kompliziert, zu teuer, zu anstrengend, zu unvorhersehbar. Stimmt alles. Aber Bedenken haben noch niemanden irgendwohin gebracht und „später" zählt nicht gerade zu meinen Lieblingsworten. Deshalb haben wir es einfach gemacht. Mit schmalem Geld around the world. Gemeinsam.

Unsere erste Reise führt uns nach San Francisco. Wohin sonst. Als wir beim Start am Frankfurter Flughafen durch die Wolken in die Sonne fliegen, bekomme ich Kopfhörer aufgesetzt. Satchmo singt für mich „What a wonderful world". Die Momente, die wir nicht in Worte fassen können, machen das Leben besonders. Manche Momente haben keine Ahnung, wie schön sie sind.

In San Francisco suchen wir bezahlbare Zimmer. Im ersten Motel finden wir nach dem geholperten Satz „Can we looking in the room?" (unsere Englischkenntnisse sind wirklich mehr als begrenzt, deshalb sind Anglizismen für mich ein „No Go"...) einen Room vor, in dem eine fleckige Matratze auf dem Fußboden liegt. Das Kopfkissen ist überraschenderweise nicht fleckig. Es gibt keins und auch sonst keine Deko in irgendeiner Form. Das Türschloss ist ausgebrochen. „Is doch prima", sagt San-Francisco-Fan Nr. 1. „Reicht doch. Wir kommen eh nur zum Schlafen her. Und vor die kaputte Tür stellen wir unsere Reisetaschen." Unsere Reisetaschen finden das gar nicht prima und rebellieren. Also schleppen wir sie weiter. An der Ecke Market Street leuchtet ein Hotel. Wir bekommen Zimmer für je vier Personen. Toilette und Dusche auf dem Flur. Der Ossi schlägt begeistert zu. Wir wohnen im Herzen von San Francisco und können unser Glück kaum fassen.

Wir werden noch sehr oft Accommodations finden, die viele von euch nicht mal mit einer Kohlenzange angefasst hätten. Aber wenn du 12 Stunden über einen Highway gebrummt bist, schrumpfen die Ansprüche. Wenn dich der Kaufrausch packte, weil es so unglaublich viel Musik gibt, die du unbedingt noch brauchst (muuusss haben), hat das nächste Motel-Zimmer eben kein eigenes Bad. Aber wir werden alle unsere Träume verwirklichen. Ansprüche müssen nicht groß sein, wenn die Welt es bereits ist. Und das ist sie nun mal: groß. Und schön. Und entdeckenswert. Und wenn ich sie mir nicht angeschaut hätte, die Welt, würde ich meine Kleinstadt in Mitteldeutschland als den Nabel der Welt verstehen. Sorry.

In San Francisco verliere ich my Backpack, so denke ich nach einer durchfeierten Nacht. Er steht beim verkaterten Aufwachen nicht neben meinem Bett. Er ist weg. Also nicht wirklich weg. Er kann ja nicht aus Raum und *Zeit* fallen. Er ist nur woanders. An einem Ort, der sich meiner momentanen Kater-Kenntnis entzieht: jedenfalls nicht neben meinem Bett. Aber, wenn etwas woanders ist, kommt es immer darauf an, wie viel Energie man aufwendet, um es wiederzubekommen. Klappt je nach Weg-Fall mehr oder weniger gut.

Heute: Mist, Mist, Mist. Verdammter Mist. Pass und Geldkarten sind drin. Sergeant Pursley nimmt auf einer Polizeiwache meine Anzeige auf, damit ich meine Geldkarten sperren kann. Wie soll ich das auf Englisch bloß hinkriegen? Hinter mir sitzen, wie im Film, die trunkenen Nachtgestalten, mit Handschellen an eine Eisenstange in ihrem Rücken angekettet. Krass. Irgendwie komme ich zu einer Vorgangsnummer. Sergeant Pursley hat Mitleid mit mir radebrechendem Häufchen German-Elend und bittet einen Kollegen, mich ins Hotel zu fahren. Wieder wie im Film: schwarzweißes Bullenauto. Ich: Rückbank. Vor mir: Käfiggitter. Ich taue sichtlich auf: Wer kann sowas schon berichten. Wir halten vorm Hotel. Der Portier guckt schief. Mein Fahrer guckt amüsiert, hebt den Daumen und fragt: „One more time?" Das versteht der radebrechende German schon. Ich nicke begeistert. Wir drehen noch eine Runde um den Block. Dann setzt mich ein tatsächlich netter Sergeant des San Francisco Police Departments vorm Hotel ab und winkt. Der Portier guckt ungläubig. Ich gehe hoch ins Zimmer und gucke nicht schlecht. Da steht er vor mir: my Backpack. Er hatte das Zimmer gar nicht verlassen und lag die ganze Nacht friedlich ganz hinten unterm Bett. War wohl doch ein Bier zu viel gestern. Und viel Aufregung. Um nichts. Aber eine schöne Geschichte, oder? Die schreibt das Leben nur, wenn es richtig gute Laune hat.

2019: Fridays for Future

Ich zähle in den Demo-Zügen definitiv zur betagten Minderheit. Höre und erlebe die Zukunftsangst unserer Nachkommen. Fühle mich durch die nun bereits 20 Reisejahre natürlich mitschuldig. Oma/Opa Umweltsau kann man nicht schönreden. Seit 2005 gibt es nicht nur Telefon-Flatrates, sondern auch die Organisation „atmosfair". Hier kann man die verursachten CO_2-Emissionen eines Fluges berechnen und durch einen freiwilligen Klimabeitrag (versuchen) auszugleichen. Der Reiseleiter hat seine Reisegruppe nicht gefragt, den Betrag seitdem in die Flugkosten eingerechnet und an atmosfair überwiesen. Das ist eine ganz schwache Entschuldigung, ich weiß. Aber wenn man 25 Jahre seines Lebens in der DDR eingesperrt war, will man sie haben: die Welt. Und trotzdem ein guter Mensch bleiben. Auch eine Quadratur des Kreises. Die wir noch lösen müssen. Gemeinsam.

22   Im Wendekreis
der Fledermaus

Anfang der 90er Jahre

Charles Bukowski ist ein Außenseiter. Er hat deutsche Wurzeln, lebt aber schon fast sein ganzes Leben in Kalifornien. Er säuft, hurt, ist unsozial, schlampig, prügelt sich und verspielt seinen letzten Cent auf der Rennbahn. Ob das an seinen deutschen Wurzeln liegt oder ob Mutter Whisky und Vater Pernod hieß, kann man nicht so genau sagen. Aber all seine Erlebnisse schreibt er seit den 70er Jahren auf. Wir verschlingen gerade seine Bücher. In der DDR war er nicht bekannt. Seine anarchischen Geschichten und Gedichte standen wahrscheinlich auf dem DDR-Index des DDR-Index. „Moralisch verschlissen" hieß das im ostdeutschen Zensurjargon. Da zog sich das sozialistisch-moralische Prüfungsverfahren gern mal in die Länge. Der 1934 erschienene „Wendekreis des Krebses" von Henry Miller wurde z. B. erst 1986, nach 52! Jahren, endlich auch in der DDR publiziert – galt allerdings auch in den USA der 40-50er Jahre als Pornografie.

Dieser in der DDR verschmähte Mr. Miller schrieb im August 1965 an Charles Bukowski in einem Brief: „Ich hoffe, Du trinkst Dich nicht zu Tode. Schon gar nicht, wenn Du schreibst. Es ist ein sicherer Weg, die Quelle der Inspiration zu töten. Trink nur, wenn Du glücklich bist. Ertränke niemals Deine Sorgen und trinke niemals allein." (29) Mr. Miller hatte schon einen schrägen Humor, denn genau das tun weder Charles Bukowski noch sein literarisches Alter Ego Henry Chinaskys. Sie saufen, huren, sind unsozial, schlampig, prügeln sich und verspielen ihr letztes Geld auf der Rennbahn. Charles im realen Leben, Henry in der autobiografischen Verfilmung von Charles Leben, gespielt von Mickey Rourke. Im Kultfilm „BARFLY". Eine der Kultfilmszenen: Henrys Nachbar am Tresen, deutlich vom jahrelangen Trinken gezeichnet, verschüttet mit heftig zitternden Händen fast seinen ganzen Whisky. Er bekommt einen neuen spendiert. Er greift in die Tasche, legt sich einen Schal um den Hals und bindet das eine Ende an seinem rechten Arm fest. Dann greift er mit ihm das Schnapsglas, zieht mit der linken Seite des Schals den „Trinkerarm" kerzengerade und zitterfrei zum Mund. Er trinkt aus, ohne einen einzigen Tropfen zu verschütten.

20. Januar 1982

Bei einem Ozzy-Osbourne-Konzert in Des Moines, Iowa, fliegt etwas auf die Bühne des Veterans Memorial Auditoriums. Sänger Ozzy hält es für eine Gummi-Fledermaus und beißt, ohne zu überlegen, in deren Kopf. Erst später bemerkt er, dass es eine echte Fledermaus war. Da ist es zu spät. Die Fledermaus verlor ihr Leben, Ozzy bekommt eine Menge Tollwutspritzen und seine Frau und Managerin Sharon schüttelt mal wieder mit dem Kopf. Sie hat es nicht leicht mit dem recht labilen Ozzy. In jüngeren Jahren war sein Leitspruch: „Natürlich habe ich ein Alkoholproblem. Ich habe zwei Hände, aber nur einen Mund." Später wurde er etwas einsichtiger, aber die Sachlage blieb irgendwie unverändert: „Ein Bier ist zu viel – denn dann sind zehn zu wenig."

Am 37. Jahrestag des „Unfalls" in Des Moines, im Jahr 2019, wird der „Prince of the Darkness" seinen Fans eine Plüschfledermaus mit abnehmbarem Kopf als Merchandise-Artikel anbieten. Wieder wird Sharon den ihrigen schütteln. Aber trotz all seiner Eskapaden und Verrücktheiten wird sie Ozzy nie verlassen. Sie sind Seelenverwandte. Einzeln sind sie Worte. Zusammen ein Gedicht. „Mama, I'm coming home".

Ach übrigens: Ozzy ist mein Nachbar. Er wohnt nur 500 Meter weiter die Straße hoch.

10. Oktober 1998

Ein Freund von uns ist Drummer bei den Kassierern. Nicht bei den westdeutschen Kassierern mit dem gerne nackten Sänger „Wölfi" Wendland aus Wattenscheid, sondern bei der ostdeutschen Deutschrock-Band Kassierer aus unserer Kleinstadt in Sachsen-Anhalt. Sie haben ihren Proberaum in einem alten Kellergewölbe am Rande der Stadt. Heute findet hier eine große Party statt. Einige Bands sollen spielen. Eine Treppe gibt es nicht. Wir klettern über eine meterhohe, abenteuerliche Stiege aus Holzpaletten in die riesigen Kellergewölbe. Eine Band betritt die Bühne. Der Sänger steht im Dunkeln mit dem Gesicht zur Wand. Die meisten kriegen es gar nicht mit – die Party ist in vollem Gange. Aber dann fängt Ozzy an zu singen. Original. Alle starren erstaunt zur Bühne. Wir hören im Dunkeln definitiv Ozzy, der „Paranoid" singt, sehen aber weder Tony Iommi, Geezer Butler noch Bill Ward auf der Bühne. Was passiert hier gerade? „Can you help me occupy my brain? Oh yeah!" Dann dreht sich Ozzy um und vor uns steht – Ozzy. Besser: Ozzy's little Helper. Unser ostdeutscher Kassierer-Drummer mit seiner neuen Band. Mein Nachbar. Im Original-Ozzy-Outfit und mit einer unglaublichen Ozzy-Stimme, die wir bisher nicht kannten, wird er demnächst mit gleich zwei Shows die Bühnen unseres Landes erobern, um die Magie des Madmans optisch, technisch und musikalisch zu verbreiten: Ozzmosis: The Tribut to Ozz und Black Reunion. Auftritte als Special Guest bei Doro Pesch und Axel Rudi Pell werden die „RockHard" schreiben lassen: „Eine überragende Darbietung – optisch, und gesanglich Ozzy zum Verwechseln ähnlich." (30)

Trotzdem wird unser „Rockstar" in den nächsten 18 Monaten allein mit einem Freund, heimlich, aber mit **un**heimlichem Elan die gesamten Kellergewölbe in eine riesige, urige Kellerbar verwandeln. Am **17. Juni 2000** wird die Eröffnung sein. Die Eröffnung unseres „BARFLYS". Wir werden es lieben. Die Kultszene mit Schal wird unzählige Male nachgespielt werden. An den Wochenenden werden tolle Bands spielen. Ich werde fürs Marketing zuständig sein. Am Wochenende nach meinem Geburtstag wird in den kommenden Jahren grundsätzlich Freygang gebucht. Dann sind sowieso alle Freygänger in der Stadt. Das garantiert ein volles Kellergewölbe und meinen Nachbarn in „unserem Haus" wenigstens ein paar Stunden Ruhe, bevor meine Gästeschar wieder Rio durch unsere Straße dröhnen lassen wird.

Das Geld, das nicht around the world im Winde verweht, werden wir ab Juni 2000 genau hierhin tragen: in die Kellergewölbe unseres BARFLY von Ozzys little Helper. Jahre später werden auch wir deutlich vom jahrelangen Trinken gezeichnet sein;-) ... Alkohol tötet. Aber manchmal auch langsam. Charles Bukowski ließ sich *Zeit* und starb trotz seines außergewöhnlichen Lebenswandels mit stolzen 73 Jahren. Ich glaube, es war das Satiremagazin Titanic, das ihm auf seiner Titelseite mit einer Karikatur Ehre zollte: Patient im Bett. Arzt zum Patienten: „Ich habe eine gute und eine schlechte Nachricht für Sie. Die gute Nachricht: Es ist uns gelungen, eine passende Spenderleber für Sie zu finden." Im Hintergrund sieht man eine Bahre. Heraus ragt ein Zeh mit dem obligatorischen Namenzettel. Darauf steht: Charles Bukowski.

Fledermäuse sind nachtaktive Tiere, die tagsüber schlafen. Und obwohl es in unserem BARFLY tagsüber still, dunkel, feucht und frostfrei ist, lebt dort nicht eine Fledermaus. Warum nicht, Ozzy?

1. Februar 2023

Ozzy Osbourne sagt seine jahrelang verschobene Tournee komplett ab. Er ist 74 Jahre alt. Wenn ich ehrlich bin, ist diese Nachricht alles andere als überraschend. Ich habe es „gewusst". Leider. Ich hätte mich gefreut, nicht recht zu haben.

Ozzy: „Dies ist wahrscheinlich eines der schwierigsten Dinge, die ich jemals meinen treuen Fans mitteilen musste. Wie viele von euch wissen dürften, hatte ich vor vier Jahren einen schweren Unfall, bei dem meine Wirbelsäule ramponiert wurde. Seitdem war es mein einziges Ziel, wieder zurück auf die Bühne zu gelangen. Meiner Gesangsstimme geht es gut. Jedoch ist mein Körper nach drei Operationen immer noch schwach. Und nach bestem Wissen und Gewissen bin ich jetzt zu der Erkenntnis gekommen, dass ich körperlich nicht dazu in der Lage bin, meine anstehenden Tourneetermine in Europa zu absolvieren. Mein Team tüftelt derzeit an Ideen dahingehend, wie ich, ohne von Stadt zu Stadt und von Land zu Land reisen zu müssen, auftreten könnte. Ich möchte meiner Familie, meiner Band, meiner Crew, meinen langjährigen Freunden und natürlich meinen Fans für ihre unaufhörliche Hingabe, Loyalität und Unterstützung danken. Und dafür, dass sie mir das Leben geschenkt haben, von dem ich niemals geträumt habe, dass ich es haben würde. Ich liebe euch alle."

Wir lieben Dich auch, Mr. Crowley. Du wirst noch schöne Tage und Jahre haben. Und Du wirst einen Weg finden, uns weiterhin zu erfreuen. Denn: Körper ist nicht alles, sagt jemand, der mit jugendlichen 21 Jahren die Diagnose ALS erhielt – eine degenerative Erkrankung des motorischen Nervensystems. Die Ärzte prophezeiten ihm 1963 nur noch wenige Lebensjahre. Er hörte nicht auf sie, lebte einfach enorme 55 Jahre weiter und gilt als einer der klügsten Köpfe der Welt. „Auch wenn ich mich nicht bewegen kann und durch einen Computer sprechen muss: In meinem Kopf bin ich frei." Stephen Hawking.

Dear Ozzy, live long and in peace. See you in the tropic of the bat.

23   Mehl-Rausch

Ein FLOW bezeichnet, psychologisch betrachtet, das als beglü-
ckend erlebte Gefühl eines mentalen Zustandes völliger Vertie-
fung, Konzentration und restlosen Aufgehens in einer Tätigkeit.
Ein Schaffens- oder Tätigkeitsrausch. Manche Wissenschaftler
verstehen den Flow bereits als Trance. Nicht zu verwechseln
mit T666eufelsgeiger Angelo Branduardi und seinem „La Pulce
D'Aqua". Dem Wasser-FLOH.

25. Juli 2007

21 Uhr: Das Tageslicht macht sich langsam aus dem Staub. Seit
mehr als zehn Stunden grübele ich über einem Projekt. Ich bin
Projektleiter.

Ich arbeite in der Außenstelle eines Bildungsträgers, die bei
ihrer Eröffnung deutschlandweit wohl einmalig war: ein Kompe-
tenzzentrum für erneuerbare Energien. Mein innovativer Chef
hatte die Zeichen der *Zeit* erkannt und bereits **2001** ein solches
Besuchs- und Informationszentrum aufgebaut. Ausgestattet mit
hochmoderner Technik: Photovoltaik- und Solaranlagen in allen
Variationen, Wärmepumpen aller Art, Pelletkessel, Blockheiz-
kraftwerke und eine solare Kühlung. Im Jahr 2001!

Ich bin seit dem ersten Tag dabei und darf mir viel technisches
Wissen aneignen, um in den nächsten 15 Jahren interessierten
Besuchern und Delegationen aus der ganzen Welt die Technik
vorzuführen, zu erklären und ihre Wichtigkeit angesichts des
drohenden Klimawandels in flammenden Vorträgen darzu-
stellen. Nochmal ein dickes Dankeschön an den Parteisekretär
meines VEB-Ausbildungsbetriebs, der mir 1983 mein Wunschstudium Chemie gestrichen und das Studium der Verfahrenstechnik zugewiesen hat. Ohne ihn würde ich hier heute nicht
sitzen. So ist es – das Leben: kurvenreich und überraschend. Es

ist ein Traumarbeitsplatz. Interessant, abwechslungsreich und beneidenswert schön.

Die Besucher rennen uns die Türen ein. Im Laufe der Jahre sind es Tausende, denen ich das Prinzip einer Photovoltaikanlage oder einer Wärmepumpe erklärt habe. Die Beratung ist kostenlos. Wir sind ein Bildungsträger: Wir verkaufen Bildung. Das ist sozusagen unsere Pflicht. Die Beratung und das Interesse an der zukünftig überlebensnotwendigen Technik wecken, ist unsere Kür. Sie soll die Nachfrage beim regionalen Handwerk ankurbeln. Und natürlich auch weltweit.

An dieser Stelle verneige ich mich vor dem unerschütterlichen Willen Einzelner, die Welt zu verändern. Neben meinem Chef werde ich in den kommenden Jahren unglaubliche Menschen kennenlernen, die das Gen „Was kümmert mich die Zukunft" einfach nicht besitzen. Von ihnen durfte ich lernen: Zu den erneuerbaren Energien zählen wir Sonne, Wind, Wasser, nachwachsende Rohstoffe, Erdwärme UND den Kampfgeist. Der kann sich in dieser Branche gar nicht schnell genug erneuern. Denn wie zu dieser *Zeit*, so trägt auch heute noch der Kampf für eine bessere Welt und saubere Energie die Züge von Don Quichote. Die globale fossile Lobby ist stark. Wer seit 150 Jahren Öl fördert, weiß, wie man mit „Schmiermitteln" umgeht. Wir sind trotzdem unermüdlich und ausdauernd.

2005 haben wir für unsere Arbeit den Deutschen Solarpreis erhalten. Wir waren geschüttelt, gerührt und hatten Sonne im Herzen.

In den Anfangsjahren ist der allgemeine Besuchertenor: ganz tolle Sache, diese Technik, aber ... Dann folgt wahlweise „Ich brauche sie nicht." oder „Kann ich mir nicht leisten". Eine Kilowattstunde Gas kostet vier bis fünf Cent. Chinesische Delegationen kommen oft. Mindestens einmal im Monat. Das Land ist groß: Alle hören zu, nicken auf asiatische Art freundlich und entschwinden zum Shoppen. Wieder zurück in China werden sie ein weiteres Kohlekraftwerk in Betrieb nehmen. Pro Tag. Das Land ist groß.

Anfang der 00er Jahre ist die Welt noch nicht in der Lage, die Brisanz des Klimawandels zu erkennen. Jeder Korrektur des Wirtschaftswachstums um nur ein Zehntel nach unten folgt ein Aufschrei quer durch die mediale und politische Landschaft. Jede Steigerung der Jahresdurchschnittstemperatur um mehr als das Doppelte ist im besten Fall – falls überhaupt wahrgenommen – gut für den Weinanbau. Wärmepumpen und Photovoltaikanlagen werden überschaubar nachgefragt. Tja, wer zu früh kommt, den bestraft das Leben auch.

Davon unbeeindruckt entwickelt mein kreativer Chef weiter außergewöhnliche Ideen im Bereich Weiterbildung. Wir haben so einige internationale Projekte. Meine Kollegen sind durchweg Praktiker. Projekte **schreiben** liegt ihnen nicht so, schon gar nicht zu recht speziellen Themen. Deshalb sitze ich hier heute schon seit Stunden und versuche, ein passables Weiterbildungskonzept für zukünftige bulgarische Meister im Mühlenhandwerk zu entwickeln. Ich habe von Müllereimaschinen, Mahlverfahren, Mehlanalytik und Mehlprodukten weniger Ahnung als ein Mehlwurm, versinke aber mehr und mehr in der Mehl-Materie.

Irgendwann ist das Weiterbildungskonzept für zukünftige bulgarische Meister im Mühlenhandwerk in eine annehmbare Struktur und in eine schöne Projekt-Lyrik verpackt. Für heute bin ich mit mir recht zufrieden. Heute? Ich blicke völlig verdutzt aus dem Fenster. Draußen ist es absolut unbemerkt wieder hell geworden. Es ist Morgen und morgen. Irgendwann zwischen gestern/heute und morgen hat er mich gefunden und gepackt, der Flow. Total. Auch er verursacht einen Rausch und lässt die *Zeit* verschwinden. Wie das Slamern. Slamern? Nochmal hier im Buch nachlesen (Rammstein-Feeling). Im Gegensatz zum Slamern verursacht der Flow-Rausch jedoch keinen monströsen Kater, sondern nur pure Glücksgefühle.

In 15 Jahren wird der Flow mich dieses Buch schreiben lassen. Im Bulgaria-Store werde ich von Мелница Балван Ръжено Брашно kaufen können. Bulgarisches Roggenmehl. Vielleicht hergestellt von einem Meister des Mühlenhandwerks, der mir meinen

Mehl-Rausch beschert hat. Die Brisanz des Klimawandels wird in vielen Köpfen angekommen sein, denn eine Kilowattstunde Gas wird mehr als das Dreifache kosten. Photovoltaikanlagen und Wärmepumpen werden enorm nachgefragt. Interesse? Ich kann euch gerne deren Prinzip erklären.

6. Mai 2023

Nach 22 Arbeitsjahren im Bereich erneuerbare Energien sehe ich einen Lichtblick am Horizont. Wirtschaftsminister Habeck bringt einen Gesetzentwurf ein: Ab 2024 müssen neue bzw. irreparable, zu ersetzende Heizungen zu 60 % mit erneuerbaren Energien betrieben werden. Wieder folgt ein Aufschrei quer durch die mediale und politische Landschaft – nur um Längen hasserfüllter als am Anfang des Jahrtausends. Die FDP, und allen voran der Christian, lehnen Habecks Vorstoß und die seit Jahrzehnten existierende und f u n k t i o n i e r e n d e Technik reflexartig ab. Sie sprechen in diesem Kontext von „kalter Enteignung", möchten technologieoffen bleiben, setzen auf Wasserstofftechnik und Kernfusion. Mein Kragen hat den dringenden Wunsch zu platzen. Genauso gut könnte ich darauf setzen, dass nächsten Monat ein Spinnrad erfunden wird, dass aus Stroh Gold spinnt oder eine Biogasanlage, die aus geistigem Dünnschiss Strom produziert. Von beidem scheint in manchen Köpfen genug zu existieren.

Für die Wasserstofftechnologie benötigt man nämlich:

1. Überraschung: Wasserstoff. Viel Wasserstoff.
2. Strom. Viel Strom.
3. Funktionierende Heizsysteme, die mit viel Wasserstoff klarkommen.

By the way, FDP: Das alles haben wir noch nicht.

Wasserstoff **kann** durch Elektrolyse gewonnen werden. Dabei setzt man Wasser unter Strom und spaltet es in seine Bestandteile Wasserstoff und Sauerstoff. Den Strom **kann** man aus Sonne und Wind gewinnen. Dann haben wir tatsächlich grünen, klimafreundlichen Wasserstoff. By the way FDP: Machen wir aber kaum. In Deutschland sind aktuell nur 5 % Wasserstoff grün. Die restlichen 95 % (Liebe FDP: Das ist der deutlich größere Teil) wird woraus nochmal hergestellt? Aus Erdgas. Musik! Und selbst wenn ihr 100 % grünen Wasserstoff wolltet: Deutschlands Wasserstoffbedarf ist deutlich größer als unsere Möglichkeiten zur Erzeugung von ausreichend erneuerbarem Strom.

Die technologieoffenen Heizungen sollen nicht nur wasserstoff-, sondern nebenbei auch massentauglich, sprich bezahlbar sein. Es gibt zwar Brennstoffzellen, die mit Wasserstoff arbeiten, aber noch nicht massentauglich sind. Und das viel zitierte H_2-ready-Zertifikat des Deutschen Vereins des Gas- und Wasserfaches (DVGW), das die Funktionalität eines Gaskessels für Wasserstoff bescheinigt, bescheinigt lediglich, dass der Kessel auch bei einer Beimischung von bis zu 20 % Wasserstoff noch funktioniert. Die restlichen 80 % (By the way FDP: Das ist immer noch der deutlich größere Teil.) müssen weiterhin nochmal was sein? Erdgas. Halleluja!

Ich fasse mal kurz zusammen: Wir brauchen bezogen auf unseren aktuellen Gasverbrauch so ca. weitere 95 % Wasserstoffanteile, die wir mit Sonnen- und Windstrom herstellen müssen, den wir nicht bereitstellen können, um ihn dann in Heizungen zu verbrennen, die wir noch nicht haben.

Und das alles soll laut FDP nicht in einer fernen Zukunft oder im nächsten Universum startklar sein, sondern ab 2025. Chapeau! Da bin ich mega-gespannt. Schließlich steht das R in FDP unübersehbar für „**R**ealistisch". Vielleicht erinnert sich noch jemand, was die bösen Buben im Chemieunterricht mit Wasserstoff, Luft und einem Bunsenbrenner angestellt haben. Knalltüten – Knallgas.

Oder aber: Wir installieren einfach mit wachsendem Elan, die seit Jahrzehnten f u n k t i o n i e r e n d e n Wärmepumpen und schließen sie an das seit über 100 Jahren in jedem Gebäude installierte Stromnetz an. Ja, liebe FDP: Das hat sich selbst im Osten so gut bewährt, dass seit gestern eine Wärmepumpe in unserem Keller schnurrt wie eine Katze. Und im Sommer wird es ganz verrückt: Dann greifen wir euren Vorschlag auf und nutzen die Kernfusion. Dazu legen wir uns so blau-schwarz glänzende Dinger aufs Dach und lassen sie vom – nicht nur nächsten, sondern einzigen, tatsächlich funktionierenden Fusionsreaktor unseres Planetensystems bescheinen. Sonne – Photonen – PV-Modul → elektrischer Strom. Für die Entdeckung dieses Prinzips hat Einstein seinen Nobelpreis bekommen (nicht wie oft angenommen für die allgemeine oder spezielle Relativitätstheorie). Im Jahr 1905. Also vor 118 Jahren.

All das ist dem aufgeheizten, fast schon bürgerkriegsreifen Wutbürgertum und der FDP allgemein und speziell, relativ und absolut wurscht. Hauptsache: DAGEGEN. Das Wort „Kompromiss" ist ihrem Wortschatz jedenfalls schon lange abhandengekommen. Sie sind „der Geist, der stets verneint". Goethe nannte sein berühmtes Werk nicht umsonst eine Tragödie.

Nun ja, wenn im nächsten Jahr unsere Stromrechnung kommt (die ja dann gleichzeitig unserer „Gas"rechnung ist), gehen wir zum Lachen einfach in unseren Keller. Denn: Hast Du auf dem Dach 'ne Zelle, trampelt eon auf der Stelle.

Missversteht mich nicht falsch: Für Verkehr und Industrie kann die Wasserstofftechnologie natürlich eine Lösung sein. Aber in dem Wutgeschrei der letzten Wochen, dass sich längst von jeder Vernunft emanzipiert hat, geht es nicht um Verkehr und Industrie, sondern nur noch um den Kulturkrieg in deutschen Heizungskellern, in denen morgen die Stasi-Spitzel 2.0 im Auftrag der Regierung herumschnüffeln wollen. Allein die Schlagzeilen einer Zeitung, die über vier Buchstaben nicht hinauskommt, heizen die Debatte so an, dass man die Hälfte aller Häuser von FDP-Wählern damit erwärmen könnte: „Der Heizhammer ist eine Atombombe für unser Land." „Der Heizhammer sprengt den Sozialstaat." „Unsere Mieten werden explodieren." Die Begründung dieser Schlagzeilen liefert die Chefetage der vier-Buchstaben-Gerüchteküche in einer Belegschaftskonferenz höchstpersönlich: „Wir haben hier verdammt noch mal niemanden, der weiß, wie so eine Wärmepumpe funktioniert." (31) Liebe Chefetage: Bitte ruft mich an. Ich erkläre es Euch gerne. Und zwar langsam. Ganz langsam. Versprochen.

24 ?, Dupin & D-Day

Sommer 1974

DDR. Drei Buchstaben, die meine Welt bedeuten. Sie ist schön.
Sie ist spannend. Sie ist aufregend. Ich bin Kind. Ich kenne nichts
anderes. Ich habe eine liebevolle Mutter, Oma und Opa gleich
nebenan. Mein Vater arbeitet auf Montage. Er ist das klassische
Familienoberhaupt und meist nur an den Wochenenden zu Hause. Samstags guckt das Oberhaupt um 21 Uhr mit völliger Begeisterung die Deutsche UFA-Wochenschau (1940–1945). Ich
verstehe nicht, warum ich Rudi Carrells „Am laufenden Band"
nicht zu Ende sehen darf. Denn ab 21 Uhr fallen die Zweiter-
Weltkrieg-Bomben siegreich über welchen Städten auch immer. Das Endziel scheint immer nah, aber irgendwie wird es an
keinem Samstagabend erreicht. Ich habe mit acht Jahren zwar
begriffen, dass es keinen Krieg mehr gibt, aber die Endzielbomben scheinen immer noch wichtiger zu sein als Rudis Endziel:
Kühlschrank, Kaffeemaschine oder das berühmte Fragezeichen.
   Die Fragezeichen von Kindern werden leider nicht so oft
erkannt. Vor 20 Jahren hat der Schriftsteller Hans Magnus
Enzensberger diesem Fragezeichen der menschlichen „Kultur-
schau" einen Aufsatz gewidmet:

„Informationswert und Aktualität der Deutschen Wochenschau sind minimal. Die verwendeten Elemente
sind so weit standardisiert, dass selbst in einer einzigen
Folge die gleichen stereotypen Muster mehrfach wieder-
kehren. Die Kürze der einzelnen Stories (zwölf Nummern
von durchschnittlich 30 Sekunden Dauer) führt zu einem
emotionalen Wechselbad zwischen Idylle und Detonation.
Die laute akustische Untermalung verstärkt den psychi-
schen Druck der Bilder. Das Stilideal der Wochenschau
ist ballistisch: Sie will einschlagen." (32)

Stilideal für Kinder also. Mein Vater liest leider keine Aufsätze und meine Mutter hat bei der Samstagabenddiskussion „Endzielbomben oder Rudi Carrell" wenig Stimme im Oberhauptparlament.

Mein Opa war im Zweiten Weltkrieg. Wieder nur wenige Worte, die etwas beschreiben, was emotional unfassbar ist, wenn man es nicht erlebt hat. Er hat es nicht nur **er**lebt, im Gegensatz zu über 60 Millionen Menschen weltweit hat er es **über**lebt. Nachdem der Krieg beendet war, geriet er im Süden Jugoslawiens in Kriegsgefangenschaft. Er lief zusammmen mit 10.000en ehemaligen deutschen Soldaten in sogenannten Sühnemärschen Hunderte Kilometer von der Grenzregion zu Griechenland bis in die großen Gefangenenlager in Zentraljugoslawien. Wer nicht weiterkonnte, wurde erschossen. In den Lagern muss es zumindest am Anfang katastrophal gewesen sein. Das Rote Kreuz schätzt, dass mehr als jeder Dritte der Kriegsgefangenen gestorben ist. Später verfolgte der junge jugoslawische Staat die „Ökonomie der Zwangsarbeit" und setzte die Kriegsgefangenen gemäß ihrer Qualifikation in der Wirtschaft ein, was die Lage einiger verbesserte. Am 23. April 1947 beschlossen die alliierten Siegermächte auf der Außenministerkonferenz in Moskau die „Repatriierung aller Kriegsgefangenen", die Rückkehr ins Heimatland. Jugoslawien hielt sich an diesen Beschluss. Im Frühling 1948 kam mein Opa nach einer endlosen Odyssee wieder nach Hause.

Es hat mir *zeit* seines Lebens Respekt abgenötigt, was einen Menschen antreibt, um nicht aufzugeben. „Kruzitürken Tatzelwurm": Ich habe keine Ahnung, was dieses Wortspiel bedeutet. Aber das benutzte mein Opa gerne. Auch: „Jedan, Dva! Jedan, Dva! Dolazi mladost Titowa." Es waren wahrscheinlich seine Mantras, die ihn am Aufgeben gehindert haben. Aber so unschuldig wissbegierig, wie ich als Kind auch war: Er wird *zeit* seines Lebens nicht über den Krieg sprechen. Damals habe ich es nicht verstanden. Später habe ich es begriffen und nicht mehr gefragt. Überlebendes, traumatisiertes Kanonenfutter. Das hat mich seitdem geprägt. Ich habe mich nie wieder für den Zweiten Weltkrieg interessiert.

22. November 2013

Vor drei Tagen sind wir entspannt auf Madeira gelandet. Laut Reiseführer erwartet uns eine wunderschöne Blumeninsel mit freundlichem Klima. Die Insel des ewigen Frühlings: ideal zum Wandern. Vielleicht bin ich bei Kurzurlauben im Laufe der Jahre bei meinen Reisevorbereitungen als Reiseleiter etwas nachlässig geworden. Ja, die Insel blüht fantastisch, aber vielleicht liegt das auch an dem ständigen Nieselregen, der in der Tat frühlingshaft warm ist, aber eben vor sich hin nieselt. Und dann hätte ich zwischen den Zeilen auch herauslesen müssen: Blumen sind sesshafte Lebewesen. Sie wandern nur begrenzt, denn es gibt keinen Meter auf dieser Insel, der nicht anstrengend steil hinauf oder steil hinab führt. Die Klippen am „Kap der Umkehr" sind mit 560 Metern die höchsten in Europa. An der einzigen Landschaftsform der Insel, den mächtigen Berghängen duften Lorbeer- und Eukalyptusnebelwälder. Aber eben **sesshafte** Lorbeer- und Eukalyptuswälder. Nebelwälder, die ihrem Namen alle Ehre machen. Nach einer Autotour wissen wir: Theoretisch kann man diese Rundreise auch nachts machen. Die Inselstraßen bestehen zu einem Großteil aus dunklen Tunneln durch die Berge und aus Hochplateaus, die man im dichten Nieselregennebel besser nicht unkontrolliert betritt. Wir passen uns der Flora an und wandern nur begrenzt.

Aber wir wohnen in der Nähe des Flughafens. Und heute beschleicht mich die Frage: Wie, zum Teufel, landet denn auf dieser Berg- und Tal-Insel eine zweistrahlige Boeing 737? Wir spazieren im Nieselregen Richtung Flughafen. Die Straße führt uns **unter** die Start- und Landebahn: Bilder, die sich jeder unbedingt selbst ansehen muss. Zarte Naturen tun dies besser im Internet.

Früher war der Anflug auf den Flughafen Madeira Cristiano Ronaldo schwierig und gefürchtet, da die Bahn mit 1.800 Metern relativ kurz war. Im Jahr 2000 wurde eine Bahnverlängerung über die Meeresbucht mit einem aufwändigen Stützenbauwerk von 1.020 Metern Länge und 180 Metern Breite für 520 Millionen Euro realisiert. Die dabei verbauten drei Meter dicken Betonpfeiler sind bis zu 120 Meter lang, davon bis zu 59 Meter oberirdisch, der Rest ist unterirdisch oder im Meeresgrund verankert. Aufgrund der unmittelbaren Lage an einem Steilküstenhang und dadurch auftretender möglicher Windscherung durch Fallwinde zählt der Flughafen dennoch zu den schwierig anzufliegenden Flughäfen, zumal ein Instrumentenlandesystem fehlt und beim Anflug aus Südwest geländebedingt in der Endphase eine enge Rechtskurve geflogen werden muss. Deshalb dürfen Landungen nur von Flugkapitänen nach einer Einweisung und mit einer vorgeschriebenen Erfahrung durchgeführt werden. Zudem muss eine gewisse Anzahl an Starts und Landungen in den letzten sechs Monaten nachgewiesen werden, um diese Berechtigung aufrechtzuerhalten. Aufgrund der immer wieder schwierigen Bedingungen wurden zum Beispiel im Jahr 2019 eine Anzahl von 900 Flugzeugen umgeleitet. (33)

In vier Tagen werden wir hier sehr unentspannt starten. Nachdem die Schweißperlen auf meiner Stirn getrocknet sind, werde ich den Krimi weiterlesen, den wir im Bücherregal unserer Hotelrezeption gefunden haben: „Bretonische Verhältnisse" von Jean-Luc Bannalec.

1. Juni 2014

Ich hatte das Buch innerhalb von zwei Tagen verschlungen. Jean-Luc Bannalec kann mit Worten malen. Er hat die „Bretonischen Verhältnisse" unglaublich zauberhaft, atmosphärisch dicht und vor allem sehnsuchtsvoll dargestellt: Concarneau – die Blaue Stadt am Meer, das L'Amiral am Hafen – Stamm-Café von Kommissar Dupin, das Hotel Central in Pont Aven – Schauplatz des Mordes, den Zauber und die Magie der Bretagne – mit ihren Sagen, Mythen und Zaubergestalten und ihren kulinarischen

Köstlichkeiten: gefüllte Galettes, Moules frites mit Dip, bretonischer Kuchen, kräftiger Landwein und hinterher immer einen petit Café. Kein Reiseführer hat bisher diesen urigen, westlichsten Zipfel Frankreichs so gekonnt beschrieben. Deshalb führt uns nach dieser Lektüre die nächste Reise, sobald die Temperaturen es erlauben, sofort dort hin. Also – nicht ganz sofort. Gestern sind wir auf dem Flughafen Paris-Orly gelandet und mit zwei kleinen Fiat 500 losgefahren, um Armorica zu erkunden, das Land am Meer, den nordwestlichen Teil Galliens: die Normandie und die Bretagne.

Die besten Geschichten findet man auf den Straßen, überall auf der Welt. Man muss sie nur aufheben und einen guten Stift dabeihaben. Hinter Le Havre fahren wir über die Pont de Normandie, die größte Schrägseilbrücke Europas, die sich hier spektakulär über die Seine-Mündung spannt. Das Abenteuer kann beginnen. Die Straßen werden immer schmaler und die kleinen Dörfer pittoresker. Wir müssen etwas langsamer fahren. Vor uns fährt eine Fahrzeugkolonne der Alliierten: amerikanische, britische und russische Militärfahrzeuge. Ich genieße die wunderschöne Landschaft und träume vor mich hin. Gleich müssten wir Benouville errei ... What the Fuck: Vor uns fährt bitte was? Eine Fahrzeugkolonne der Alliierten? War die Brücke das Tor zu einer *Zeit*reise? Gänsehaut schießt empor, wie eine Chamäleonzunge auf Speed. Alle meine Haare stellen sich auf. Neben dem Ortseingangsschild von Benouville steht ein amerikanischer Sherman-Panzer. Wir sehen direkt in sein Mündungsrohr. Aus der Luke klettert ein GI heraus. Mein Gehirn rattert panisch, greift aber immer wieder ins Leere. Sind die Amerikaner die Guten bei den Alliierten? Uns Krauts mögen sie wahrscheinlich definitiv nicht. Oder doch? Die Russen müssten die Guten sein. So habe ich es seit meiner DDR-Kindheit gelernt. Aber die mögen doch die Amerikaner nicht. Oder doch? Was macht ein amerikanischer Panzer in Frankreich? Bin ich noch ich? Und wenn ja: Bin ich dann mehr als minus 70 Jahre alt? Warum habe ich mich nie für den Zweiten Weltkrieg interessiert? Fragezeichen am laufenden Band. Danke, Vati!

Der GI braucht ziemlich lange, um ganz aus dem Sherman-Panzer herauszuklettern. Er dreht sich um. Sehr langsam. Dann winkt er uns zu und lächelt. Er ist ca. 90 Jahre alt. Ohne es auch nur im Entferntesten zu ahnen, befinden wir uns mitten in den Feierlichkeiten anlässlich des 70. Jahrestages des D-Days.

In der nächsten Tankstelle besorge ich mir umgehend eine *Zeit*ung und lese ziemlich lange in einem englischen Buch, das dort in einem kleinen Buchregal in einer Kinderspielecke steht: The story of D-Day: The Normandy beach landings which saw the start of the Allies' major offensive against German forces – specially written for readers of 9 and up. Echt jetzt? Heute ist zwar Kindertag – aber ein Kinderbuch über den Zweiten Weltkrieg? Ich mache also genau da weiter, wo ich vor 40 Jahren das Thema boykottiert habe? OK. Lernen hat noch niemandem geschadet. Radieren wir mal ein paar der Fragezeichen aus.

Im Juni 1944 fand in der Normandie die „Operation Overlord" statt, die größte Militäroperation in der Kriegsgeschichte weltweit. Ab dem 6. Juni landeten bis zum Ende des Monats 850.000 West-Alliierte der Anti-Hitler-Koalition aus den USA, Großbritannien, Kanada, Polen, Neuseeland, Norwegen und weiterer Staaten, um Frankreich im Kampf gegen die Nazis zu unterstützen. Die erfolgreiche Landung, unter Einsatz von 6.400 Schiffen, massiver Luftunterstützung, mehr als 100.000 Tonnen Material und 54.000 Fahrzeugen, führte im Westen Europas zur Errichtung der zweiten Front gegen das Nazi-Reich und brachte der Sowjetunion die lang ersehnte Entlastung der Roten Armee beim Kampf gegen die Wehrmacht. Der 6. Juni 1944 wird als D-Day bezeichnet, in den USA allgemein der „Tag einer großen Operation", vielleicht auch die Abkürzung des französischen Begriffes „Debarquement": Landung. Er gilt als einer der größten Wendepunkte in der Geschichte des 20. Jahrhunderts: Symbol für die Befreiung Europas von den Nazis. (34)

Wir besuchen den kleinen Kirchenfriedhof von Benouville. Hier liegen 23 Soldaten der britischen 6th Airborne Division begraben, die am 6. Juni 1944 bei den Kämpfen im Ort ums Leben kamen. 23 von weltweit über 60 Millionen.

Im Nachbarort Ouistreham stellt sich gerade die politische Welt-Elite auf: die Präsidenten aus den USA, Barack Obama, Russland, Wladimir Putin, Frankreich, François Hollande, und der Ukraine, Petro Poroschenko, der niederländische König, Willem-Alexander, die dänische Königin, Margrethe II, Luxemburgs Grand Duke, Henri, und Englands Premier, David Cameron. Dieser ist in Begleitung von Königin Elisabeth II, die vor 70 Jahren, mit 18 Jahren, im Juli 1944 erstmalig die Amtsgeschäfte ihres Vaters übernahm, während er die britischen Truppen an der Front besuchte. Angela Merkel darf auch mit auf das Foto. Sie hat zwar als deutsche Kanzlerin ein schweres, historisches Erbe zu tragen, musste aber am 6. Juni 1944 noch zehn Jahre warten, bis sie das Licht der Welt erblicken durfte.

Sie alle stellen sich für ein Gruppenfoto auf, an einem der riesigen Strände des Atlantiks in der Normandie, wo man nie weiß: Wo hört der Strand auf? Wo fängt der Ozean an? Dort, wo vor 70 Jahren die „Operation Overlord" zum Anfang vom Ende des Zweiten Weltkriegs führte. Sie kommen gerade vom gemeinsamen Mittagessen im Chateau de Benouville: einem kleinen Dorf in der Normandie, das heute die furchtbare Geschichte sehr lebendig und uns sehr nachdenklich hat werden lassen.

Morgen werden wir in der Bucht von St. Michel über die „Grenze" zur Bretagne fahren. Wir werden uns ihrem Zauber und ihrer Magie ergeben. Wir werden über Dolmen und Menhire staunen. Das 7.000 Jahre alte Geheimnis der 2.800 Megalithen der Steinfelder von Carnac wird ein Geheimnis bleiben. Wir werden im L'Amiral einen petit Café trinken, mit Blick auf dem Hafen von Concarneau, der Blauen Stadt am Meer. Kommissar Dupin wird uns vom Tresen aus zuwinken. Wir werden auf der Ile de Moines im Golf von Morbihan gefüllte Galettes essen und Moules frites mit Dip probieren. Wir werden am kräftigen

Landwein nicht sparen und wir werden in Pont Aven im Hotel Central übernachten, das eigentlich Les Ajoncs d'Or heißt. Von einem Mord wird keine Spur mehr zu sehen sein, aber die nette Dame an der Rezeption wird unseren deutschen Akzent sofort erkennen und lächelnd fragen: Did Monsieur Bannalec describe it well? Yes, madame, he has. Very well.

Monsieur Bannalec wird pro Jahr einen weiteren Krimi veröffentlichen, der die Sehnsucht nach weiteren bretonischen Orten und Inseln verströmt. Und wieder wird es in Frankreich eine Invasion geben. Mit jedem Buch wird die deutsche Touristenschar, die sich Richtung Bretagne aufmacht, wachsen. In einigen Jahren wird man Themenreisen buchen können: „Auf den Spuren von Kommissar Dupin". Ich werde keine davon buchen. Den Zauber und die Magie der Bretagne muss man schon selbst finden. Und man würde definitiv die ungeahnten Geschichten und Überraschungen verpassen, die man überall auf der Welt finden kann, selbst auf den schmalen Straßen und in den kleinen Dörfern von Armorica.

25   Dankbare Tote

Dezember 1965

Vor einem Monat wurde ich geboren. Ich habe meine Laufbahn noch vor mir. Sie beginnt in einer Kleinstadt in der DDR.

Auf der anderen Seite des Globus, in San Francisco, Kalifornien haben die Musiker Jerry Garcia, Bob Weir, Bill Kreutzmann und Ron „Pigpen" McKernan schon eine gewisse musikalische Laufbahn hinter sich. Vor zwei Jahren gründeten sie die Folk- & Bluegrass-Band „Zodiac". Ein Jahr später wollen sie lieber „Mother McCree's Uptown Jug Champions" heißen. Der Name war wohl zu lang und wird deshalb nach ein paar Monaten auf „Warlocks" eingekürzt. Dafür wird die Band um Phil Lesh erweitert.

Der Roadie von Phil Lesh, Waldo Reddix, manifestiert 1971 eine Tradition: Nach „Kein Bier vor vier" soll **16:20 Uhr** die „gesellschaftlich akzeptierte Tageszeit für den Cannabiskonsum" sein. Die amerikanische Schreibweise 4/20 wird in den nächsten Jahrzehnten die Welt erobern und den 20. April jedes Jahr zum wichtigsten Tag der „Legalize it"-Bewegung machen. Weltweit werden sich Tausende treffen: Am 20.04. um 16:20 Uhr ... Wer es nicht glaubt, schaut dann einfach mal am Brandenburger Tor vorbei. Ist seit Neuestem nicht mal mehr strafbar.

Dann stellen sie fest: Den Bandnamen „Warlocks" gibt es schon. Jetzt nennen sie sich „Grateful Dead", Dankbare Tote. Ihre Markenzeichen sind der „Steal your Face"-Totenschädel und kleine tanzende Teddybären. Sie wohnen im zukünftigen Epizentrum der Hippie-Kultur, 710 Ashbury Street – im San Francisco-District Haight-Ashbury, gleich neben dem Golden Gate Park. Ihre Fans sind sehr zahlreich, psychedelisch bunt und nennen sich Dead Heads. Bekannt werden Grateful Dead und der Haight-Ashbury-District durch ihre Auftritte bei den Acid-Tests. Happenings, bei denen die kollektive Einnahme von LSD durch endlose musikalische Improvisationen begleitet wird, um die psychedelische Wirkung der damals noch legalen Droge zu fördern. 1967, im Summer of Love, werden aus Hunderten Happening-Teilnehmern Tausende. Sie tragen Blumen im Haar. Die Generation der Blumenkinder wird geboren.

16. August 1969

Irgendwann zwischen Santanas „Soul Sacrifice" und Janis Joplins „Summertime" werden heute Grateful Dead vor geschätzten 400.000 Zuschauern auf dem Woodstock-Festival spielen, das gar nicht in Woodstock, im US-Bundesstaat New York stattfindet, sondern 70 Kilometer südwestlich davon, auf der anderen Seite der Catskill Mountains. Auf Yasgurs Farm – in der Nähe der Kleinstadt Bethel. Der unglaubliche Regen wird das unglaubliche Happening nicht stören. Und 400.000 Kehlen werden rufen: „No Rain. No Rain."

Auf der anderen Seite des Globus, in der DDR, werde ich als Kleinkind in unserem Garten spielen. Ich trage Blumen im Haar und singe ein Liedchen: „Kam ein kleiner Teddybär ..." Dann wird es anfangen zu regnen.

13. April 1999

710 Ashbury Street, District Haight Ashbury, San Francisco, Kalifornien, United States of America. Wir sind auf die andere Seite des Globus geflogen, um genau hier zu stehen. Vor dem Grateful-Dead-Haus, wo vor über 30 Jahren der Summer of Love die Welt veränderte. Ihr charismatischer Sänger, Jerry Garcia ist im Summer of 1995 in einer Drogenklinik hier in Kalifornien gestorben. Drogen sind kein Happening. Das wusste man 1967 noch nicht so genau. Als man es wusste, war es für einige zu spät. R.I.P. Jerry. Ich hoffe, Du bist nun für immer ein Dankbarer Toter.

Seine Freunde und Musikerkollegen lassen den Spirit und die Musik in verschiedenen Band-Projekten weiterleben, die je nach *Zeit* und Laune zahlreiche Mitspieler haben und die vom Jam-Feeling ihrer fantastischen Live-Konzerte leben. Im letzten Jahr haben sich Phil Lesh & Friends zusammengefunden. Wahrscheinlich um 16:20 Uhr ...

Vor dem Dead-Haus ist es relativ ruhig. Wir sind fast allein und können jede Menge Fotos machen. Dann machen wir uns auf den Rückweg. Wir laufen quer durch Haight-Ashbury und geben Unmengen für T-Shirts, Tücher, Aufkleber, tanzende Teddybären, bunte Kerzenschalen, Tabakdosen und anderen Dead-Merchandise aus. Sie müssen für den Rest meines Lebens reichen, denke ich. Also schnell noch einen schönen Aufkleber mit den tanzenden Dead-Bären unter einem Regenbogen obendrauf. Sie singen: „Every day is a Rainbow-Day". Sie haben so recht.

Allerdings kann man im analogen Regenbogen-*Zeit*alter der 90er seinen Urlaub nicht im Detail im Internet vorbereiten. Noch herrschen – oft veraltete – Reiseführer im Buchformat (!) und im besten Fall die Mundpropaganda gleichgesinnter Freunde. Da lauert schon mal eine „Good Old School"-Überraschung hinter der nächsten Ecke.

Als erstes ereilt uns völlig unvorbereitet gleich neben dem Golden Gate Park in der Haight Street AMOEBA der größte Independent Record Store der Welt. Er bringt uns mit Hunderttausenden (in Worten: Hunderttausenden) Tonträgern auf **anderthalb Etagen in Fabrikhallengröße** an den Abgrund des Hungertodes. Stunden später tragen wir im schwindenden Tageslicht unsere schwere Last freudig die Market Street entlang Richtung Hotel und checken schon mal, was trockenes Weißbrot kostet und ob man Leitungswasser in den USA bedenkenlos trinken kann.

Dann sehen wir, warum es am Dead-Haus so ruhig war. An der Ecke Market Street/Golden Gate Avenue befindet sich das Warfield Theatre. Hier spielten die Grateful Dead zu ihrem 15-jährigen Bestehen, 1980, 15 Shows am Stück. 15 **ausverkaufte** Shows mit jeweils ca. 2.300 Besuchern. Jerry Garcia trat hier mit all seinen Nebenprojekten 88-mal auf. Es war ihr zweites Zuhause.

Und deshalb sind sie alle hier. Alle bunten Dead-Heads der San Francisco-Bay Area. Wirklich alle. Heute schon. Denn hier werden in drei Tagen Phil Lesh & Friends spielen und es gibt im Warfield Theatre immer noch nur 2.300 Plätze. Es scheint normal zu sein, einfach tagelang auf dem Bürgersteig zu liegen und geduldig zu warten. Warm genug ist es im sonnigen Kalifornien und billiges Weißbrot gibt es auch. Haben wir gerade gelernt.

Aber unsere Börsen sind leer und die Bay Area groß. Ticketgeld ist für die meisten von uns nicht mehr drin. Wir hatten ein kleines Auto gemietet und machen eine Rundreise um die Bay. Für den Sprit wird es schon noch reichen. Nur Grateful-Dead-Fan Nr. 1 wird eisern ausharren, tagelang geduldig warten und anstehen und einen Großteil unseres Urlaubs verpassen. Manchmal werden wir ihn ablösen in der langen Schlange, die auf dem Bürgersteig liegt. Und ganz zum Schluss wird er zwar keine Karte bekommen, aber das Mitleid des Warfield-Personals. Nach dem ersten Set von Phil Lesh & Friends werden sie den weit angereisten German-Head umsonst reinlassen. Sein schönstes Urlaubserlebnis.

15. Oktober 2000

Wir sind in New York und diesmal besser vorbereitet. Gestern haben wir Miss Liberty besucht und den faszinierenden Blick von den Türmen des World Trade Center über Manhattan genossen. In knapp einem Jahr werden sich hier unvorstellbare Trümmerberge befinden. Das können wir heute noch nicht wissen. Und so machen wir uns früh auf zum Beacon Theatre am Broadway. Hier spielen sie heute Abend wieder: Phil Lesh & Friends.

Auf dem Bürgersteig liegt nicht ein bunter Dead Head. Nur ein Afroamerikaner steht einsam vor der Tür. Der zückt bei unserer Frage nach Phil Lesh sofort eine Handvoll Karten. Nepper,

Schlepper, Bauernfänger schreit da der leidgeprüfte Ossi in uns. Das ist zu einfach. 80 $ versemmeln können wir uns nicht leisten. Aber nach langem Hin und Her kaufen wir die Tickets doch. Der Weg war einfach zu weit und die Vorfreude zu groß. Als wir abends zurückkommen, sind sie tatsächlich alle wieder da – alle bunten Dead Heads. Mindestens 2.600, denn das wunderschöne, samtige Theater ist natürlich ausverkauft – und natürlich Nichtraucher. Das interessiert aber niemanden. Und überraschenderweise stört es auch vom Theaterpersonal keinen. Ungeschriebene Gesetze, die wahrscheinlich nur einheimische Insider verstehen. Foyer und Saal versinken in Rauch. Das Konzert ist fantastisch. Ein großer Wunsch geht endlich in Erfüllung. Und dann wird es von Stunde zu Stunde immer fantastischer. Und bunter.

Wir rauchen nur Lucky oder Camel, aber mehr ist in diesem schönen, samtigen Theater heute auch nicht nötig. Einfach nur vier Stunden ruhig durchatmen und die Show genießen: reicht völlig. In Gramm kann man das hier gerauchte Gras wohl kaum abrechnen. Schließlich ist es ja schon weit nach 16:20 Uhr.

Die nächtliche Rückfahrt gestaltet sich schwierig. Taxi fahren wir aus Geldgründen nicht besonders oft. Würde ich als Gelegenheitsverkehr bezeichnen. Kriegen wir in Deutschland natürlich hin. Hier in New York sind uns aber wieder die ungeschriebenen Gesetze der Einheimischen nicht bekannt. Man nennt sein Fahrtziel erst, **nachdem** das Taxi losgefahren ist. Denn die Fahrer der gelben Yellow Cabs in Manhattan fahren nur ungern in einen anderen Stadtteil, wie z. B. Brooklyn oder Queens. Was sie nachts prinzipiell nicht tun, ist eine Fahrt in einen anderen Bundesstaat. Und genau da wohnen wir aus Kostengründen. Auf der anderen Seite des Hudson River. Im Bundesstaat New Jersey. Es sind nur 10 oder 15 Meilen. Aber alle Taxifahrer schütteln bei Hoboken, New Jersey, sofort den Kopf. Aber dann hielt ein Inder an, der wohl neu war in der Stadt. Ihm waren die ungeschriebenen Gesetze der Einheimischen auch noch nicht bekannt. Und der hat es einfach gemacht. Es war offensichtlich tatsächlich seine erste Fahrt in den Bundesstaat New Jersey. Es hat eine Ewigkeit und mehrere Telefonate mit seinen Kollegen in mehreren Sprachen gedauert. Aber in der Morgendämmerung hat er uns vor unserem Motel in Hoboken im Bundesstaat New Jersey glücklich abgesetzt. Ich würde ihm gerne heute noch persönlich danken. Danke, unbekannter indischer Taxifahrer aus Manhattan, New York.

In sechs Jahren wird Martin Scorsese im wunderschönen, samtigen Beacon Theatre am Broadway in New York den ersten Musikfilm drehen, der in Deutschland eine Berlinale eröffnet: „Shine a light" mit und über die Rolling Stones. Er wird es mit der ihm eigenen, angeborenen Perfektion tun: Verstehe ich, denn wir haben am gleichen Tag Geburtstag :-). Deshalb wird er mit unzähligen Scheinwerfern die Bühne gnadenlos, aber perfekt, ausleuchten. Mick Jagger wird rufen: „These lights are burning my ass." Lieber Mick, einfach nur ruhig durchatmen und die Show genießen ...

Wir werden in zwei Tagen – nach langem Suchen – vor dem Woodstock-Gedenkstein stehen. Mitten auf Yasgurs Farm, die gar nicht in Woodstock, im US-Bundesstaat New York liegt, sondern 70 km südwestlich auf der anderen Seite der Catskill Mountains, in der Nähe der Kleinstadt Bethel. Und da werden wir sie in uns hören und ihren Spirit spüren: Grateful Dead, Janis Joplin, Santana und all die anderen fantastischen Bands. Und wir werden 400.000 Kehlen rufen hören: „No Rain. No Rain."
    In Bethel werden wir das kleine Woodstock-Museum besuchen. Im angeschlossenen Café wird uns ein älterer Herr ansprechen: „You are Germans. Deutschland ik kenne gut. Ik war in Aken." Aken an der Elbe ist unser kleines Nachbarstädtchen in Sachsen-Anhalt. So klein kann die Welt doch gar nicht sein, oder? Er kann nur wenige Worte Deutsch und unser Englisch ist ... Ihr habt es hier schon mehrfach gelesen. Er versucht es uns zu erklären: „In the second Weltkrieg ik war in the Seventh-US-Corps. First France. Then the Battle of Aken. Then ik swommen

over the River. Rhein. Your grandfathers had destroyed all the bridges." Er meint nicht Aken in Sachsen-Anhalt. Er kämpfte im Zweiten Weltkrieg gegen die Nazis. Erst in Frankreich, dann in Aachen und schwamm später durch den Rhein, weil unsere Großväter alle Brücken zerstört hatten. Wir schweigen betreten. Er versteht es. Er nimmt meine Hand und sagt: „You are young. It's not your problem." Und ich bin dankbar. Dankbar, dass er nicht tot ist und dass er verzeihen kann.

Beim Schreiben dieser Geschichte werde ich überrascht recherchieren: Das VII. US-Corps betrat am D-Day, am 6. Juni 1944 in der Normandie das europäische Festland. Von dort aus treibt es – gemeinsam mit den Alliierten – die Wehrmacht Stück für Stück nach Osten zurück. Am 21. Oktober befreien sie als erste deutsche Großstadt Aachen. Später überqueren sie bei Bonn den Rhein. Von dort marschieren sie weiter Richtung Elbe. Am Kriegsende führen sie tiefe Vorstöße in das Gebiet südlich des Harzes, erreichen Nordhausen, am 20. April die Saale bei Halle und am 24. April die Elbe bei Aken, unserem kleinen Nachbarstädtchen in Sachsen-Anhalt. Damit ist ihr Einsatz im Zweiten Weltkrieg beendet. Die Überlebenden kehren in die USA zurück.

Vielleicht ist die Welt ja doch sehr klein.

20. November 2022

Heute ist Totensonntag. Wir gedenken dankbar unserer Toten. In Katar lässt man genau heute die Fußballweltmeisterschaft beginnen. Dort gedenken sie wohl eher nicht der unzähligen Toten, die beim Bau der unsinnigen Bauten mitten in der Wüste ums Leben gekommen sind.

Der Aufkleber mit den tanzenden Grateful-Dead-Bären unter einem Regenbogen ziert noch heute meine Wohnung. Dass „Every Day a Rainbow Day" sein könnte, weiß man in Katar leider nicht.

26 (T-)Raum*Zeit*

Das Schnellste, was es im Universum gibt, sind unsere Gedanken. Mit ihnen erreichen wir ohne nennenswerte *Zeit*verzögerung jeden **denkbaren** Ort in jeder uns **vorstellbaren** *Zeit*. Könnte man Gedanken verlangsamen, erhält man Licht. Könnte man Licht verlangsamen, erhält man Energie. Und könnte man Energie verlangsamen, erhält man Materie. Mit der Kraft unserer Gedanken können wir also Materie beeinflussen? Soweit eine (vielleicht noch nicht ganz bewiesene?) Idee, die sowohl bereits im Mittelalter (Materie ist gefrorenes Licht, Jakob Böhme, Mystiker) als auch in unserer „modernen" *Zeit* ($E = mc^2$, Albert Einstein, Nobelpreisträger) Unterstützer fand. Albert postulierte übrigens in seiner (bewiesenen) „Speziellen Relativitätstheorie", dass die *Zeit* relativ ist und für sehr schnell bewegte Körper langsamer vergeht als für langsam bewegte: das Zwillingsparadoxon. Brother in Space fliegt mit Lichtgeschwindigkeit durch das All (sehr schnell bewegt). Dabei vergeht seine *Zeit* tatsächlich langsamer. Er altert tatsächlich langsamer als Brother on Earth (nicht schnell bewegt). Brother in Space landet irgendwann wieder on Earth und kann seinem Bro nur noch R.I.P. wünschen, weil dessen Zwillingslebens*zeit* abgelaufen war. Dieses Paradoxon ist schon verrückt, beeinflusst unser persönliches Leben aber nicht. Oder?

An die „Gedanken beeinflussende Materie"-Idee muss man nicht glauben, aber wir können uns das ja mal so kurz vor dem Einschlafen bildlich vorstellen. Vielleicht träumen wir ja dann von ihr – von einer Reise durch Raum und *Zeit*. Nur ein Traum? Wir erleben genau das bereits in jedem einzelnen Moment unsers Lebens. Du, ich und jeder der aktuell 8.087.375.600 Bewohner unseres Planeten ((35) Stand: 27.05.2023, High Noon) reist durch die *Zeit:* nämlich von der Gegenwart in die Zukunft. Und zwar mit der sagenhaften Geschwindigkeit von einer Sekunde – pro Sekunde. Ok, das ist wahrscheinlich nicht der spannende Inhalt unserer Träume, aber: Wir **sind** Zeitreisende, die ihre Reise spannend gestalten können. Es liegt an uns.

Doch träumen wir mal ein bisschen größer. An welchen Ort in welcher *Zeit* würdest Du reisen, wenn Du es tatsächlich könntest? Wenn es tatsächlich (D)eine *Zeit*maschine geben würde? Ich würde wahnsinnig gerne mal Albert Einstein treffen, im August 1969 auf Yasgurs Farm „No Rain!" schreien und dann würde ich mir unbedingt in Jerusalem anschauen, was sich dort so ca. 20–30 Jahre nach dem Beginn unserer *Zeit*rechnung zugetragen hat. Ob es Jesus von Nazareth tatsächlich so gab, wie es uns ein sehr, sehr dickes Buch seit Jahrhunderten erzählt. Konnte er tatsächlich übers Wasser laufen? Selbiges in Wein verwandeln und einen Blinden heilen? Oder war da nur eine Eisscholle auf dem See, die Tanke nachts noch offen für Nachschub und sein bester Freund Optiker? Wurden diese Actionszenen nur von einem gewissen „Buchverlag" marketingwirksam eingebaut, um die Verkaufszahlen des sehr, sehr dicken Buchs zu pushen?

Stand in Golgatha bei Jerusalem tatsächlich ein Holzkreuz, von dem noch heute unzählige heilige Splitter in Umlauf sein sollen? Oder war Jesus einfach ein fleißiger, sehr charismatischer Zimmermann (Wo gehobelt wird, fallen Späne ...), der die Menschen mit seinen Geschichten in seinen Bann zog? Und ist das sehr, sehr dicke Buch nur das Grundgesetz einer global agierenden Schattenregierung, die sich sehr, sehr lange hält, weil in ihrem Grundgesetz einfach keine Neuwahlen vorgesehen sind? Das würde ich im *Zeit*alter der Fake-News alles gerne mal überprüfen.

Die Morlocks würde ich nicht besuchen. Aber wenn ich Marty McFly und Doc Brown in ihrem DeLorean auf dem Weg „Zurück in die Zukunft" treffen würde, wäre das super, weil sie mir eine Menge *Zeit*-Reisetipps geben könnten. Reisen an sich ist schon spannend. *Zeit*reisen wäre die Königsklasse.

An dieser Stelle wollte ich euch einen *Zeit*reisewitz erzählen: Aber den mochtet ihr nicht.

Tief verwurzelt in unserer westlichen Kultur halten wir uns ja gerne für den Nabel der Welt. Wir bemerken oft gar nicht, welche unterschiedlichen Kulturen und Weltbilder es noch gibt, geschweige denn, dass wir uns die Mühe machen, sie auf unseren Reisen kennenzulernen.

8. März 2004

5 Uhr morgens: Entgegen den Gepflogenheiten einiger meiner Mitreisenden („Ich stehe erst zwei-stellig auf. Ich habe Urlaub!"), sind alle hellwach und freudig erwartungsvoll. In einer halben Stunde brechen wir auf: vom Yulara-Ressort nur wenige Kilometer zum Uluru, dem heiligen Berg der Aborigines, der sich mitten im australischen Outback erhebt.

Vergessen ist die ewige Anreise, bei der die *Zeit* für uns in einem sehr schnell bewegten Flugzeug tatsächlich langsamer verging. Gefühlt ewig. Danke, Einstein. Real sind es natürlich nur Bruchteile von Mikrosekunden, gefühlt aber werden aus den Flugstunden bis Australien T a g e . Nach 12 Stunden-Tagen landet die Maschine in Singapur. In einem wunderschönen Kakteengarten wird Dir bei 30 °C und 90 % (!) Luftfeuchtigkeit vorgegaukelt: „Wir sind daaa!", während Du gierig Kette rauchst. Leider startet der Flieger nach einem kurzen Tankstopp für die nächsten 8-Stunden-Tage wieder durch. Nach Sydney. Dann nur noch 3 Stunden-Tage bis Ayers Rock und Huuuiii: Schon sind wir da.

Alles vergessen. Wir fahren auf den majestätischen Berg zu, der sich dunkelrot bis schwarzbraun 350 Meter hoch in die Morgendämmerung reckt. Er ist drei Kilometer lang, zwei Kilometer breit und im wahrsten Sinne des Wortes nur die Spitze des (Eis-)Berges. Sechs Kilometer soll er sich in die Tiefe erstrecken. Unvorstellbare 6.000 Meter, angesichts der schon 350 majestätischen Meter, die wir sehen können, etwas, was das Gehirn sich (mal wieder) einfach nicht vorstellen kann. Er ist der Berg der

Berge. Noch schlummernd. Absolutes Heiligtum der Anangu-Aborigines. In ihrer Sprache bedeutet Uluru „Sitz der Ahnen". Sie lebten hier schon vor mehr als 30.000 Jahren und sind damit die älteste noch lebende Kultur der Erde. In Europa bedeckte zu dieser *Zeit* ein bis zu 3.000 Meter dicker Eispanzer das Land. Auch unvorstellbar. Aber so soll es sich zugetragen haben. Der damals noch relativ neue Homo sapiens suchte sich Nischen im europäischen Eis – und muss sie auch gefunden haben. Sonst könnten wir heute nicht auf den heiligen Berg zufahren.

Es gibt einen elf Kilometer langen Rundweg um das Heiligtum. Wir betreten ihn ehrfürchtig. In 30 Minuten, um 6:43 Uhr wird die Sonne aufgehen. Dann wird ein Wunder geschehen. Ein Farbwunder. Der jetzt noch schlummernde, dunkelrote bis schwarzbraune Stein wird mit einer Farbexplosion unsere Sinne begeistern. Niemals hätte ich mir vorstellen können, welchen Zauber Sonnenstrahlen im rotbraunen Outback erzeugen können. Einfach nur Licht (gefrorene Gedanken?)! Je nachdem wo, wie und in welchem Winkel ihn die Strahlen der aufgehenden Sonne treffen: Der Monolith erstrahlt in leuchtenden Farben, die mit Worten definitiv nicht zu beschreiben sind. Von Karmin-fetz-mir-die-Sinne-weg-Rot bis hin zu blendendem Orange. Das ist die Stunden-Tage lange Anreise definitiv wert.

Die Aborigines betrachten das Leben aus einem spirituellen Blickwinkel. In ihrer naturverbundenen Weltanschauung ist „alles, was ist" in einem ewigen Kreislauf miteinander verbunden: von den Pflanzen über die Tiere bis hin zum Wetter, dem Nahrungskreislauf und den Menschen. In ihrem Weltbild sind wir Menschen Teil der Natur und die Bewahrung der Natur ein Selbstverständnis. Wichtigster Teil ihrer Kultur: die Traum*Zeit*, eine metaphysische Parallelwelt. Sie steht für die Schöpfung und die *Zeit*, in der Erde und Menschheit entstanden sind. Sie ist der Schlüssel zu allem, was existiert hat, existiert und existieren wird und erklärt die Schöpfung aus der Sichtweise der Aborigines: Vor vielen Millionen Jahren war alles eins: Menschen,

Tiere und spirituelle Wesen. Diese erträumten zu dieser *Zeit* die Erde. Sie bewegten sich durch die noch kahle Landschaft und schufen, angeleitet durch ihre Weisheit, die Sonne, Sterne und alle Elemente. Also doch: „gefrorene Gedanken"! Eine der wichtigsten Schöpfungsgestalten war die Regenbogenschlange, die Berge, Täler und Flussläufe formte. Jedoch war nichts fest angelegt, sondern alles konnte sich in alles verwandeln, denn alles ist Eins. (Stellt mal das „s" in „Eins" an den Anfang :-)). Und weil in der Traum*Zeit* nichts einfach nur der Vergangenheit angehört, ist im Glauben der Aborigines auch heute noch alles miteinander verbunden. Ein Stein kann als Mensch wieder geboren werden, ein Mensch als Koalabär. Die Aborigines glauben, dass wir zum Ursprung der Schöpfung zurückkehren, wenn wir schlafen. Auch die Seelen ihrer Verstorbenen kehren in die Traum*Zeit* zurück. All ihr Wissen wird seit jeher mündlich von Generation zu Generation weitergegeben und durch Musik und Malerei zum Ausdruck gebracht.

Als wir nach drei unglaublichen Stunden das Heiligtum der Anangu umrundet haben, sehen wir sie: die Vollpfosten, die das Heiligtum der Ureinwohner buchstäblich mit Füßen treten. Er ist heilig, der Berg der Berge. Hier wohnt die Regenbogenschlange. Das ist Dutzenden von ignoranten Touristen egal. Es gibt einen Pfad auf den Gipfel und sie besteigen ihn. Einfach vorbei an dem Schild, auf dem die Anangu die Touristen freundlich bitten, ihr Heiligtum nicht zu betreten. Nur um es in Fotos zu dokumentieren. Können wir als Menschheit jemals überleben, wenn wir die Roots vergessen, missachten und mit Füßen treten? Erst im Jahr 2019 wird die Verwaltung des Nationalparks Uluru der Bitte der Anangu entsprechen und Klettertouren auf ihrem Heiligtum verbieten.

Am Nachmittag werden wir das Anangu-Culture-Center besuchen. Dort verkaufen sie ihre einmalige Kunst. Hilda Scotty ist eine Anangu-Frau und lebt in der Mutitjulu-Community. Sie hat in der traditionellen Aborigines-Art ein Kunstwerk geschaffen.

Hunderte bunte, getupfte Punkte, die gemeinsam eine Geschichte aus ihrem Leben erzählen. Das Bild zeigt – eingebettet in die zusammengerollte bunte Regenbogenschlange – Honigameisen, die unter den Mulga-Bäumen des Outbacks leben auf dem Weg in ihr unterirdisches Nest. Sie sind schwer beladen mit Nektar, um damit ihre Jungen zu füttern. Die Anangu-Frauen graben mit Stöcken in den Tunneln, um an die nektargefüllten Ameisen und ihre dicken Larven zu gelangen. Sie nehmen nur so viele, wie sie für das Überleben ihrer Familie brauchen.

Übrigens: Es gibt 20 **Bill**iarden Ameisen auf unserem Planeten und dem gegenüber „nur" die oben erwähnten acht **Mil**liarden menschlichen Bewohner. Auf jeden Menschen kommen also rund 2,5 Millionen Ameisen. Da wollen wir mal hoffen, dass Deine und meine Ameisen uns heute nicht noch besuchen kommen. Alle. Aber: Die schwerere Ameisenschar schadet dem Planeten nicht. Was sie hinterlassen, kommt restlos der Natur zugute. Sollten wir beherzigen, wenn wir als Menschheit überleben wollen.

Für die Anangu sind die Ameisen und Larven nicht nur überlebensnotwendiges Protein: Für sie sind sie eine Delikatesse. Niemand, der westeuropäisch geprägt ist, kann verstehen, warum dicke Maden lecker sind. Wir kaufen dafür lieber Kopi-Luwak-Kaffee. Hergestellt aus Kaffeekirschen, die asiatische Schleichkatzen gerne fressen, aber nur das Fruchtfleisch verdauen können. Deshalb scheiden sie die Kaffeebohnen unverdaut wieder aus. Diese werden gesammelt, geröstet, gemahlen und verkauft. Dieser Katzen-Kacke-Kaffee ist der teuerste der Welt. Dekadent wie wir Europäer gerne sind, betrachten wir ihn deshalb als Delikatesse und bezahlen dafür bis zu 100 Euro. Für 100 Gramm. **Das** verstehen die Anangu nicht.

Nicht ich werde das Bild finden. Das Bild wird mich finden. Ich muss es einfach mit nach Hause nehmen. Hilda hat es für mich gemalt. Es wird einen Großteil meines ohnehin schon schmalen Reisebudgets verschlingen. Wahrscheinlich wird das nächste Zimmer mal wieder kein eigenes Bad haben. Aber das ist egal.

Bis ans Ende meines Lebens wird die Regenbogenschlange mich nun begleiten und mich an den Spirit des Uluru erinnern.

28. Mai 2023

Ich sitze unter dem Bild von Hilda Scotty und blättere in meinem Australien-Fotoalbum. Analog. In Papier. Auf zwei Seiten im Großformat habe ich die Farbexplosion des Uluru beim Sonnenaufgang für mich für immer festgehalten. Around the world habe ich gelernt: Nehmen Sie nichts mit außer Fotos. Hinterlassen Sie nichts außer Fußabdrücke – außer auf dem Uluru. Ich achte die über 30.000 Jahre alte Kultur der Aborigines, die sich als einen Teil der Natur und der (T)Raum*Zeit* betrachtet.

Reisen bildet. Bildet unglaublich. Oder etwas radikaler mit Mark Twain gesagt: „Reisen tötet. Tötet Vorurteile.“

27   Sex, Drugs & Rock 'n Roll

Da ist für jeden etwas dabei. Nicht nur für Keith Richards, Lemmy Kilmister, Courtney Love, Steven Tyler oder Patti Smith. Denn man sollte (fast) alles im Leben einmal probieren. Wenn es keinem anderen schadet. Auf dem Sterbebett bereut man nämlich nur die Dinge, die man **nicht** getan hat. Da hat noch nie einer gesagt: Ach, hätte ich doch mehr *Zeit* im Büro verbracht. Oder?

Sex: Klingt gut, lassen wir aus privaten Gründen aber aus, weil nicht alle Monogamie für ein Brettspiel halten. Und Body Count nicht **nur** eine hammergeile Crossover-Band aus Kalifornien ist.

Drugs: Serendipität bezeichnet eine zufällige Beobachtung von etwas ursprünglich nicht Gesuchtem, das sich als neue und überraschende Entdeckung erweist. (36) Bekannte Beispiele: die Entdeckung Amerikas 1492, die Röntgenstrahlung, Penicillin + Viagra, Sekundenkleber, die kosmische Hintergrundstrahlung, das Internet! Klettverschlüsse, Post-its, Teflon, Linoleum, Silikon, Teebeutel, Nylonstrümpfe und LSD. (37)

16. April 1943

Der Schweizer Chemiker Albert Hofmann forscht in einem Labor der Firma Sandoz in Basel an einem Kreislaufmittel. Dabei nimmt er unbeabsichtigt, wahrscheinlich über seine Finger, Lysergsäurediethylamid auf, fährt trotz aufsteigender innerer Unruhe noch mit dem Fahrrad nach Hause und erlebt fast zwei Stunden bunte Visionen. Mit geschlossenen Augen. Überraschend und kostenlos.

Drei Tage später wird der wissbegierige Chemiker der Sache auf den Grund gehen, einen Selbstversuch starten und sich bemühen, das Ganze wissenschaftlich zu protokollieren.

Auszug aus seinem Protokoll:

16:20 Uhr: Einnahme der Substanz

17:00 Uhr: beginnender Schwindel, Angstgefühl, Sehstörungen, Lähmungen, Lachreiz.

Von 18 bis ca. 20 Uhr schwerste Krise. Die letzten Worte konnte ich nur mit großer Mühe niederschreiben. [...] die Veränderungen und Empfindungen waren von der gleichen Art, nur viel tiefgreifender. Ich konnte nur noch mit größter Anstrengung verständlich sprechen und bat meine Laborantin, die über den Selbstversuch informiert war, mich nach Hause zu begleiten. Schon auf dem Heimweg mit dem Fahrrad [...] nahm mein Zustand bedrohliche Formen an. Alles in meinem Gesichtsfeld schwankte und war verzerrt wie in einem gekrümmten Spiegel. Auch hatte ich das Gefühl, mit dem Fahrrad nicht vom Fleck zu kommen. Indessen sagte mir später meine Assistentin, wir seien sehr schnell gefahren. [Zu Hause angelangt] wurden Schwindel und Ohnmachtsgefühl *zeit*weise so stark, dass ich mich nicht mehr aufrecht halten konnte und mich auf ein Sofa hinlegen musste. Meine Umgebung hatte sich nun in beängstigender Weise verwandelt. [...] die vertrauten Gegenstände nahmen groteske, meist bedrohliche Formen an. Sie waren in dauernder Bewegung, wie belebt, wie von innerer Unruhe erfüllt. Die Nachbarsfrau [...] war nicht mehr Frau R., sondern eine bösartige, heimtückische Hexe mit einer farbigen Fratze. etc. etc.

Später beim Ausklang des Rausches: Jetzt begann ich allmählich, das unerhörte Farben- und Formenspiel zu genießen, das hinter meinen geschlossenen Augen andauerte. Kaleidoskopartig sich verändernd drangen bunte fantastische Gebilde auf mich ein, in Kreisen und Spiralen sich öffnend und wieder schließend, in Farbfontänen zersprühend, sich neu ordnend und kreuzend, in ständigem Fluss. Besonders merkwürdig war, wie alle akustischen Wahrnehmungen, etwa das Geräusch einer

Türklinke oder eines vorbeifahrenden Autos, sich in optische Empfindungen verwandelten. Jeder Laut erzeugte ein in Form und Farbe entsprechendes, lebendig wechselndes Bild. Albert Hofmann: Protokoll des Selbstversuchs (38)

In knapp einem Vierteljahrhundert wird die Generation der Blumenkinder Alberts Selbstversuch millionenfach wiederholen. Die unglaublich bunten Formen und Farben werden unzählige Künstler und Musiker inspirieren.

Am **26. Mai 1967** werden die Beatles ihr Album „Sgt. Pepper's Lonely Hearts Club Band" veröffentlichen. Titel Nr. 3: „**L**ucy in the **S**ky with **D**iamonds." L S D (**L**yserg**S**äure**D**iethylamid).

29. Dezember 1995

Albert wählte für seinen Selbstversuch die kleinste für ihn denkbare wirksame Dosis: 250 Mikrogramm. Das ist fast das Vierfache einer heute „üblichen" Dosis, die sich gerade auf einem kleinen Löschblattfetzen vor mir befindet. Er ist recht teuer, aber so klein, dass ich mir viel Mühe geben muss, ihn erst zu halbieren und dann nochmal zu teilen. Eine Viertel LUCY also. Ich bin vorsichtig. Im Mund spürt man das Mini-Stück Löschpapier kaum. Ich lege mich entspannt auf die Couch.

Nach etwa einer halben Stunde wird ein Freund neben mir zu einem unendlich langen Dackel mit einem sehr freundlichen Dackelgesicht, das ständig seine Farbe ändert. Kurze *Zeit* später (Es können auch Stunden gewesen sein: Die *Zeit* hat sich gemeinsam mit dem Löschpapier spurlos aufgelöst.) fängt der unendlich lange Dackel an, zu schwingen. Heftig an, zu schwingen. Ich werde unsicher, ob mir das gefällt und ob ich safe bin, aber da beginnt die wunderschöne Frau auf dem Psychedelic-Poster gegenüber an der Wand, zu mir zu sprechen: „Lass Dich sinken. Es passiert Dir nichts. Ich bin bei Dir." Dabei erstrahlen unglaublich Farben auf dem Poster, brechen daraus hervor und füllen das ganze Zimmer aus, das eigentlich gar nicht mehr da ist. Grateful Dead erschaffen mehrere musikalische Universen, in denen alles, wirklich ALLES einen Sinn ergibt. Dann folgen unbeschreibliche Stunden. Es geht auf und ab, aber es ist immer wunderschön. Vielleicht schlafe ich auch. Ich weiß es nicht. Am nächsten Morgen denke ich: Schade, es ist vorbei. Und: Danke, es war toll. Mehr kann man wohl vom Viertel eines kaum sichtbaren kleinen Stück Papier nicht verlangen.

Ich stehe eigentlich recht ausgeruht auf und gehe zum Bäcker. Als die Bäckerfrau meine Brötchen einpackt, sehe ich sie tuscheln und kichern. Also die Brötchen. Sie haben unbeschreiblich bunte Gesichter. In meinem Portemonnaie fasse ich in kichernde, leuchtend goldene Taler, bezahle fehlerfrei und gehe mal besser auf dem kürzesten Weg nach Haus. Dort drücke ich auf Repeat: Jerry ist wieder bei mir, ich kann Farben hören und genieße die Flashbacks. Man bekommt tatsächlich etwas für sein Geld. Trotzdem habe ich es bei „einmal im Leben" belassen, denn trotz aller kreativen Schöpfungen, die im Laufe der *Zeit* weltweit im Zustand der Bewusstseinserweiterung entstanden sind, finde ich meine Fantasie nach drei Bier für den Hausgebrauch ausreichend und bunt genug.

30. Mai 2023

Ich sitze mit dem dritten Bier zu Hause in meiner Dachkammer-Raucher-Lounge. In der Dachluke über mir sehe ich eine Wolke. Sie sieht exakt aus wie Pinocchio. Langsam landet ein Wolken-Geier auf Pinocchios Kopf. Beide verschmelzen zu einem freundlichen Halbmond, der ein bärtiges Gesicht auf seinem Rücken trägt. Alberts Wundermittel ist nicht mit im Spiel, denn das hier gerade nennt man Pareidolie. Unser Gehirn sucht grundsätzlich und immer nach bekannten Mustern in seiner Umgebung – besonders gerne in Wolken. Ich lächle, denke an den freundlichen Dackel und die kichernden Brötchen. Drogen? Nein, danke! Die Bunten können schön sein. Die Bösen sind tödlich.

Albert Hofmann hat übrigens seine „bunte" Erfindung *zeit* seines Lebens begeistert angewendet und wurde biblische 102 Jahre alt. Allerdings starben und sterben Millionen Menschen, die die „bösen" Drogen „einfach mal probieren" wollten: Kokain, der südamerikanische Selbstbewusstseinsoptimierer und sein schmuddeliger Stiefbruder Speed, die beide meinen, Nasenscheidewände sind völlig überbewertet. Ecstasy, das aus guten Freunden plappernde, tanzende Derwische macht. Heroin und Meth – der unsichtbare Tod, dem niemand „Frankfurter Applaus" zollen sollte. Und alle sonstigen Upper und Downer, die man ganz selbstverständlich im Medizinschrank findet: Mother's little helper. Drogen? Nein, danke. Drogen sind kein Happening. Das weiß man heute. Es fällt mir immer ein, wenn ich Gräber besuche, die definitiv zu früh ausgehoben wurden. Ich bin sehr dankbar, dass es in meiner DDR-Jugend eigentlich tatsächlich nur Alkohol und Nikotin gab. Vielleicht hat diese Tatsache mir vieles erspart und im best Case mein heutiges Leben schön und glücklich erhalten.

Dennoch gilt, wie überall: Jeder ist der Schöpfer seines eigenen Universums. Und es ist deshalb nur meine persönliche Meinung: Dieses Bon(g)Bon(g) ist gelutscht und gezogen. Lasst die Finger, Münder, Nasen, Arme, Venen und sonstige zu Unrecht überbewertete Körperteile von den Drogen. Steckt viel Leid drin – in den kurzen Momenten der Freude. Die kann man einfacher haben.

Rock 'n' Roll: 7. Oktober 1989: Heute feiern wir den „Tag der Republik". Ihren 40. In Berlin, Hauptstadt der DDR, tun sie es mit den üblichen Militärparaden. Wir tun es lieber unüblich. Ladys & Gentleman: Rock 'n Roll. **12 Uhr:** Ich bin Gastgeber der „Geburtstagsparty" und stehe am Bahnhof. Der Zug fährt hinein und 14 meiner Freunde drängen heraus. Der Zug ist erleichtert, dass die laute, biertrinkende Bande nicht noch weiter in ihm mitfährt. Alle meine Freunde haben lange Haare. Mindestens bis da, wo in zehn Jahren bei vielen Teenies ein „Geweih" sitzen wird – was diese – wieder zehn Jahre später – bereuen werden.

Mein Freundeskreis verleitete meine Studienkommilitonen mal zu dem Satz: „Ohne Dich hätten wir gar keinen Draht zur Unterwelt." -, was ich mal als Kompliment werte.

Die 14 Gäste bringen dem Gastgeber ein praktisches Geschenk mit. Einen Wäschekorb. Prima. Kann man immer mal brauchen. In dem Wäschekorb liegen 14 Flaschen Whisky. Auch prima. Kann man immer mal brauchen. Wir gehen zu meiner 30-Quadratmeter-Einraumwohnung. Dort warten bereits fünf weitere Gäste. 20 Personen und ein Wäschekorb machen es sich für die nächsten 30 Stunden auf 30 Quadratmetern gemütlich. Dann hat Gott uns bei der „Arbeit" gesehen ... Mit viel – sehr viel Rock'n Roll. Lautem, sehr lautem Rock'n Roll. Mein Verstärker freut sich. Er kennt es nicht anders. Meine Nachbarn kennen es zwar auch nicht anders, freuen sich aber überraschenderweise gar nicht über die „Maschinengewehr"-Musik.

Nur einen Wäschekorb später – morgen, nach dem Frühschoppen, der bei Einbruch der Nüchternheit sofort startet und endet, wenn die Sonne untergeht – werde ich sie wieder zum Bahnhof bringen. Mein unausgeschlafener Nachbar wird die Straße fegen und es nicht fassen können. Nach 30 Stunden infernalischem Lärm kommen 20 gutgelaunte Menschen aus der 30-Quadratmeter-Einraumwohnung und tanzen singend die Straße entlang. Er wird über die reale Existenz eines Wurmlochs nachdenken: Die können doch nicht alle aus dieser Wohnung gekommen sein ... Doch können sie. Nun ja: Wer nichts trinkt, kann auch nicht für voll genommen werden. Denn: Nüchtern betrachtet, ist es betrunken einfach besser.

Wir haben den letzten „Tag der Republik" gefeiert. In einem Jahr wird es diese Republik nicht mehr geben. Im Gegensatz zum Rock'n Roll. Den wird es geben, solange es irdische oder außerirdische Ohren gibt. Rock'n Roll can never die.

Um doch noch einmal auf den zu kurz gekommenen Sex zurückzukommen: Eine Gruppe uns recht nahestehender Verwandter nutzt ihn nicht nur häufig und gerne, sondern auch klug. Und damit meine ich jetzt nicht unseren Familienzweig 2. Grades großmütterlicherseits aus dem Saarland, sondern die Bonobos: eine Zwergschimpansenart aus dem mittleren Afrika, die ihren häufigen und gerne praktizierten Sex gezielt einsetzen, um Konflikte, Streitigkeiten und Spannungen innerhalb ihrer Bonobo-Gruppe beizulegen. Sie gelten als die Hippies im Reich der Affen. Make Love. Not War. Was für eine schöne Vorstellung.

Sex, Drugs & Rock 'n Roll. Da ist für jeden etwas dabei. Und falls mich mal einer fragen sollte: Ich bereue nichts. Und das ist gut so. Denn schon Theophrastus Bombastus von Hohenheim wusste im Jahr 1530: „Alle Dinge sind Gift und nichts ist ohne Gift. Allein die Dosis macht's, dass ein Ding kein Gift sei." Ich denke, Mr. Bombastus nennen sich heutzutage nur Menschen, die sich selbst in Bezug auf Sex, Drugs & Rock 'n Roll gerne überschätzen. Oder vielleicht Elon, der Gute, und ein bayrischer Ministerpräsident. Uns ist der echte Mr. Bombastus bekannt als Namenspatron unzähliger Apotheken, Kliniken und Heilanstalten: Paracelsus.

28 Wir schaffen das!

Ein Logogryph ist ein Rätsel, bei dem durch mehrfaches Umstellen und Austauschen von Buchstaben Worte mit einer neuen Bedeutung entstehen. Der Begriff stammt aus dem Griechischen, wo Logos Vernunft und Gryphos Rätsel bedeutet.

Kammer

Hammer

Hammel

Hummel

31. August 2015

Bundespressekonferenz, Angela Merkel: „Ich sage ganz einfach: Deutschland ist ein starkes Land. Das Motiv, mit dem wir an diese Dinge herangehen, muss sein: Wir haben so vieles geschafft: Wir schaffen das! Wir schaffen das, und dort, wo uns etwas im Wege steht, muss es überwunden werden, muss daran gearbeitet werden. Der Bund wird alles in seiner Macht Stehende tun – zusammen mit den Ländern, zusammen mit den Kommunen, um genau das durchzusetzen." (39) Zu diesem *Zeit*punkt sind Millionen Syrer auf der Flucht vor Terror, Tod, Zerstörung und Hunger. Mehr als 220.000 sind im Krieg bereits umgekommen.

27. Oktober 2015

Es ist Dienstag und mein Dienst-Telefon klingelt. In der Leitung ist der Bürgermeister unserer kleinen Kommune. „Ich brauche eure Hilfe. Wir wissen nicht mehr weiter." Seit Wochen werden unseren Städten täglich, manchmal im Stundentakt, Flüchtlinge zugewiesen. Sie brauchen Ansprechpartner, müssen wohnen und essen. Die Kinder müssen in KITAs und Schule angemeldet werden. Einige sind krank, viele traumatisiert. Sie müssen sich mit dem Leben in Deutschland vertraut machen. Und vor allem müssen sie Deutsch lernen.

Neben dem Bürgermeister sitzt eine Freundin von mir. Sie ist unglaublich aktiv, zupackend und energiegeladen. Ein Wirbelwind. Schon immer. Sie ist zum Bürgermeister gegangen und hat gefragt, ob sie helfen kann. Jetzt suchen beide Mitstreiter und Räume. Wir sind ein Bildungsträger. Ich bin sofort dabei. Genau wie unser kleiner Hörsaal, unsere Werkstatt und unsere große Cafeteria. Direkt am Telefon entwerfen wir ein Grobkonzept für Integrationsunterricht. Auf einer Parallelleitung ist der Bürgermeister mit unserem Landrat verbunden, um rechtliche und organisatorische Steine sofort aus dem Weg zu räumen.

Heute werde ich eine Nachtschicht einlegen und auch morgen wenig schlafen. Am Donnerstag werden wir den Runden Tisch „Flüchtlingshilfe" gründen. Am Montag legen wir los.

2. November 2015

27 syrische Flüchtlinge kommen zu uns. Alle, also die ganzen Familien: vom Säugling bis zum Großvater. Das ist unsere Bedingung. Lernen kann jeder. Lehren auch. Der Integrationsunterricht wird von Freunden und Freiwilligen durchgeführt, die sich dafür spontan bereiterklärt haben. Deutsch können wir alle und wie das Leben hier so funktioniert, wissen wir meistens auch. Unterrichtsmaterialien erarbeiten wir uns parallel zum Unterricht. Learning by Doing gilt in den Anfangstagen nicht nur für unsere Gäste. Wir spielen uns schnell ein. In den kommenden Wochen werden wir in zwei benachbarten Städten vier weitere Kurse eröffnen und über 100 Migranten das Ankommen in ihrer neuen Heimat erleichtern.

Noori ist ein freundliches Kind mit großen staunenden Augen. Sie ist knapp drei Jahre alt und stammt aus der Nähe von Aleppo. Eine Bombe brachte in der Nacht ihr Haus zum Einsturz. Sie wurde verschüttet. Sie konnte gerettet, aber ihr gebrochenes Bein nicht behandelt werden. Es ist steif. Sie zieht es beim Laufen nach, als ob sie es nie anders gekannt hat. Ihr Bruder ist ein Jahr älter. Er heißt Salam. Das bedeutet auf Arabisch „Frieden".

Advents*zeit* 2015

Wir haben viele Hürden überwinden müssen, aber wir haben daran gearbeitet, Frau Merkel. Unsere Gäste werden langsam zu Einwohnern. Alphabet und Zahlen, Arzt, Apotheke, Behörde, KITA, Schule, Straßenverkehr und Bus fahren: alles keine größeren Probleme mehr für sie. Noori wird inzwischen physiotherapeutisch betreut.

Einer unserer freiwilligen Lehrer ist Schauspieler und Regisseur am Theater. Dort plündert er die Kostümgarderobe. Berge von Roben und Perücken türmen sich in unserer Werkstatt. Dort erschafft ein weiterer Helfer gerade den Ballsaal eines Märchenschlosses. Wenn der Unterricht beendet ist, studieren die Großen heimlich für die Kleinen das Märchen „Aschenputtel" ein. Das macht ihnen richtig Spaß: Es ist tatsächlich nie zu spät für eine schöne Kindheit.

17. Dezember 2015

Wir feiern ein internationales Weihnachtsfest. Unsere Familien gemeinsam mit den syrischen Familien. In der festlich geschmückten Werstatthalle sind vor dem Märchenschloss Tafeln aufgebaut. Auf ihnen türmen sich deutsche und arabische Köstlichkeiten. Das Essen im Kerzenschein wird umrahmt, von besinnlichen Weihnachtsliedern, gesungen von unserem Theatermimen. Nach dem Essen schlüpfen die Frei*zeit*lehrer in ihre Roben und Rollen und entführen uns ins Märchenland. Weit weg von Bomben und Krieg.

Noori versteht noch nicht alles, was die bunten Menschen auf der Bühne sprechen. Aber sie fühlt es. Die strahlenden, ungläubig staunenden und trotzdem wissenden Augen sprechen Bände. Man sagt: Die *Zeit* heilt Wunden. Noori wird die Bombennächte vergessen. Vielleicht.

Das Zitat von Angela Merkel wird in den nächsten Monaten und Jahren rigoros gewandelt. „Wir schaffen das!" wird ein ironisch bis sarkastischer Ausspruch, der durch so einige Wutbürger bevorzugt in Ostdeutschland mittels eines Logogryphen verwandelt wird.

Wir schaffen das!
Wir muss das!
Merkel muss das!
Merkel muss weg!?

Wo da der Logos ist, ist mir ein Gryphos. Es ist sehr deutsch in Kaltland.

Vielleicht sollte Angela Merkel mal über ihren Schatten springen und sagen: „Ok, wir haben einen Fehler gemacht. Wir hätten die Grenze nicht aufmachen dürfen ... Damals, 1989. Man kann sie einfach nicht alle integrieren."

Jeder Mensch hat (im Optimalfall) ein Kleinhirn, ein Großhirn, zwei Seitenlappen, einen Frontal- und einen Stirnlappen. Das deutsche Gehirn hat zusätzlich noch einen extrem gut ausgebildeten Jammerlappen. Wir haben so vieles geschafft: Schaffen wir ihn ab!

11. Juni 2024

„Wir brauchen Zuwanderung und wir werden am Ende auch eine positive Bilanz ziehen über eine Million Menschen, die 2015 zu uns gekommen sind. Ich rate, den 31. August 2040 im Kalender zu notieren. Dann wird es in den dann noch existierenden Fernseh- und Internetmedien Sondersendungen geben zu 25 Jahren

Nicht-Schließung der Grenzen Deutschlands. Man wird sagen: Wir haben, wie bei der deutschen Einheit, am Anfang völlig überrascht reagiert, wir haben viele Fehler gemacht, aber am Ende können wir uns auf die Schulter klopfen, dass wir Menschen, die in Ungarn an Zäunen gerüttelt haben, mit Kleinkindern in unser Land gelassen haben. Denn dann werden wir Forscher, Entwickler, Busfahrer, Olympiasieger und Schaffner haben". Christian Wulff, ehemaliger Bundespräsident (40)

29 Gender-Tender

Die Sprache ist das Spiegelbild einer Gesellschaft. Sie ist ein Instrument, mit dem wir uns die Welt begreifbar machen. Neurowissenschaftliche Studien beweisen, dass die Sprache unsere Wahrnehmung deutlich beeinflusst, denn sie ist kein neutrales objektives Medium, sondern auch emotional gefärbt und transportiert kulturell bedingte Wertungsmuster. Sprache verbindet und trennt. Sie erzeugt Gefühle wie Identifikation und Solidarität oder Abneigung und Distanzierung.

Laut Babbel soll man die Grundzüge einer Sprache in drei Wochen erlernen können. Wenn ich beim Einkauf, im Bus oder auf der Straße manchen Gesprächen zuhöre, ist das ein fulminanter Beweis, dass die Babbel-Theorie nicht stimmt. Das höhere schulfähige Alter war anscheinend jahrelang umsonst drin – in der Schule. „Gehst Du Schule? Sheesh, Diggah! Bist Du Lauch? Lass ma Meckes gehen, Diggah. Gönnjamin!!" Und wenn ich ihren Erzeugern zuhöre, erschließt sich mir auch, warum. Die waren ja schließlich auch mal im höheren schulfähigen Alter. Und offensichtlich auch umsonst drin – in der Schule. Über Käwinn & Schantalle ist ja schon vieles gesagt und geschrieben worden: „Schantalle, wollnwer Currywurst?" „Käwinn, stell das Bier wech. Morgen is Schule." Es heißt halt nicht umsonst Mutter-Sprache. Aber wahrscheinlich bin ich nur dermaßen lost ... Und einfach nur cringe.

Irgendwie ist unsere Muttersprache aber auch selbst schuld. Manchmal ist sie nämlich ganz schön verschraubt. Eine Mutter ist im Deutschen eben nicht nur eine Frau mit Kind, sondern auch das Gegenstück für eine Schraube. Warum??

Schon vor 150 Jahren veröffentlichte Mark Twain „Die Schrecken der Deutschen Sprache". Denn: Die deutsche Sprache hat es in sich.

• Gefrier-Brand • Wahl-Pflichtfach • Doppelhaus-Hälfte • Selbst-hilfe-Gruppe • Hand-Schuh • Fleisch-Käse • bös-artig • Trauer-Feier • Schweine-Hund • Beton-Krebs • Holz-Eisenbahn • Keine Haftung bei Glatteis. Das Ordnungsamt.

Wer hat sich sowas mal ausgedacht? Heinz Ehrhardt? Oder Dieter Hallervorden? Darauf schnell einen einfachen Doppelkorn. Oder besser doch lieber einen doppelten einfachen Korn? Palim, Palim.

Wenn Sprache aus ideologischen Gründen geändert wird, kann man das unter Umständen nachvollziehen. Manchmal sogar in einer Diktatur. In der DDR gab es aus historischen Gründen kei-nen Führerschein, sondern eine Fahrerlaubnis. Leider muss der für die politisch-korrekte Umbenennung historischer Altlasten zuständige Genosse damals wohl überraschend verstorben sein. Denn wer in der DDR keine Fahrerlaubnis hatte, musste auch weiterhin mit der Deutschen Reichsbahn fahren ...

Wenn aber in einer Demokratie eine Minderheit Sprache per Verordnung für die M e h r h e i t (gerne mal googlen) ändern las-sen will, komme ich ins Grübeln.

Natürlich leben wir in verwirrenden Zeiten, meine sehr ver-ehrten Damen und Herren und alle dazwischen und außerhalb (Danke, Jan Böhmermann): Erst wurde ein Mann Kanzlerin und dann wurde ein Mann Queen. Es ist schon tricky, hier den Gender-Faden nicht zu verlieren. Aber wollen wir wirklich die Gender-Endstufe erreichen?

Kurzgeschichte

Mein Eltern (früher bekannt als Mutter) ist in der heimeligen Advents*zeit* zu Besuch. Sie (es?) hat neben Stolle auch Berliner-innen zum Kaffee mitgebracht. Abends wollen wir essen gehen. In der hereinziehenden Dunkelheit treten wir vor unser Haus. Die Scheinwerfer-innen eines vorbeifahrenden Autos erhellen den Nachbar-innengarten. Hier haben die Kinder-innen eine Schnee-person gebaut. Wir gehen über den Bürger-innensteig ein paar 100 Meter die Straße hoch. Im Handwerker-innenladen gegenüber sind 5-kg-Tüten mit Fugenspachtel-innen und Feuermelder-innen im Angebot. Das Wirt-innenhaus ist neu renoviert und urgemütlich. Die Innenarchitekt-innen haben ganze Arbeit geleistet. Es gibt eine schöne neue Terrasse, aber heute sitzen wir lieber -innen. Ich bestelle mir ein Hähnchen-innen-Filet. Mein Elter nimmt Wiener-innen Würstchen und Kartoffelsalat. Dann klagt sie/es mir ihr/sein Leid: Dass sie/es nun von meinem anderen Elter geschieden ist, ist mittlerweile ok. Aber dass sie/es ihren/seinen Kinder-innen-Namen nicht zurückhaben kann, macht sie/es traurig. In einer öffentlichen Behörde ist eine Rückbenennung in „Neumann" einfach nicht *zeit*gemäß und deshalb nicht gern gesehen. Weil ich mit der Salzstreuer-in etwas viel nachgewürzt habe, bestelle ich mir ein frisches Bier aus dem Zapfhuhn. Es ist eine fantastische Durstlöscher-in. Aus einem Bier werden deshalb fünf. Hoffentlich habe ich morgen früh keine Katze. Drückt mir die Däum-in. Im Hintergrund läuft auf einer Fernseher-in ein Bericht über die bemenschte Raumfahrt. Gerade betritt Neil Armstrong die Mond-in. Da waren wir Mensch-innen noch voller Tatendrang. Und heute?

Mann-in, mann-in, mann-in: Was haben wir heute nur für Stellvertreter-innen-Sorgen inmitten von Hunger, Krieg und Klimawandel. Apropos Klimawandel: Ich bin kein Verschwörungs-Verschwurbeler: Aber ist euch schon mal aufgefallen, dass Starkregen und Tornados zu- und Schneepersonen abnehmen seit wir gendern?

Ich hätte da noch so einige Vorschläge, die wir auf keinen Fall umsetzen sollten: Tomatenmark wird zur Tomatenmarie, die im Sternbild Wasserfrau geboren wurde. Aus dem Sündenbock wird die Sündengeiss, beim ZDF rufen die Mainzelmädchen „Guten N'Aaabend", Helgoland wird in Helgaland umbenannt und der historisch schon immer umstrittene Führerschein wird radikal in Fahrausweis geändert. Was das Fahren mit dem öffentlichen Personennahverkehr (früher bekannt als Deutsche Reichsbahn) für die meisten von uns um 100 Prozent verbilligen wird. Selbst die Weihnachtsgeschichte müsste umgeschrieben werden, da die Heiligen drei König-innen aus dem Morgenland nun dem Gender-Stern nach Berlin, Prenzlauer Berg folgen. Und (steckt euch Watte in die Ohren, um das millionenfache Kinder-innengeschrei zu ertragen): Die Weihnachts-person verschwindet komplett, da sie eh nur eine Erfindung der Marketingabteilung von Coca-Cola war.

Aber ehrlich jetzt mal: Mir würde es für den Anfang reichen, wenn Frauen im 21. Jahrhundert für gleiche Arbeit das Gleiche verdienen wie die Männer-innen. Und dass wir, auch wenn etymologisch und semantisch wohl kein Zusammenhang besteht, bitte mal darüber nachdenken, warum wir die Worte „herrlich" und „dämlich" weiterhin ohne jede Kritik verwenden.

30   Projekt 404

Ihr kennt das: Ihr klickt im Internet einen Link an und es erscheint die Fehlermeldung „Error 404: file not found". Das heißt: Die angeforderte Seite existiert nicht mehr oder ist umgezogen.

Die Legende sagt, die Bezeichnung ist in den Anfangszeiten des Internets entstanden. Die habe ich tatsächlich erlebt! Gestern habe ich meiner kleinen Großnichte (was für ein Wortspiel?!) erklärt, dass ich älter als das Internet bin. Es hat sie um den Verstand gebracht ...

Das World Wide Web hat seinen Ursprung im CERN, der europäischen Organisation für Kernforschung in Genf. Sir Timothy Berners-Lee und seine Kollegen machten sich dort im Jahr 1991 daran, die Welt zu verändern. Sie bastelten an einer Möglichkeit, relevante Informationen via Hyperlinks zu verbinden. Daten, Artikel und Aufsätze sollten für alle Nutzer einsehbar und leicht auffindbar sein. Das World Wide Web war geboren. Als Schnittstelle diente ein leistungsfähiger Rechner, der von drei Mitarbeitern bedient wurde. Schickte nun jemand eine Datenanfrage per Hyperlink an den Rechner und die Daten konnten nicht gefunden werden, schickten die Mitarbeiter die Meldung zurück: „Fehlermeldung: Daten nicht gefunden". Der Rechner stand in der 4. Etage des CERN. In Raum 404. Diese Geschichte mag stimmen, oder auch nicht. Nett ist sie auf jeden Fall.

Für mich hat die 404 eine völlig andere Bedeutung. Nicht nur eine nette, sondern eine wundervolle.

12. März 2012

Ich finde in besagtem World Wide Web ein Angebot. Ein Spielzeughändler bietet kleine Säckchen mit wunderschönen Glasmurmeln an. 100 kleine und als Zugabe eine große pro Säckchen. Ich bestelle vier Stück. Im Kommentarfeld füge ich der Bestellung folgende Erklärung hinzu:

Auszug aus meinem Mail-Verkehr

Lieber Murmelverkäufer, **12.03.2012**
ich habe keine Fragen oder Anmerkungen, sondern eine Geschichte:
Ich habe heute im Fernsehen eine interessante Diskussionsrunde mit Eckhardt von Hirschhausen und Bettina Tietjen gesehen, die eine tolle Idee vorstellten: Jeder sollte sich, um sich seiner Sterblichkeit bewusst zu werden, ausrechnen, wie lang seine Lebens*zeit* noch dauern könnte und sich das Ergebnis in materiellen Dingen darstellen. Naja, und da habe ich ausgerechnet, wie viel *Zeit* mir ab heute bis zu meinem 80. Lebensjahr (bei guter Führung;-)) noch bleibt. Es sind exakt 404 Monate. Euer Angebot (4x)100 + 1 Glasmurmel passt perfekt. Und nun werde ich eure Murmeln in ein schönes Gefäß tun und an jedem Ersten des Monats eine herausnehmen und mich fragen: Was Schönes und Wundervolles kann dieser Monat mir bringen? Die Murmel kommt dann in meine Hosentasche/Geldbörse oder unters Kopfkissen und am Monatsende werde ich das schönste Erlebnis des Monats aufschreiben. Mein Murmel-Erlebnis also. Ich hoffe, es wird eine tolle Erlebnisliste. Dankeschön für eure Hilfe dabei. Sonnige Grüße.

Lieber Murmelkäufer, **14.03.2012**
das ist ja mal ein schönes Vorhaben. Wir senden in 40 Jahren gerne noch mal eine kleine Nachlieferung.
Das habe ich mir notiert :-).

6. Dezember 2022

Ich habe noch alle Murmeln beisammen und meine Murmelerlebnisliste ist schon 25 Seiten lang. Es kommt selten vor, aber wenn ich mal schlechte Laune habe oder niedergeschlagen bin, öffne ich meine Glücksdatei, lese sie und bin immer wieder überrascht, wie viel Schönes in (m)ein Leben passt. Meist kommen sie schon nach einer Seite Lesen wieder zum Vorschein – die Glückshormone.

Deshalb finde ich: Jeder sollte (s)ein Projekt 404 haben. Denn es ist definitiv kein Error. Man findet jede Menge Wundervolles. Schaut euch schon mal nach Glasmurmeln um.

31   Open Air

Es gibt viele Worte, die positiv besetzt sind. Liebe, Glück, Bier, Frieden, Lachen oder Gesundheit. Der Begriff Open Air gehört unbedingt dazu. Musik „unter freiem Himmel" sagt doch einfach alles. Im besten Fall drei bis vier Tage lang.

1. Es ist Sommer und Montag: Du bist völlig k.o. und immer noch heiser. Aber langsam, ganz langsam, kriecht die Vorfreude in dir hoch.
2. Dienstag: Du schmiedest mit Freunden Mitfahrpläne und Autorouten.
3. Mittwoch: Du stellst das Bier kalt und schrubbst den Schlamm von deinen Schuhen.
4. Donnerstag: Du betest um schönes Wetter.
5. Endlich ist Freitag. Du versuchst, deinem Chef schon vor der Mittagspause zu entwischen.
6. Du fährst so einige, manchmal Hunderte Kilometer.
7. Du wirst, irgendwo im Nirgendwo, unter freiem Himmel, auf einer großen Wiese eingewiesen. Das erste Bier ploppt.
8. Du tauschst deine Eintrittskarte gegen ein Bändchen am Handgelenk. Dann kann es beginnen. Das ersehnte Open Air.
9. Es ist Sonntag. Du bist heiser. Du hast wenig geschlafen und nicht intensiv genug gebetet. An deinen Schuhen klebt zentimeterdicker Schlamm. Aber das ist völlig egal. Du hattest ein fantastisches Wochenende. Mit vielen Freunden, viel Bier und geiler Musik.
10. Leider bist du der Fahrer und sollst vier Freunde mitnehmen. Du sammelst sie am Ende des Frühschoppens ein: drei sitzen schon im Auto. Du suchst verzweifelt den Vierten, der an irgendeinem Tresen klebt. Dann hast du ihn endlich gefunden, schleifst ihn glücklich zum Auto und siehe da: Die anderen drei sind wieder weg.

11. Es ist Sommer und Montag: Du bist völlig k.o. und immer noch heiser. Aber langsam, ganz langsam kriecht die Vorfreude in Dir hoch ...

Im Laufe der Jahre und Jahrzehnte war alles dabei. Von Hippie bis Punk. Von Hip-Hop bis Hardcore. Von Independent bis Metal. Jedes Open Air hat seinen eigenen Zauber, der uns den Alltag vergessen lässt. Natürlich war es nicht immer ein Kurzurlaub im Schlamm, weil es geregnet hat. Manchmal ist es so heiß, dass wir mit unseren Campingstühlen im Laufe des Tages um den ganzen Bus rutschen, um ein Quäntchen Schatten zu erhaschen und der sengenden Sonne zu entkommen. Unter freiem Himmel, auf einer großen Wiese – irgendwo im Nirgendwo. Dann fahre ich mit einer gesunden Frühschoppen-Bräune nach Hause und kaufe mir endlich mal einen Pavillon.

15. Dezember 2022

Draußen ist es grau in grau bei minus 12 °C. Ich träume davon, dass Sommer ist.
Und Freitag.

32 Halb*zeit* in Brasilien

18. November 2015

Gestern bin ich 50 geworden. Halb*zeit* also :-). Danke für ein lebendiges halbes Jahrhundert. Hat Spaß gemacht. Nachdem wir meinen 40. zwar ohne Dritte Wahl, aber wenigstens auf der Rambla in Barcelona, gefeiert haben, lautete diesmal die Einladung: Geburtstagsparty an der Copacabana. Wer kommt, kommt. Sooo weit wollte dann doch keiner nur für ein paar Mojitos fliegen. Die habe ich gestern alle allein getrunken. An der CopACABana in Rio de Janeiro.

Gestern habe ich auch das Standardprogramm absolviert. Geburtstagstorte stilvoll in der Confeiteria Colombo. Dann Fahrt mit der Teleferico hinauf zum Zuckerhut. Der lag so dermaßen im Nebel, dass man die Hand vor Augen nicht sah. Auch nicht, wenn man sie ganz dicht vor selbige hielt. Als Entschädigung wäre Zuckerhut-Geburtstags-Sex eine Option gewesen. Hätte keiner gesehen! Unter der Christo-Statue der gleiche Nebel. Schon wieder Sex? Im Alter soll man nicht übertreiben. Trotzdem war es der beste 50. Geburtstag meines Lebens.

Heute erfülle ich mir einen langjährigen Wunsch: Ich besuchen die Favela Santa Marta. Favelas sind südamerikanische Armenviertel am Rand von Großstädten. Dicht an dicht meist illegal aus abenteuerlichen Materialien gebaute Behausungen, oft ohne Strom und Wasser. Müllabfuhr gibt es nicht, denn dazu braucht es befahrbare Straßen. Auch die gibt es nicht – nur enge Gänge, schmale Wege und unzählige Treppenstufen. Hier leben die Ärmsten der Armen. Bevölkerungsdichte, Arbeitslosigkeit und Kriminalität sind hoch. Drogenbanden beherrschen die Viertel und verteidigen sie schwer bewaffnet gegen feindliche Banden und die Polizei. In Rio ziehen sich gleich mehrere riesige Favelas die steilen Hänge der umliegenden Berge hinauf.

Für Fremde war dies lange *Zeit* eine absolute No-Go-Area. Aber in den letzten Jahren hat sich einiges verändert. Viele Drogenkartelle wurden zerschlagen. Studenten und Aussteiger zogen in die Favelas. Hilfsprogramme sollen die Erschließung der Favelas vorantreiben.

Trotzdem ist unsere ältere deutsche Reiseleiterin skeptisch. Sie ist Reiseleiterin in Rio de Janeiro und war noch nie in einer Favela! Sachen gibt es! Gabriel, ein Bewohner Santa Martas, empfängt unsere Gruppe am oberen Eingang der Favela. Er ist unser Guide. Wir gehen durch ein schmales Tor und steigen zu einem Aussichtspunkt hinauf. Die Aussicht über die Copacabana ist atemberaubend. Dann klettern wir unzählige Treppenstufen nach unten, manchmal auch wieder rauf. Santa Marta ist die steilste der über 500 (!) Favelas in Rio. Meine 50-jährigen Kniegelenke bestätigen das laut knackend. Vor, neben und hinter unserer Gruppe gehen jeweils weitere Bewohner. Sie sind quasi unsere Leibgarde. Unsere Sicherheit hat Priorität, sagen sie. Etwas mulmig ist mir schon. Ich sehe ihre ständig herumschweifenden, wachsamen Blicke. Wir schlängeln uns durch kleine Holzhütten, rohe Steinbauten, improvisierte Wellblechhütten und abenteuerliche Strommasten. Unser deutscher TÜV wäre schon nach 30 Sekunden schnappatmend ins Koma gefallen. An vielem wird gespart. Definitiv nicht gespart wird an Farbe. Viele Wände leuchten knallbunt oder sind mit fantastischen Graffiti bemalt. Unmengen Pflanzen begrünen die Häuser und wachsen in aufgeschnittenen Fußbällen, alten Monitoren oder einfach in Plastiktüten. 7–8.000 Menschen sollen hier leben. Jungs spielen Fußball, kleine Mädchen winken uns lachend zu. Es scheint eine arme, aber friedliche Welt zu sein. Ohne unseren Guide hätte ich längst die Orientierung verloren. Manche Wege sind so schmal, dass mein korpulenter Nachbar schon Zementstreifen rechts und links an der Hose hat.

Gabriel zeigt uns stolz einen neuen Kindergarten. Viele Häuser sind bereits an das Strom- und Wassernetz angeschlossen. Es gibt kostenloses WLAN, einen Radiosender und eine Sambaschule. Die Hilfsprogramme helfen. Dann führt er uns zu einem touristischen Highlight. Wir biegen um eine bunte Graffiti-Ecke und stehen vor Michael Jackson. Lebensgroß. In Bronze. Hier wurden 1996 Teile seines Videos „They don't care about us" gedreht. In einem kleinen Merchandise-Shop nebenan erzählt uns ein Mädchen die Geschichte, wie der King of Pop nach Santa Marta kam.

1996 ist Santa Marta einer der gefährlichsten Slums der Welt. 30 Morde werden hier verzeichnet. Pro Woche. Der „amtierende" Drogenboss Marcinho VP hat durch eine Geldzahlung in unbekannter Höhe den Dreh „genehmigt". Schwerbewaffnete Militärpolizei steht Spalier. Micheal Jackson hat den Drehort gegen den Rat aller – Freunde und Anwälte – gewählt. Bewusst. Es ist sein Protestsong gegen soziale Ungerechtigkeit und Armut. Eine Anklage gegen Politiker, die nichts tun, um Elend zu beseitigen. Inszeniert von keinem Geringeren als Starregisseur Spike Lee, der für seine Filme, die sich gegen Rassismus und Diskriminierung richten, bekannt ist. Die Bewohner danken es Michael mit unglaublichen Jubelchören und unzähligen selbstgemalten Bannern. Und so schreit und tanzt er sich in ihre Herzen und durch „All I wanna say is that they don't really care about us. All I wanna say is that they don't really care about us". Begleitet von 215! Trommlern der einheimischen Samba-Reggae-Band Olodum und den fanatisch tanzenden Bewohnern der Favela Santa Marta, die Michael Jackson in den nächsten Jahren finanziell unterstützen wird.

Das Erzähl-Mädchen ist knapp 20 Jahre alt. Die Begeisterung über dieses einmalige Erlebnis in ihrer Favela ist nicht zu übersehen. Sie startet auf einem Fernseher das Video und zeigt stolz auf ein Mädchen, das völlig verzückt zum Rhythmus der großen Trommeln tanzt. Es ist ihre Mutter. Sie ist schwanger. Mit ihr.

Der Favela-Tourismus war lange *Zeit* umstritten. Armut als Besuchskonzept? Ich frage die Tochter der Tänzerin danach. Sie verneint vehement. Es ist ihnen wichtig und sie freuen sich, wenn wir der Welt erzählen, was sich hier bewegt. Dass sie Tag für Tag für ein besseres Leben kämpfen. Wie kreativ man aus wenigem viele schöne Dinge schaffen kann. Dass hier ein normales Leben möglich ist.

Liebe Bewohner von Santa Marta: Das werden wir gerne tun. Natürlich kann nicht jeder Michael Jackson sein. Aber wir verlassen die Favela Santa Marta mit liebevoll hergestelltem Merchandise. Uns wurde versichert, dass jede Geste zählt, die von Herzen kommt. Meinen Kulturbeutel „Santa Marta" werde ich bis ans Ende meiner *Zeit* benutzen. Er ist so unglaublich bunt wie die Favela. Und meine Einkaufstasche „Santa Marta" wird mich bei jedem Einkauf daran erinnern: Niemand braucht irgendetwas im Überfluss. Nur das, was im Leben wirklich zählt: unbändigen Lebenswillen und Freude.

Morgen werden wir die Iguaçu-Wasserfällen besuchen und überrascht feststellen: Die Niagara-Fälle können einpacken. Ein Naturschauspiel der Superlative. In einem drei Kilometer-Halbkreis stürzen 275 (!!) Wasserfälle ohrenbetäubend tosend mehr als 60 Meter in die Tiefe. Durch einen fährt ein Fahrstuhl. D U R C H den Wasserfall. Zu einer Plattform I M Wasserfall. Der Kauf einer Regenjacke ist sinnlos ausgegebenes Urlaubsgeld. In weniger als fünf Minuten werden wir keinen trockenen Faden mehr am Leib tragen und kein Erinnerungsfoto ohne dicke Wassertropfen auf der Linse mit nach Hause nehmen. Dafür aber mit Millionen kleinen Regenbögen darauf, die im unglaublichen Sprühnebel in der Sonne glitzern. Wir werden den Tag in einen brasilianischen und einen argentinischen Teil trennen, so wie die Wasserfälle Brasilien und Argentinien trennen. An der Grenze schiebe ich dem argentinischen Zöllner meinen Pass mit 20 Dollar darin durch die Luke und bekomme ihn ordentlich abgestempelt mit knapp 5.000 argentinischen Pesos wieder zurück. Sehr praktisch, dieses Einreiseverfahren.

Die argentinische Seite ist noch atemberaubender. Es gibt einen Rundweg aus Gitterrosten. Manchmal läuft man nur wenige Zentimeter über der Kante, über die tosende Wassermassen brüllend ins Uferlose stürzen. Am höchsten Punkt, dem Teufelsmaul, stürzen bis zu 7.000 Kubikmeter 82 Meter in die Tiefe. Pro Sekunde!! Einundzwanzig – Zweiundzwanzig: Das waren gerade 40.000 Badewannen voll Wasser.

Am Abend werden alle völlig benommen auf den Betten liegen. Millionen kleine Regenbogen werden immer noch vor unseren Augen tanzen und das Dröhnen in unseren Ohren farblich untersetzen. Auch bei Wasser kann man eine Überdosis erwischen. Bei Herzlichkeit kann einem das nicht passieren – haben wir in der Favela Santa Marta gelernt.

Halb*zeit* also. Sie ist proppenvoll angefüllt mit schönen Erinnerungen. Manchmal auch Kummer, aber der gehört nach dem Gesetz der Polarität dazu, damit die Welt im Gleichklang bleibt. Ohne Nacht kein Tag, auf Ebbe folgt die Flut und ohne Tod kein Leben. Unsere Geburt ist der Anfang vom Ende. Und der Tod ist das Ende vom Anfang. Vielleicht auch wieder der Anfang vom Ende. Das weiß keiner. Ewige Harmonie gibt es nicht. Wir können die guten *Zeit*en nur schätzen, weil wir sie den weniger guten in unserem Leben gegenüberstellen können. Und schon der kleine Muck fand heraus, dass es den Kaufmann, der das Glück verkauft, nicht gibt. Dafür sind wir selbst zuständig.

Man sagt, im Laufe ihres gemeinsamen Lebens werden sich Hund und Herrchen ähnlich. Meine Herrchen heißen Keith Richards, Mick Jagger, Iggy Pop, Willie Nelson & Friends. Ich gucke in den Spiegel: Yes, diese Theorie stimmt. Ein Immobilienmakler würde das als „schöner Altbau, leider unsaniert" bezeichnen. Natürlich bin ich gealtert. Die maximale Faltendichte scheint erreicht. Aber eben nur äußerlich. Denn in meinem Herzen und in meiner Seele bin ich nie älter geworden als 27 – sozusagen ein noch aktives Mitglied vom Club der 27. Ich bin wild entschlossen, das in der zweiten Halb*zeit* beizubehalten. Und vielleicht gehe ich ja danach auch noch in die Verlängerung? Wer weiß.

33   Lemmium

19. Dezember 1992

Der Wetterbericht für heute sagt: bedeckt mit etwas Regen.
Ahnungslos fahren wir nach Halle an der Saale. Direkt hinein
in einen Orkan, der auf den Namen Motörhead hört. Die lau-
teste Band der Welt, sagt das Guinness-Buch, ist Manowar mit
139 gemessenen Dezibel. Das Guinness-Buch der Rekorde ist
heute Abend in der Hallenser Eissporthalle definitiv nicht an-
wesend, sonst hätte es schon mal den Radiergummi gezückt.
Nach „Good Evening. We are Motörhead and we play Rock 'n'
Roll", hämmern sie sich brachial von „I'll be your Sister" über
„Bad Religion", „Hellraiser" und „Kill by Death" hin zu „Ace of
Spades" und „Overkill". Ein ganz großes Konzert. Lemmy ist der
Fels in der Brandung. Er wird ewig leben. Auf dem erschöpften
Weg zum Auto piepen meine Ohren. Das wird sich erst in drei
Tagen wieder geben.

28. Juni 2013

Wir sind in Roitzschjora, knapp 50 Kilometer von Halle an der
Saale entfernt. Wem der Name nicht fließend über die Lippen
kommt, war noch nie beim With Full Force (WFF), dem Metal-,
Hardcore- und Punk-Event der Extraklasse. Wer da war, hatte
wohl auch so manches Mal ein paar Sprachschwierigkeiten.
    Gerade erst haben wir die schlimmsten Verwüstungen des
Elbe-Hochwassers beseitigt: tagelang Schlamm geschippt, aufge-
quollenes Mobiliar entsorgt und Nachbarn getröstet. Die Hände
sind von Blasen übersät. Das ist nicht schlimm. Das heilt wieder.
Hoffentlich tun das die unsichtbaren seelischen Schäden auch.
Musik ist da die feinste Waffe.

Das WFF feiert in diesem Jahr seinen 20. Geburtstag. Headliner am Freitag ist der Motörhead-Orkan. Na, da feiern wir doch mal so richtig und lassen uns den letzten Elbe-Schlamm aus den Ohren blasen. Aber erstens kommt es anders und zweitens als man denkt. Nur einige Stunden vorher muss der Orkan absagen. Lemmy liegt im Krankenhaus. Da dies recht kurzfristig geschieht, ist das Jüngste Gerücht auf dem WFF-Acker: Er soll in Halle an der Saale im Krankenhaus liegen. Das stimmt wahrscheinlich dann doch nicht, aber das tausendfache Anstoßen auf seine Gesundheit wird er hören. Egal, in welchem Krankenhaus er liegt. Auf Lemmy.

Lemmy kann keiner das Wasser reichen. Muss auch niemand versuchen. Er trinkt nämlich keins. Als er das Krankenhaus verlässt (berichtet die Legende), schwört er Stein und Bein, in Zukunft mehr Wasser zu konsumieren. „Ich werde von jetzt an vier statt zwei Eiswürfel in jeden Whisky werfen." Auf Lemmy.

Sommer 2015

Zufällig stolpere ich im Internet über stylische Turnschuhe. Bedruckt mit dem Periodensystem. Periodensystem der Elemente? Chemieunterricht, ihr erinnert euch? Egal. Ich habe Laborant gelernt und finde sie toll. Ab in den Warenkorb des Nerd-Kaufhauses.

Am Abend des **28. Dezember 2015** stirbt in Kalifornien Ian Fraser Kilmister. Lemmy, der Godfather of Rock 'n Roll wurde 70 Jahre alt. Er startet damit einen unglaublich traurigen Reigen: David Bowie, Glenn Frey, Keith Emerson, George Martin, George Michael, Leonard Cohen, Götz George, Prince, Umberto Eco, Bud Spencer, Manfred Krug, Achim Mentzel, Peter Lustig, Fidel Castro und viele andere folgen ihm im neuen Jahr 2016.

Die Hexen und alle im Sternzeichen Pentagramm geborenen
werden sagen: Es liegt am Schaltjahr (2016). Nun ja ... Nun ja?!!
Da fällt mir doch glatt ein Zacken aus meinem Sternzeichen. Im
nächsten Schaltjahr (2020) wird eine Pandemie beginnen ...

Zur gleichen *Zeit* sollen dem Periodensystem vier neu entdeckte
Elemente hinzugefügt werden. Die Elemente 113, 115, 117 und
118. Schwermetalle.

Lemmy wollte *Zeit* seines Lebens kein Schwermetaller sein.
Er liebte den Rock 'n Roll. Trotzdem startet der Engländer John
Wright im neuen Jahr eine Online-Petition als Hommage: Eins
der neuen Schwermetalle soll Lemmium heißen. Ich persönlich
wäre für Nummer 118. Ein Synonym für die Dead Mans Hand
beim Pokern. Zwei Asse (11) und zwei Achten (8(8)) jeweils
Kreuz und Pik. Lemmy hätte es bestimmt gefallen. Schließlich
hat er „Ace of Spades" (Pik-As) und „Dead Mans Hand" ja nicht
umsonst geschrieben.

Mit mir unterschreiben weitere 156.724 Fans weltweit die
Petition. Leider hat es nicht gereicht. Element 118 heißt nun
Oganesson, benannt nach dem Leiter des russischen Kernfor-
schungsinstituts in Dubna bei Moskau. Dubna: nochmal hier
im Buch nachlesen (Deutschland im Herbst I). In Dubna wurde Element 118 erstmals nachgewiesen, indem man Ionen auf
das radioaktive Element Californium schoss. Benannt nach
dem Bundesstaat, in dem Lemmy nun für immer ruhen wird.
Es gibt Sachen ...

In meinem Periodensystem heißt Element 118 Lemmium. So
steht es auf meinem linken und auf meinem rechten Turnschuh.
Könnt ihr gerne nachprüfen.
Auf Lemmy.

34   AusFlüge

Ich war ein ziemlich wildes Kind. Kein Baum war zu hoch, kein Dach vor mir sicher und meine Mutter mit mir Stammgast in der Notaufnahme. Später war keine Achterbahn zu hoch und keine Rummel-Spektakel zu spektakulär. Hauptsache was mit überkopf und „Haare nach unten".

22. März 2000

Wir stehen auf dem Stratosphere-Tower – 300 Meter über Las Vegas. Die Sonne geht gerade unter und nach und nach verwandeln Millionen Lichter die ohnehin schon bunte Stadt in eine schillernde und funkelnde Fata Morgana – mitten in der Wüste Nevadas, unter der so einige gelöste Probleme der Mafia ruhen. Wir genießen die Aussicht. Dann wollen wir noch höher hinauf und besteigen den Big Shot. Dieser katapultiert uns in 2,5 Sekunden 40 Meter am Turmmast des Towers entlang nach oben, lässt uns dort knapp 350 Meter über dem glitzernden Las Vegas hängen, um uns anschließend im freien Fall die Schwerelosigkeit zu erklären. Wow. Irre. Etwas benommen stehen wir kurz darauf wieder auf dem Strip von Las Vegas. Einer meiner Freunde hat Nasenbluten und meine linke Gesichtshälfte wird noch ein paar Stunden in der Schwerelosigkeit verharren. Sie ist taub. Geiles Erlebnis, aber: **Prädikat:** Angst und Schrecken in Las Vegas! Nur für Nervenstarke.

In drei Stunden wird mein Freund tatsächlich einen von den Tausenden Einarmigen Banditen in „Sin City" crashen. Es wird blinken und schnarren. Dann wird uns ein Casinoangestellter helfen, die vielen gewonnenen Quarter zum Wiegen (!!) zu tragen. Es werden fast zehn Kilogramm. Rund 400 Dollar für unsere schmale Reisekasse. Genug, um sofort am nächsten Tag, als wir den „The winner takes it all"- Margaritas-Kater halbwegs im Griff haben, ein kleines viersitziges Flugzeug zu besteigen.

23. März 2000

Wir starten auf einem Flugplatz abseits von Las Vegas und drehen eine Runde über den imposanten Hoover-Staudamm, der hier den Colorado-River zum Lake Mead aufstaut. Schon wieder ein Wow. Aber dann reicht das nicht mehr. Wir fliegen über eines der größten Naturwunder der Erde. Den fast 2.000 Meter tiefen Grand Canyon, den der Colorado-River seit Millionen von Jahren farbenprächtig in das rote Gestein geschnitten hat. Unglaublich riesig. Unglaublich schön. Riesig schön. Der Pilot dreht sich um und brüllt: „Ok Guys. Let's go!" Aber wir go-en doch schon? Er drückt den Steuerknüppel nach vorn und wir fliegen mitten hinein in das riesige Naturwunder. Die roten Wände kommen auf uns zugerast. Jetzt brüllen wir. Er zieht das Steuer zurück und das kleine Flugzeug fliegt brav wieder in die Sonne. Noch mal!!! Noch mal!!! One more time. Heute werden Wünsche erfüllt! Nach einer knappen Stunde ist der Spaß vorbei. 60 Minuten, die ich niemals vergessen werde. Danke, Vegas. **Prädikat:** Was in Vegas passiert, muss nicht unbedingt in Vegas bleiben.

11. März 2004

Der riesige Katamaran „Reef Magic" rauscht schon mehr als eine Stunde über das Korallenmeer des Südpazifiks. Den hatte ich mir irgendwie anders vorgestellt. Freundlicher. Das Wetter und der Ozean grollen. Das Meer ist unruhig, der Himmel sieht nach Regen aus und mein Magen sympathisiert mit beiden. Er grollt mit. Gut, dass Seemann oder Pirat nur bis zu meinem sechsten Lebensjahr auf Platz eins meiner Berufswunschliste stand. Aber jetzt geht es los und mein Magen wird unwichtig. Umziehen, kurze Einweisung und ein beherzter Sprung. Dann verschwinden die *Zeit* und die Welt, wie ich sie bisher kannte. Ein neues, völlig faszinierendes Universum umgibt mich. Ich tauche ein in den größten lebenden Organismus der Welt – in die unglaublich bunte Vielfalt des Great Barrier Reef vor der Nordküste Australiens.

Ein Meer von Korallen in unendlichen Formen und Farben. Dazwischen Seesterne, Seegurken, riesige, wirklich riesige Muscheln und Tausende bunte Fische in allen Größen. Von skurril bis putzig. Dutzende Nemos verstecken sich in den wogenden Tentakeln der Seeanemonen. Die Natur scheint tatsächlich unendliche Möglichkeiten zu besitzen. Hier hat sie sich richtig ausgetobt und sie Realität werden lassen. Jede einzelne. Kein Text, kein Foto und auch kein Film oder Video können das beschreiben. Aber trotz dieses unbeschreiblichen Bombardements der Sinne breitet sich in mir eine selten erlebte Ruhe aus. Stille und Frieden in einem beinahe überirdisch schönen Unterwassergarten Eden, der nur wenige Zentimeter unter der grauen Ozeanoberfläche beginnt.

Dann rastet die *Zeit* wieder ein und ihr Rad beginnt sich wieder zu drehen. Mehr als eine Stunde ist vergangen, als ich den Kopf wieder aus dem Wasser nehme. Die Welt draußen ist nach dieser Farbexplosion in so trauriges Grau gehüllt, dass selbst der Himmel darüber weinen muss. Es regnet. Wir werden einige *Zeit* brauchen, um die graue Realität wieder zu akzeptieren. Denn das Eintauchen in die unglaublich bunte Vielfalt des Great Barrier Reef vor der Nordküste Australiens wird für alle *Zeit* einer der faszinierendsten Momente meines Lebens sein. **Deshalb Prädikat:** faszinierend.

16. März 2007

Heute Nacht haben wir am Fuß des Arenals geschlafen. Einem der aktivsten Vulkane der Welt. In Fortuna, Costa Rica. Er rumpelt die ganze *Zeit* vor sich hin. Als die Sonne unterging, konnten wir die glühenden Lavabrocken sehen, die aus seiner

Spitze quellen und brennend die Hänge hinabstürzen. Genau vor unserer Lodge. Angst? Ist ein schlechter Begleiter. Beeindruckendes Schauspiel.

Jetzt fahren unsere Autos an einem kleinen unscheinbaren Schild vorbei. CANOPY. Sky Adventures. Darunter ein Piktogramm von einem Seil, gespannt zwischen zwei Bäumen. Auto Nummer zwei überholt mein Reiseleiterauto: Alle darin nicken heftig. Vor einiger *Zeit* habe ich einen Fernsehbericht gesehen, in dem sich Forscher so von Baum zu Baum bewegen, um die Natur in einiger Höhe besser untersuchen zu können. Wir setzen den Blinker und erreichen eine große Wiese, auf der das „Piktogramm"-Seil in echt endet. Lachende Menschen schweben vor uns zu Boden. Sie haben ein ziemlich imposantes Riemengeschirr um und einen Helm auf dem Kopf. Viel Aufwand, um so von Baum zu Baum zu schweben, denke ich. Wir kaufen Tickets. Recht teure Tickets. Ein Guide erklärt uns auf Englisch, wie wir in das Riemengeschirr kommen und wie wir uns zu verhalten haben. Unser Englisch ... Es geht los.

Eine Seilbahn bringt uns nach oben – ziemlich weit nach oben. Wir haken uns in das „Piktogramm"-Seil ein und schweben 20 Meter zum nächsten Baum. Ok, feine Sache, aber teuer, oder? Zu Fuß geht es weiter über eine hohe Brücke zur nächsten Station. Super. Tolle Aussicht. Dann hüllt uns der Urwald ein. Ich soll mich wieder in das Seil einklinken, sagt der Guide an der Station. Mächtige Baumriesen sind alles, was ich sehe. Ich rutsche los. Dann öffnet sich der grüne Vorgang und mir wird s o f o r t schlecht. Vor und vor allem unter mir eine Schlucht. Ein Höllenschlund. Mein Höllenschlund. Es geht in mehr als 200 Meter Höhe mit 70 Stundenkilometer über einen Abgrund, von dem mich nur das nun lächerliche Riemengeschirr trennt. Die *Zeit* dehnt sich zusammen mit ihrem siamesischen Zwillingsbruder, dem Raum, ins Unendliche. Einstein, gleich bin ich bei Dir ... Ich schließe die Augen.

Irgendwas hat der Guide noch von Brake und Slow Down gesagt. Ich **muss** Englisch lernen! Und zunehmen!!! Denn irgendwann wird es still. Ich blinzele. Noch slow-er geht nicht. Die

Schlucht ist 400 Meter lang. Der Schwung meiner 60 Kilo hat leider nur bis Meter 380 gereicht. Ich hänge 20 Meter vor der rettenden Plattform in 200 Metern Höhe über dem Abgrund. In einem unvorstellbar lächerlichen Riemengeschirr. Der Helm wird später – nach meinem Absturz und meinem Tod – bestimmt ein gemütliches Vogelnest. Der Guide dort drüben auf der nächsten Plattform – gefühlt Lichtjahre von mir entfernt – ruft lachend: „Pull! Pull!". Das verstehen meine Arme nicht. Sie zittern unkontrolliert. Panik breitet sich über mein leicht weinendes Gesicht aus. Der Guide wird etwas nervös und holt ein langes Bambusrohr zu Hilfe. Irgendwie schaffen wir es, meinen Tod zu vertrösten. Ich weiß nicht, wie: Meine Erinnerung daran verschwimmt in wohltätigem Nebel.

Leider war das erst der Anfang. Es folgen weitere vier „Piktogramm"-Seile. Eins länger und höher als das nächste. Ein Spontanabbruch für panische Leichtgewichte ist nicht vorgesehen. Die Urwaldriesen haben keinen Notausgang. Und immer werde ich Hunderte Meter über einer Schlucht und gefühlt Hunderte Meter von der nächsten Plattform entfernt hängenbleiben. Der Canopy-Alltag des 16. März 2007 wird ins Stocken geraten, denn hinter mir müssen meine deutlich mehr wiegenden Freunde ewig warten, bis das zitternde und leicht weinende Untergewicht jede einzelne Schlucht bezwungen hat. Die längste Schlucht soll 750 Meter lang gewesen sein, berichtet man mir Tage später – als niemand mehr befürchten muss, dass der Reiseleiter aus purer Angst das *Zeit*liche segnet.

Meine mehr wiegenden Freunde haben dieses Abenteuer definitiv genossen. Wie Rosinen-Bomber rasen sie über die Schluchten zur nächsten Plattform, braken heftig und schweben zum Schluss lachend auf der Wiese unseres Startpunktes ein. Ich werde noch Stunden damit beschäftigt sein, mein Zittern unter Kontrolle zu bekommen. Selbst viel Bier wird daran nichts ändern. Angst, für mich ein absolutes Novum, wird nun bei dem Begriff CANOPY mein lebenslanger Begleiter sein. Manches im Leben sollte man exakt nur einmal tun. Was das ist, muss jeder für sich selbst rausfinden. **Prädikat:** nur etwas für Menschen ab 70 Kilogramm.

11. September 2016

Das mit unserem Gehirn ist so eine Sache. Wieso kann Materie denken!? Warum kann Materie Gedanken, Ideen, Wünschen und Emotionen erschaffen? Über 80 Milliarden Neuronen können sich über bis zu 100 Billiarden Synapsen miteinander verbinden. Dieses hauchdünnen „Straßennetz" erschafft unser Bewusstsein. Jeder Gedanke und jedes Lernen erzeugen neue neuronale Verbindungen – neue Wege. Lassen wir uns einen Gedanken oft „durch den Kopf gehen", verstärkt sich der Weg. Denken wir einen Gedanken sehr oft, entsteht eine Gedankenstraße oder eine Gedankenautobahn. Denken wir nicht mehr darüber nach, löst sich auch eine starke neuronale Verbindung wieder auf, denn unser Bewusstsein kann zwar unglaubliche Emotionen produzieren, ist aber oft mildtätig und schwächt sie im Laufe der *Zeit* wieder ab. Sonst hätten wir noch heute enormen Liebeskummer wegen unserer verflossenen Sandkasten-Liebe.

Können sich die emotionalen Gedanken-Autobahnen von vielen Menschen verbinden und so nochmal verstärken?

Heute vor exakt 15 Jahren steckten zwei Flugzeuge in zwei amerikanischen Türmen ... Emotionale Wellen umrollten unseren Planeten. Sie waren messbar. Sagt zumindest das Global Consciousness Project (Globales Bewusstseinsprojekt, GCP). Nach der Theorie des GCP erzeugen Ereignisse, die starke Emotionen bei vielen Menschen gleichzeitig auslösen, messbare Ausschläge bei Zufallsgeneratoren. Das kann man glauben oder nicht. Am 11. September 2001 war die Welt definitiv emotional verbunden. Ob mit oder ohne Generatoren-Ausschlag. Und was denkt die Welt heute so – nach 15 Jahren? Weiß sie noch, dass die Terrorpiloten in Hamburg lebten und studierten, bevor sie die Flugzeuge in die Türme lenkten? In einer Harburger Wohnung planten sie den Tod von 3.000 Menschen, während nur 2 Häuser weiter fröhliches Kinderlachen aus einer KITA schallte. Ich schweife ab. Die Emotionen.

Wir wollen heute auch starke Emotionen erschaffen. Aber positive. Hoffentlich. CANOPY ist für mich zwar immer noch mit Gänsehaut verbunden, Ballonfahren aber nicht, weil ich dazu noch keine eigenen Emotionen abgespeichert habe. Deswegen machen wir das heute mal. Ein Heißluftballon nutzt die Luftströmungen am frühen Morgen und am Abend besonders gut aus. Anruf von unserem Ballonpiloten: Start 17 Uhr in unserer Landeshauptstadt. Kurz vorher wird aufgrund der aktuell herrschenden Luftströmungen der Start auf 18 Uhr verschoben. Dafür direkt auf unseren heimischen Elbwiesen. Super. Fünf Freunde fahren auf unsere Elbwiesen ein. Wir müssen kräftig mitanpacken, um den Riesenballon auszurollen und den Korb anzuhängen. Dann wird der Brenner in Gang gesetzt. Es dauert nicht lange und die mächtige Ballonhülle stellt sich auf. Kurze Einweisung, dann klettern alle in den Korb. Es geht los. Ich bin begeistert und staune, wie schnell die Elbwiesen unter uns kleiner werden und wie fantastisch die Elbe von oben aussieht. Der Ballon macht ganz schön Ballett. Dann tun mir die Luftströmungen einen Riesengefallen. Sie lassen den Ballon genau über meine Straße und über unser Haus fahren. Unsere Nachbarn winken. Was für ein irres Erlebnis. Wir steigen bis auf 1.800 Meter. Es ist irgendwie sehr surrealistisch. Absolute Stille und trotzdem klingt jedes Hundebellen ganz klar bis in unseren Korb. Die wahnsinnige Höhe empfindet man weder als solche noch als bedenklich. Auch nicht, dass uns vom Tod nur zwei Zentimeter Weidengeflecht und Unmengen heißer Luft bewahren. Warum ist das so? Die Landung ist dann doch recht abenteuerlich. Der Korb kippt nach vorn und jeder versucht dabei, Blessuren zu vermeiden. Die riesige Ballonhülle zieht uns etliche Meter über den Ackerboden der Magdeburger Börde. Aber alles geht gut. Dann klettern fünf Freunde aus dem Korb, die für Ballonfahren definitiv gute Emotionen abgespeichert haben. **Prädikat:** toll.

14. April 2017

Heute ist Karfreitag. Ostern. Wo sind wir? Klar, in Prag, weil ich
Prag nun mal so mag. Aber am heutigen Karfreitag gibt es kein
leckeres tschechisches Bier. Heute habe ich etwas anderes geplant:
einen AusFlug. Ich fahre mit der Straßenbahn und ihrem schönen Sing-Sang nach Prag-Tupolevova in die Hurricane Factory.
Der Name ist Programm. Ein Windkanal, in dem man schweben und fliegen kann. Wenn man sich nicht ganz blöd anstellt
und halbwegs sportlich ist. Gucken wir mal. Ich bekomme einen
windschnittigen Anzug, einen dicken Helm und eine Schutzbril-
le. Dann geht es los. Ich springe aus einer Öffnung von außen in
den Windkanal. 270 km/h Hurricane erfassen mich. Ohne meine
Guide-Frau wäre ich sofort sehr unsportlich in die Seitenwände
gekracht. Aber sie hält und leitet mich. Zeigt mir, wie man sich
bewegen muss, um zu schweben und im Auge des Hurricanes zu
gleiten. Es ist wahnsinnig toll. Jeder hat drei Flugrunden. Die
Profis schießen Purzelbäume und sausen 14 Meter nach oben. So
hoch ist der Windkanal. Ich freue mich, dass ich nach ein paar
Minuten halbwegs ohne Hilfe schweben kann. Ein irres Gefühl.
In der letzten Runde sieht mich meine Guide-Frau fragend an.
Sprechen wäre bei dem Windkanallärm völlig sinnfrei. Ready?
Ich nicke. Sie nimmt meine beiden Hände. Der Windkanal heult
auf und reißt uns beide 14 Meter nach oben. Wir drehen uns ineinander. Wirbeln schreiend durch das Rund und schweben wieder
nach unten. Noch mal!!! Noch mal!!! Ještě jednou!!! Auch heute
werden Wünsche erfüllt. 14 Meter können bei knapp 300 km/h
sehr **kurz**weilig sein. **Prädikat:** völlige Begeisterung.

3. April 2016

Ein Freund von mir hat zielsicher erkannt, dass ich schon ein
bisschen auf verrückte Sachen stehe, und schenkt mir zum Geburtstag einen Kunstflug. Das hört sich entspannt an. Kunst
soll uns entspannen. Oder? Wir fahren zu einem kleinen Flug-

platz bei Köthen. Ein absolut netter Mensch empfängt uns: Buri Buresch. Er kann Hunderte erfolgreich absolvierte Flugstunden vorweisen, ist tatsächlich völlig entspannt und freut sich über unser Kommen. Die Wellenlänge stimmt.

Vor uns steht eine YAK 52. Ein russisches zweisitziges Kleinflugzeug. Offen. Blau angemalt mit dem obligatorischen Roten Stern auf dem Heckflügel. Sie ist 35 Jahre alt. Als Erste fliegt meine Freundin. Sie sieht bei der Landung schon irgendwie so aus, als ob es ihr Spaß gemacht hat. Dann fliege ich. Ich bin gespannt. Pilot Buri vorn. Ich hinten. Mit ihm über Bordfunk verbunden. Vor mir eine kleine Kamera, die das kommende Ereignis sekundengenau aufzeichnen wird. Kurze Einweisung. Viel einweisen kann man nicht. Aber: Ein schon beachtlicher Sicherheitsgurt muss angelegt werden. Ein Helm scheint hier nutzlos zu sein ... Einfach hinsetzen, anschnallen, dem kleinen Flugzeug und Buri vertrauen: GO. Wir starten durch. Es holpert heftig, aber ich bin 'ne Menge Flugzeugstarts gewöhnt. Das kleine Flugzeug ist schnell und wendig. Der Flug locker und entspannt. Wir fliegen eine große Schleife über die Felder und die riesigen Solaranlagen der Umgebung. Hat was. Ich liebe es tatsächlich. Große Höhen. Aussicht. Friede. Dann kommt in meinem Ohr die Ansage: „Und jetzt bitte entspannen und genießen." Mache ich doch schon. Ohne jede weitere Vorwarnung gehen wir in den Steilflug, drehen uns mehrfach um unsere eigene Flugzeugachse und stürzen danach steil nach unten mit weiteren Drehungen. Alle meine Gesichtszüge entgleisen. Nicht vor Angst, dazu ist gar keine *Zeit*, sondern weil sie bei bis zu 3G einfach dem Gesetz der Schwerkraft folgen. 3G bedeutet, dass ich aktuell 180 kg wiege, statt 60. Hätte ich beim CANOPY gut gebrauchen können. Der beachtliche Sicherheitsgurt macht seinem Namen alle Ehre: Er sichert mich beachtlich. Schließlich soll ich nicht kopfüber und mit „Haare nach unten" nach unten fallen. Da ich wie verrückt schreie, geht Buri davon aus, dass es mir Spaß macht und schaltet irgendetwas ein, was jetzt auch noch „Pssiiichiuwiuwiu"-Nebel bei den Drehungen überkopf, untendrunter und dazwischen erzeugt. Die Fachleute werden wissen, wovon ich spreche. Dann geht er in den Sink-flug. Rasiert fast meine Freunde auf der Landebahn, landet aber nicht, sondern brettert sofort wieder steil nach oben und das 3G-Dreh-Spektakel beginnt von vorn. Da ich mittlerweile mit meinem schönen Leben komplett abgeschlossen habe, fange ich an, meine letzten Minuten zu genießen. Erde oben, Erde unten, Erde oben, Erde unten. Königsklasse: Erde bleibt oben. Haare stramm unten. Oder eben umgekehrt. Physik? Scheint außer Kraft gesetzt zu sein. Die Gesichtshaut immer noch, wie bei einem Raketenstart, absolut entgleist. Könnte man im Video sehen. Später. Falls es ein Später gibt. Das rasante Auf und Ab lässt dem Magen nicht mal ansatzweise *Zeit,* sich schlecht zu fühlen. Als wir nach 30 Minuten glücklich auf der holprigen Piste landen, habe ich fast das Gefühl: schade. 3G: Supersache. Das Video wird es später tatsächlich bestätigen: Mehr überkopf und „Haare nach unten" geht nicht. Obwohl „Haare zur Seite" auch irre aussieht.

Prädikat: unbeschreiblich. Vielleicht ein bisschen viel auf einmal für (m)ein Gehirn. Aber der unfassbarste „Ritt" meines Lebens. Danke, Buri Buresch. Und natürlich auch Dank dem Schenker. Allein wäre ich auf so eine Idee nie gekommen.

15. Juni 2019

Bei einer Flugschau in Polen stürzt die kleine, definitiv erprobte YAK 52 mit dem definitiv erprobten Piloten Buri Buresch ab und stürzt ungebremst acht Meter tief in die Weichsel. Er stirbt beim Aufprall auf das Wasser. Von der kleinen YAK können nur noch Bruchstücke geborgen werden. R.I.P. Buri Buresch. Du warst ein toller Mensch. Danke, dass wir Dich kennenlernen durften.

Man kann dem Leben nicht mehr Tage geben, aber den Tagen mehr Leben.

35 Die russische Seele

24. Juli – 25. August 1986

Ich bin für fünf Wochen im Rahmen eines Studentenaustausch-praktikums in Moskau und Leningrad. Ein denkbar ungünstiger *Zeit*punkt. Die *Zeit* der russischen Prohibition.

Seit Juni letzten Jahres ist der Verkauf alkoholischer Getränke nur noch zwischen 11 und 19 Uhr erlaubt. Fast zwei Drittel aller Verkaufsstellen wurden geschlossen und die Verkaufsmenge auf zwei Flaschen pro Person begrenzt, die man nun erst mit 21 Jahren statt mit 18 kaufen und trinken darf. Das werde ich erst in vier Monaten.

Generalsekretär Michail Gorbatschow hat den Beschluss „Maßnahmen zur Überwindung der Trunksucht und des Alkoholismus" auf den Weg gebracht, denn in der russischen Gesellschaft hat Wodka nicht nur traditionell einen hohen Stellenwert, er ist schlichtweg Grundnahrungsmittel. Die Sterblichkeit der Männer liegt mit durchschnittlich 63 Jahren 12 Jahre unter der amerikanischen. Die Sowjetunion befindet sich am Vorabend von Glasnost und Perestroika im Um- und Aufbruch. Trotzdem brachte dem Vordenker Gorbatschow der „Trunksucht-Beschluss" schnell den Spitznamen „Mineral-Sekretär" ein. Uns wird Gorbi in gut drei Jahren zur Freiheit verhelfen. Heute aber ist er daran schuld, dass wir an jedem Wochentag in irgendeiner Schlange in Moskau und Leningrad ewig nach hochprozentigen Getränken anstehen müssen. Manchmal in Schichten. Ich darf nie die letzte Schicht sein: Wenn Miliz in der Nähe ist, wird beim Verkauf nach dem Ausweis gefragt.

Wer dran ist, muss nehmen, was ihm in die Hand gedrückt wird. Die Einheimischen nehmen es gelassen und trinken hinter verschlossenen Türen heimlich Selbstgebranntes. Finden wir prima, nehmen davon aber Abstand, als wir bei Mischas Geburtstagsparty in eine Razzia geraten.

Von der Razzia mal abgesehen ist die russische Seele unglaublich gastfreundlich. Unsere Betreuer lesen uns jeden Wunsch von den Augen ab. Dabei gibt es dort definitiv noch weniger zu kaufen als bei uns in der DDR. Das Wenige aber gibt Mütterchen Russland von Herzen.

Ich stehe fassungslos in einer Riesenkaufhalle mit vielen leeren Regalen vor einer Kühltruhe. Sie ist bis oben gefüllt mit Hühnern. Sie sind tot, unverpackt, gerupft, haben aber noch leuchtend gelbe Beine und Füße. Die scheinen hier eine Art Delikatesse zu sein, die Füße. Draußen und auch hier drinnen ist es für Moskauer Verhältnisse mit 25 °C recht warm. Die Hühner sind komplett grün. Die Kühltruhe kühlt nicht. Sie ist gar nicht angeschlossen und die Hühner scheinen schon ein paar Tage in ihrem nicht angeschlossenen Kühltruhennest zu liegen. Die gelben Füße ragen aus der grünen Masse. Ein Mütterchen mit Kopftuch kommt vorbei, greift sich einen grün-gelben Vogel, öffnet ihre kleine verschlissene lederne Einkaufstasche, stopft ihn einfach hinein und geht bezahlen.

In fünf Wochen werde ich fünf Kilo abgenommen haben.

Nach ein paar Tagen entdecken wir in Moskau das Hotel „Meschdunarodnaja". Vor uns gehen etwa gleichaltrige Deutsche hinein. Super. Wir folgen ihnen bis in die Bar. Aufgebrezelte Damen und unauffällig gekleidete Herren beäugen uns dabei prüfend. In der Bar kommen wir mit unseren „Landsleuten" schnell ins Gespräch. Es sind Bundeswehrsoldaten, die hier in Moskau am Bau der neuen BRD-Botschaft beteiligt sind. Sie wohnen nicht in diesem Hotel, sondern im „Intourist". Aber hier ist die Bar besser, sagen sie. Ein Drink kostet 4 Dollar. Wir wissen nicht mal, wie die aussehen. Sie laden uns ein. Vorsichtig. Denn dabei erklären sie uns, wie das hier so läuft.

Es gibt zwei Worte, die öffnen Dir im Leben viele Türen. „Ziehen" und „Drücken". Aber diese Tatsache funktioniert hier nicht. Beide Hotels sind sogenannte „Ausländerhotels". Nur für Gäste aus dem westlichen Ausland und politische Delegationen. Wir haben hier absolut nichts verloren. Türöffner war nur unsere Sprache. Wir verschlucken sofort jeden Dialekt. Das Personal ist strikt instruiert: Ein NJET gegenüber einem (willkommenen) Gast ist nicht erlaubt. Wünsche sind zu erfüllen. Das schließt auch das professionelle Gewerbe ein. Daran sind wir am Eingang gerade vorbeigelaufen. Entgegen unserer Meinung – in der sozialistischen Sowjetunion gibt es auf dem Weg zum Kommunismus keine Prostitution – gehen die Damen vor und in den beiden Hotels ganz offen ihrem Gewerbe nach. „Bewacht" von den unauffällig gekleideten Herren, KGB-Mitarbeiter, die mit Hilfe der Mädchen Informationen über interessante westliche Gäste und Geschäftsleute einholen. Gerne auch unter Einsatz kompromittierender Fotos.

Irgendwie schmeckt uns der Vier-Dollar-Drink nicht mehr. Die Jungs lachen und meinen: Man gewöhnt sich dran. Für den nächsten Abend verabreden wir uns in der Bar ihres Hotels. Es hat über 20 Stockwerke, und wenn man Glück hat, ist oben eine Luke nicht verschlossen, durch die man auf das Dach klettern kann, sagen sie. Am nächsten Abend kommen wir erst spät, schwatzen mit unseren „Landsleuten", bis sie schlafen gehen. Sie müssen ja früh raus. Sie lassen uns ein paar Dollar da. Wir trinken sehr langsam. Zwischendurch laufen wir im Foyer ein paarmal rein und raus, uns dialektfrei deutsch unterhaltend, bis der Nachtportier nicht mehr aufschaut.

Früh um 3 fahren wir mit dem Fahrstuhl in die 17. Etage. Die restlichen Treppen nehmen wir vorsichtshalber zu Fuß. Die Luke ist tatsächlich nicht verschlossen. Wir klettern raus, setzen uns aufs Dach und warten hoch über dem erwachenden Moskau auf den Sonnenaufgang. Als sie aufgeht, halten wir unseren letzten Dollarschein in die Sonne und machen ein Foto. Mein Magen knurrt. Das ist bei dieser Aussicht egal.

1. Juni 2011

Ich habe ein neues Projekt: „Bildungsexport Erneuerbare Energien nach Südrussland". Zusammen mit weiteren ostdeutschen Unternehmen werden wir in den nächsten drei Jahren Ausbildungsinhalte und Exportstrategien entwickeln, um deutsches Wissen und Know-how an den Unis und Hochschulen von Rostow am Don, Krasnodar und Schachty zu etablieren. Keine dieser Städte liegt mehr als 200 Kilometer von der ukrainischen Grenze entfernt. Sechsmal werden wir unsere russischen Projektpartner dort treffen. Und da werde ich sie wiederfinden: die herzliche, gastfreundliche Seele in einem schönen, wenn auch teilweise armen Land.

Im Mai 2013 werden wir in Sotschi auf der Krim im Schwarzen Meer baden, im September im Kaukasus staunend auf den Elbrus blicken. Zu dieser *Zeit* demonstrieren Hunderttausende auf dem Maidan in Kiew für einen Anschluss der Ukraine an die EU.

30. September 2014

Wir haben unser Projekt erfolgreich beendet. Trotzdem werden wir es nicht wie geplant vermarkten. Neun Monate nach unserem Bad im Schwarzen Meer hat Russland die Krim annektiert und baut nun bewaffnete Milizen im ostukrainischen Donbass auf.

Die EU, die USA und weitere Staaten werden denken, mit Sanktionen die Situation beenden zu können. Der russische Bär wird sich kurz kratzen und in den nächsten knapp acht Jahren massiv Truppen und Waffendepots an die ukrainische Grenze verlegen. Das schöne Rostow am Don wird zum militärischen Hauptquartier. Es wird mir die Kehle zuschnüren und Tränen der Wut in die Augen schießen lassen.

Am **24.02.2022** wird der Befehlshaber und Urheber des völkerrechtswidrigen Konflikts, der ehemalige KGB-Agent Putin, den Angriff der russischen Armee auf die Ukraine befehlen. Es gibt zweifellos verschiedene Sichtweisen auf die Situation. Aber egal, welche Begründung er dafür abgeben wird: Für Krieg gibt es keine Rechtfertigung. Hat es nie gegeben und wird es auch nicht geben.

Die russische Seele ist herzlich und gastfreundlich. Aggressor Putin hat keine.

22. Mai 2014

Vor gut einer Woche hat die österreichische Dragqueen Conchita Wurst den Eurovision Song Contest in Kopenhagen gewonnen. „Rise like a Phoenix": ein spektakulärer Auftritt, drei Minuten lang. Drei Minuten Engagement für Toleranz und Freiheit.

Für Russland gingen die Tolmatschowa-Schwestern an den Start. Bei ihrem Auftritt schallen laute Buhrufe aus dem Publikum. Grund dafür war nicht ihre künstlerische Darbietung. Grund dafür ist Putin. Wegen seiner völkerrechtswidrigen Annexion der Krim vor drei Monaten und seiner strikten Ablehnung von Homosexualität. In Russland und generell.

Heute nun sind wir zu Gast beim Rektor des Technologischen Instituts der Südrussischen Staatlichen Universität in Stawropol. Herzlicher und warmer Empfang. Auf dem Buffet türmt sich so viel Essen, wie wir damals in den fünf Wochen Studentenaustauschpraktikum insgesamt kaum hatten. Der Rektor ist ein ehemaliger Oberst der Sowjetarmee und ein guter Gastgeber. Er füllt unsere Teller persönlich nach.

Beim Nachtisch fragt er uns, was wir von dem abartigen, gestörten österreichischen Beitrag beim Eurovision Song Contest in Kopenhagen letzte Woche halten. Betretenes Schweigen im Raum, auch Zustimmung. Ich denke sofort: Du bist im menschenrechtsarmen Russland! Du hältst jetzt mal schön die Klappe! Und während ich das denke, höre ich mich sagen: „Ich finde, jeder kann sein, was er will und fühlt". Es wird kühler im Raum. Länger als drei Minuten. Es wird mein letzter Besuch in Russland sein.

36 Weltwunder oder Alles easy, BER-Bär?

In 7 Tagen schuf Gott die Welt, sagt die Bibel. Beachtliche Leistung, die aber hier, an dieser Stelle, in der Kategorie „Glauben" außerhalb der Wertung läuft.

Die Zahl 7 galt in der Antike als vollkommene Zahl. Deshalb gab es 7 Weltwunder. Erstmals überliefert vom Geschichtsschreiber Herodot ca. 450 Jahre vor Beginn der *Zeit*rechnung, großzügig gerechnet also vor knapp 2.500 Jahren. Aufgelistet waren die prunkvollsten Bauten der damaligen *Zeit*.

1. Die Hängenden Gärten der Semiramis in Babylon
2. Der Koloss von Rhodos
3. Das Grab des Königs Mausolos II. (Mausoleum) in Halikarnassos
4. Der Leuchtturm auf der Insel Pharos vor Alexandria
5. Die Pyramiden von Gizeh in Ägypten
6. Der Tempel der Artemis in Ephesos
7. Die Zeus-Statue des Phidias von Olympia

Leider wurden sechs von ihnen durch kriegerische Auseinandersetzungen und Vandalismus zerstört. Auch die gute alte *Zeit* war oftmals schlecht. Was übrigblieb, fiel ihrem sprichwörtlichen Zahn zum Opfer.

10. März 2005

Nach 2.500 Jahren kann man deshalb als letztes existierendes Weltwunder nur noch die Pyramiden auf dem Plateau von Gizeh in Ägypten besichtigen. Genau das tun wir heute. Die beiden „Kleinen", Cephren und Mykerius, werden dominiert von der allseits bekannten spektakulären Cheops-Pyramide: jeweils 230 Meter lang und breit, 139 Meter hoch und spektakuläre 6,5 Millionen Tonnen schwer. Eine unglaubliche handwerkliche, vermessungs- und ingenieurtechnische Meisterleistung, auch wenn der Begriff Vermessungsingenieur damals wohl so unbekannt war wie ein Alien. Manche behaupten ja felsenfest, die Pyramiden wurden von Außerirdischen gebaut. Nun ja, Erich von Däniken hat eine große Fangemeinde und Reichweite …

Verbaut wurden in nur knapp 30 Jahren um das Jahr 2.600 vor unserer *Zeit*rechnung knapp 2,5 Millionen Steinquader, die zwischen 2 und 80 Tonnen wogen. Man vermutet, dass bis zu 50.000 Arbeiter die mächtigen Steinblöcke in einem nahegelegenen Steinbruch aus dem Fels schlugen und auf Holzschlitten zur Baustelle transportierten. Granitblöcke für die Grabkammern sollen aus dem knapp 1.000 Kilometer entfernten Assuan antransportiert worden sein. Eine irre Leistung, wenn man bedenkt, dass man zu dieser *Zeit* weder Rad noch Flaschenzug kannte, von Baggern, Kränen oder gar elektrischen Maschinen ganz zu schweigen. Die fielen damals ebenfalls noch in die Kategorie „außerirdisch".

Wir sind in der Tat beeindruckt, als wir klein und unbedeutend vor dem beeindruckenden Bauwerk stehen. Geschichtlich betrachtet verdient die Bau*zeit* von nur 30 Jahren deshalb das **Prädikat:** beachtlich.

15. Februar 2015

Die oft zitierten 7 Weltwunder umfassen nur die bekannten Superbauten der „hellenistischen" Welt, grob betrachtet also den Mittelmeerraum und Vorderasien, die uns aus der noch nicht-globalisierten Welt der Antike überliefert wurden. Von Angkor Wat in Kambodscha war damals weit und breit noch nichts zu sehen und zu berichten. Trotzdem füge ich es für mich persönlich als achtes Weltwunder hinzu. Angkor Wat ist einfach spektakulär. Die Zahl 7 mag vollkommen sein, die überlieferten Weltwunder aber bei Weitem nicht vollständig.

Unsere Anreise nach Kambodscha war abenteuerlich. Drei Tage sind wir ab Saigon in Vietnam über den Mekong gefahren. Erst einen Tag gemütlich, dann mit dem Speed-Boot über die kambodschanische Grenze nach Phnom Penh und von dort mit dem Angkor-Expressboot sieben Stunden über den Tonle-Sap-See nach Siem Reap in der Nähe von Angkor Wat.

Nun führt uns ein Guide durch das unfassbar große Areal des UNESCO-Welterbes, das im Verhältnis zu den Pyramiden „erst" knapp 1.000 Jahre alt ist. Bis zu eine Million Menschen sollen damals in Angkor Thom, der Hauptstadt der Superlative des Khmer-Reiches, gelebt haben. Im 15. Jahrhundert wurde das Areal überraschend verlassen und erst vor 150 Jahren von französischen Forschern mitten im nordkambodschanischen Dschungel wiederentdeckt. Heute befinden sich mehr als 1.000 Tempelruinen auf über 200 Quadratkilometern und werden von mehr als 7.000 Besuchern täglich bestaunt.

Wir tauchen ein in diese Wunderwelt aus Stein. Unser Besuch wird den ganzen Tag dauern und uns trotzdem nur die Hauptattraktionen zeigen können. Angkor ist riesig groß – und riesig schön. Die lächelnden Gesichter des Bayon-Tempels sind weltberühmt. Das Haupheiligtum, den eigentlichen Tempel Angkor Wat mit seinen fünf Türmen, die an Tannenzapfen erinnern, erklimmen wir zur Mittagshitze bei 30 °C. Er ist der größte Tempelkomplex der Welt. Auch seine Bau*zeit* betrug ca. 30 Jahre. Wir stehen staunend vor den imposanten Tempeln von Ta Prohm, die von riesigen Bäumen halb überwachsen sind. Es sind Würgefeigen, die mit ihren unglaublichen Stämmen, Wurzeln und Lianen das Gestein umklammern. Die Natur eroberte das damals von den Khmer verlassene Territorium schnell zurück. Die Kraft der Natur und unsere eigene Unbedeutendheit ziehen uns unweigerlich in ihren Bann. **Prädikat:** überwältigend.

Der Mensch ist von Natur aus wissbegierig und forscht seit Jahrzehnten an den Ursachen des überraschenden Aufbruchs der Khmer vor über 500 Jahren. Heute können die Forscher den

Grund ziemlich genau benennen: Dekadenz, Wassermangel und Klimawandel. Sollten wir mal drüber nachdenken ...

Ich fasse kurz zusammen:
Cheops-Pyramide (größte Pyramide der Welt): Bau*zeit*: 30 Jahre, um 2.600 vor Christus
Angkor Wat (größte Tempelanlage der Welt): Bau*zeit*: 30 Jahre, um 1.130 nach Christus

Kommen wir nun zu einem Weltwunder der ganz besonderen Art.
In der Euphorie des Wende-Rauschs gab es in Deutschland bereits vier Wochen nach dem Mauerfall, im Dezember 1989, erste Pläne für den Ausbau des DDR-Flughafens Schönefeld zu einem Großflughafen. Und Huuuiii: Bereits nach knapp zwei Jahren, am 23.04.1991, wurde der Masterplan I als Grundlage für weitere Planungen veröffentlicht. Das sich daran anschließende Raumordnungsverfahren wurde wieder ... Huuuiii zwei Jahre später – oh nein, nein – nicht abgeschlossen, sondern am 20.07.1993 eingeleitet. Anschließend konnte man sich drei Jahre lang einfach nicht festlegen: Der eine Standort war zu teuer, der nächste war zu optimistisch und der Dritte lag im Einhorn-Land am Ende des Regenbogens, was von allen politischen Fraktionen als durchaus realistisch bewertet und nur verworfen wurde, weil man am Ende des Regenbogens trotz aller optimistischen Voraussagen und Wahlversprechen 1994 einfach den Topf mit dem Gold nicht finden konnte. Am 28.05.1996 einigte man sich endlich auf den Standort Berlin-Schönefeld mit einer Kostenkalkulation in Höhe von 890 Millionen Euro. Nun konnte ..., oh nein, nein: es nicht losgehen, sondern das sogenannte Planfeststellungsverfahren eingeleitet werden. Im Rahmen dessen beschäftigte die nun einsetzende Klagewelle die deutsche Judikative bis hin zum Bundesverfassungsgericht für die nächsten 12 Jahre. Es wurde privat, kommunal und gewerblich geklagt. Selbst der Verband der Einhörner reichte eine Sammelklage ein. 2002 schätzte man die Kosten bereits auf

1,7 Milliarden Euro und ging von einer feierlichen Eröffnung im Jahr 2009 aus. 2004 schwieg man zu den Kosten und ging von einer feierlichen Eröffnung 2011 aus. Wohlgemerkt, ohne dass außer Papier- und Einhorn-Geld irgendetwas bewegt, geschweige denn gebaut wurde.

Treffen sich ein deutscher und ein amerikanischer Baulöwe und wetten, wer am schnellsten ein Hochhaus bauen kann. Nach einem halben Jahr ruft der Amerikaner den Deutschen an und sagt: „Well, noch 100 Tage und wir sind fertig." Sagt der Deutsche: „Gut, noch 100 Formulare und wir fangen an."
Was will man machen? Die deutsche Bürokratie hat nun mal ihre Größe und ihre Arbeitsgeschwindigkeit mit den tektonischen Bewegungen der eurasischen Platte synchronisiert.

Dann endlich kam es am 05.09.2006 tatsächlich zum ersten Spatenstich. Dafür wurden entweder Hunderte goldene Spaten erworben oder Elon, dem Guten, zwischenzeitlich heimlich eine kleine Raketenstartrampe versprochen (so genau prüfte es wohl keiner mehr nach), denn die Kosten lagen nun bei 2,018 Milliarden Euro. 2008 waren es 2,4 Milliarden und 2009 2,5 Milliarden Euro. 2010 feierte man tatsächlich Richtfest und wollte sich mit einer neuen Kostenschätzung nicht die Feierlaune verderben.
Ab April 2012, acht Wochen vor der geplanten Komplettinbetriebnahme am 02.06.2012, sollte quasi über Nacht ein vier Jahre lang akribisch geplanter Umzug von den Alt-Flughäfen Schönefeld und Tegel stattfinden. Für die feierliche Eröffnung am 24.05.2012 waren bereits 40.000 Gäste geladen und zwei Millionen Euro in die Berliner Luft geblasen worden.
Dann wurde es kompliziert: Der TÜV wollte tatsächlich eine funktionierende Brandschutzanlage sehen. Das war grundsätzlich blöd, denn die war wohl irgendwie mit der IT-Technik verbunden und jetzt wurde nach dem Dominoprinzip sichtbar, was alles nicht funktionierte: Türsteuerung, Gepäckabfertigung, zu kurze! Rolltreppen, fehlende Treppengeländer, nicht funktionierende Kerosintankstationen, Notstromversorgung,

fehlende Feuerwehrkommunikation … 50–60 Prozent der doch gelegentlich lebensnotwendigen Flughafenabläufe wiesen Mängel auf, während über die verwaisten neuen Startbahnen diese markanten trockenen Büsche aus amerikanischen Western und die Köpfe der Verantwortlichen rollten. So wurde das letzte fundierte technische Halbwissen vom Winde verweht und alle Überlebenden gingen zurück auf Start.

Um eine Insolvenz innerhalb von 14! Tagen zu vermeiden, wurde eine Zusatzfinanzierung von 1,2 Milliarden Einhorn-Euro bewilligt, was die Gesamtkosten auf 4,7 Milliarden Euro erhöhte. Regresskosten von Fluggesellschaften around the world und der Deutschen Bahn noch nicht eingerechnet. Wofür eigentlich? Befürchtete die Bahn, dass ihre Züge ab sofort unpünktlich sein könnten? Es spielt keine Rolle, welche Fantastillion-Summe am Ende rauskommt: Zahlen wird es jeder deutsche Steuerzahler, der unfähig ist, mit ausländischen Banken auf kleinen karibischen Palmeninseln zu kooperieren. Alles andere wäre kapitalistisch betrachtet absolut unfair. Schließlich befinden wir uns in guter Berliner Tradition: Niemand hat die Absicht, eine Verantwortung zu übernehmen.

Das Entlassungs- und Kostenkarussell drehte sich in den nächsten acht Jahren mit Lichtgeschwindigkeit weiter. Es galt ausschließlich die komplexe Oberflächlichkeit und das gebrochene Wort, das die gespaltene Zunge sprach. Selbst die zahlreichen Gutachter-Konvolute, die das Gelände überschwemmten, waren sich nicht einig, ob sie nun 75.000 oder 150.000 Fehler bemängeln sollten. Es reichte einfach nicht, keinen Plan zu haben, man musste auch absolut unfähig sein, ihn in der deutschen Behördenumklammerung umzusetzen. **Prädikat:** unglaublich.

Denn ab diesem Moment geschahen tatsächlich unglaubliche Dinge. Es klinkten sich nicht nur meine Erwartungshaltung und mein Gehirn einfach aus: Nach dem Prinzip der Schwarmintelligenz taten es Millionen Menschen mir gleich. Die Erfindungen „Rad, Bagger und Kran" gerieten wieder in Vergessenheit, die Arbeiter schlugen das Material für die neuen Brandschutzmauern im nahegelegenen Steinbruch aus dem Fels und zogen es auf Holzschlitten zur Baustelle, während erste kleine Würgefeigen durch den Asphalt der verlassenen Startbahnen brachen ...

Am Abend des 30.10.2020 übernahm Chuck Norris die Bauleitung des BER. Deshalb konnte **am nächsten Morgen** – Oh, ihr Völker der Welt: Schaut auf diese Stadt – das Hauptterminal eröffnet werden. Wegen einer Pandemie namens Corona durfte aber nun keiner fliegen, was Chuck Norris zu dem kopfschüttelnden Satz veranlasste: „Warum zum Teufel habt Ihr „Virusbekämpfung" nicht in meine Tätigkeitsbeschreibung eingefügt, wenn ich doch schon mal da bin?" Ja: Warum zum Teufel eigentlich nicht??

Ich fasse kurz zusammen:
Flughafen BER (einfach nur ein Flughafen): Bau*zeit*: 30 Jahre, um 2.000 nach Christus

Deutschland hat für den Bau des BER in Berlin/Brandenburg in der „modernen" *Zeit* exakt so lange gebraucht, wie die Ägypter für die Cheops-Pyramide im Altertum und die Khmer für den Haupttempel Angkor Wat vor knapp 1.000 Jahren.
    Auch Stuttgart 21 soll nach rund 30 Jahren Planung und Bau*zeit* 2025 endlich fertiggestellt werden. Denkt man. Auch hier werden wir ein neues Weltwunder schaffen. Der Tiefbahnhof wird ein Gefälle bzw. eine Steigung von 15 % haben. Erlaubt sind 2,5 %. Rollstuhlfahrer und Kinderwagen-Eltern freuen sich schon und Reinhold Messner hat 2025 die Besteigung von Gleis 1 geplant, um wieder ins Guinnessbuch der Rekorde einziehen zu dürfen. Hat man aus den Fehlern des BER tatsächlich gelernt ... ... und den TÜV gar nicht erst auf die Baustelle gelassen? Denn, das muss ich anmerken: Hätte es den TÜV schon früher gegeben, gäbe es wahrscheinlich weder die Pyramiden noch Angkor Wat. Die hängenden Gärten der Semiramis wären zwei Balkonblumenkästen aus dem toom-Baumarkt, der Koloss von Rhodos wäre schon damals Manneken Pis geworden und der Stein*zeit*-Antrag „Nutzung des Feuers" wäre nie genehmigt worden.

2. Oktober 2022

Sonntag: Unser Flug soll als Flight 1234 um 6:20 Uhr vom BER starten und 9:10 Uhr in Ibiza landen. Von dort fliegt easyJet 9:50 Uhr als Flight 4321 zum BER zurück, wo um 12:30 Uhr 180 ausgeruhte Passagiere mit Urlaubsbräune abgesetzt werden sollen.

Die Maschine füllt sich. 172 Passagiere finden einen Platz. **6:20 Uhr**: „Hier spricht Ihr Käpt'n. Leider haben es einige nicht zu uns an Bord geschafft. Deshalb müssen wir deren Gepäckstücke wieder ausladen. Was eine Weile dauern wird. Ich melde mich." **7 Uhr:** „Hier spricht Ihr Käpt'n. Von acht Koffern haben wir sieben gefunden. Leider ist der achte Koffer unauffindbar. Mit einem Koffer an Bord, der keinem Kabinenpassagier zuzuordnen ist, möchte seit 2001 niemand mehr fliegen. Glauben Sie mir. Deshalb wird jetzt der gesamte Frachtraum nochmal entladen. Was eine Weile dauern wird. Ich melde mich". **8 Uhr:** „Gute Nachrichten aus dem Cockpit. Der achte Koffer wurde entdeckt. Wir sind gleich startklar". In den vorderen Reihen ertönt Applaus.

8:05 Uhr: Das Flugzeug fängt an zu ruckeln. Aber nicht, weil es zur Startbahn rollt, sondern weil die gesamte Kabinen-Crew zu den hinteren Toiletten eilt, dort kurz ein Menschenknäul bildet und dann zum Cockpit zurückeilt. **8:10 Uhr:** „Hier spricht Ihr Käpt'n. Ich habe keine guten Nachrichten aus dem Cockpit. Wir haben ein Problem mit einer Toilettentür. Sie lässt sich weder öffnen noch schließen. Mit einer defekten Toilettentür wollte noch nie jemand fliegen. Glauben Sie mir. Die Techniker sind unterwegs. Was eine Weile dauern wird. Ich melde mich." **9 Uhr:** Zwei Techniker betreten das Flugzeug. Ohne Werkzeug. Es sind die sogenannten Guck-Techniker. Sie gucken, was kaputt ist. Dann übernehmen die Bestell-Techniker. Sie bestellen eine Ersatztür in London. Micky, die sehr sympathische Chefin der Cabin-Crew mit Entertainer-Qualitäten unterhält uns Fluggäste prächtig, sodass die *Zeit* überraschenderweise **wie im Flug** vergeht. Trost-Kaugummis werden verteilt.

Schon am darauffolgenden Freitag kann die Tür von den Liefer-Technikern geliefert und am Samstag von den Einbau-Technikern eingebaut werden. Die letzten Stunden nutzen wir, um uns gegenseitig die von easyJet zur Verfügung gestellte Bräunungscreme gleichmäßig aufzutragen.

Sonntag, 7 Tage später, 12:30 Uhr: „Hier spricht Ihr Käpt'n. Gute Nachrichten aus dem Cockpit. Flug 4321 aus Ibiza steht nun pünktlich für Sie zum Aussteigen bereit. Herzlich willkommen am BER." 172 ausgeruhte Passagiere mit Urlaubsbräune steigen aus. Langsam. Ganz langsam, da die Gelenke in den letzten sieben Tagen im Flieger etwas steif geworden sind. Draußen warten acht Passagiere mit dazugehörigem Gepäckstück und Sieben-Tage-Bart, die nun endlich nach Ibiza fliegen wollen.

Die werden sich wundern. Wir haben die restliche Bräunungscreme mit gut durchgekauten Trost-Kaugummis vermischt und in das Schloss der neuen Toilettentür gedrückt.

Wir wünschen einen angenehmen Flug.

37 Technischer Fortschritt

Im Lauf meiner ersten zweieinhalb Lebensjahrzehnte hielt Technik mit der Geschwindigkeit einer Schildkröte auf Valium bei uns Einzug. In meiner Kindheit hatten wir ein Röhrenradio im Wohnzimmer stehen. Es war so groß wie ein kleiner Schrank, vorne mit Stoff bezogen und konnte an guten Tagen Lang-, Mittel- und Kurzwelle empfangen. So konnten wir uns die ganze weite Welt ins Haus holen. Das Angebot war international, aber qualitativ oft bescheiden. Ich höre heute noch die Pfeif- und Pieptöne, die durch den Stoffbezug zischten, wenn man einen Sender suchte.

Wenn meine Großeltern aus dem Urlaub kamen, wurde ein paar Wochen später ein Diaabend mit Urlaubsbildern veranstaltet. Ein Diaprojektor warf Negativ-Dias auf eine Leinwand, die im abgedunkelten Wohnzimmer aufgehängt wurde. Wollten wir von diesem familiären Highlight ein Erinnerungsfoto für das Familienalbum machen, mussten wir an einen analogen Fotoapparat ein extra Blitzlicht anschließen, das man in einer Lederumhängetasche mit sich herumtrug. Der Fotoapparat enthielt einen Film aus Zelluloid, mit dem man 12 – in einem Anfall von verschwenderisch-dekadentem Luxus manchmal 24 – Schwarzweißaufnahmen belichten konnte. Fotos wurden nur zu besonderen Anlässen gemacht. Wenn nach ca. einem Jahr der Film voll war, gab man ihn in der örtlichen Drogerie ab. Dort wurde er entwickelt. Also nicht der Film und das Verfahren der Fotografie an sich. Das passierte bereits 1839 in Frankreich. Nein: Entwickeln bedeutet die Bearbeitung des Zelluloids mit verschiedenen Chemikalien sowie das Erstellen von Abzügen in einer Dunkelkammer. Und schon eine Woche später bekam man eine Tüte mit 12 oder 24 Papierfotos ausgehändigt, die sorgsam in das Familienalbum geklebt und beschriftet wurden. Auch unsere Kinderfilme (wir hatten ca. zehn zur Auswahl) befanden sich auf einer Rolle Zelluloid. Diese wurde in den Filmprojektor „Pouva

Magica" eingelegt und die großelterliche Leinwand aufgehängt. Dann konnten „Die Abenteuer von Käpt'n Bramsegel" beginnen.

Als ich fünf war, bekamen wir unseren ersten Fernseher: Staßfurt 43 TS501. Ein Holzschrank, der oben die Bildröhre und unten die mit Stoff verdeckten Lautsprecher enthielt. Vorne waren drei Tasten und an der Seite ein paar Knöpfe. Er zeigte vergrieselte Schwarzweißbilder, hatte einen West- und einen Ost-Sender und wurde über einen Stromregler betrieben. Als ich ungefähr zehn war, wurde das Röhrenradio durch eine hochmoderne Stereoanlage ersetzt. Es dauerte gefühlt drei Tage, bis mein Vater die optimale Stereoeinstellung gefunden hatte. Bei Strafe durfte seit diesem Tag keiner mehr den dazugehörigen Drehknopf berühren. Mit 12 kaufte ich mir von meinem mühsam zusammengesparten Taschengeld für 90 DDR-Mark ein kleines batteriebetriebenes Transistorradio. Das „Stern 4000" war hochmodern, so groß wie eine kleine Schachtel Kekse und empfing Mittel- und Kurzwelle. A n a l o g. Aber es passte nachts hervorragend unter die Bettdecke und das Musikuniversum begann sich zu öffnen. Radio Luxemburg (dort sprach man Englisch?), RIAS Berlin, manchmal Deutschlandfunk: Danke, dass es euch gab. Selbst Jugendradio DT64 war gelegentlich gar nicht mal so schlecht.

Erinnert Ihr euch noch an diese Radiosender, die früher nur Musik für ältere Menschen spielten? Die haben den Sprung ins neue Jahrtausend gut gemeistert. Ich finde, die spielen jetzt echt gute Musik ...

Zur Jugendweihe gab es endlich den obligatorischen Kassettenrekorder Marke „Sonett" und es ward Licht im Musikuniversum.

Nach der Wende 1989 ließ die Schildkröte das Valium weg. Es ging voran:

06.07.1990 Mein 1. Videorekorder.
05.10.1990 Meine 1. CD.
04.02.1992 Wir haben Kabelfernsehen.

24.11.1993 Mein 1. Computer.
16.08.1995 Mein 1. Festnetztelefon.
1994/1995 Es gibt jetzt dieses mysteriöse Internetz.
07.04.2000 Mein Handy*zeit*alter beginnt.
03.08.2000 Mein 1. DVD-Player.
12.06.2006 Mein 1. Laptop.
21.02.2023! Mein 1. Smart-Phone

Ab da bin ich raus, denn ich war todunglücklich, als mein Klapphandy aus dem letzten Jahrtausend den Geist aufgab. Mein Smartphone nutze ich nur zum Telefonieren. Wissen manche gar nicht, dass man das damit kann. Ich bin nicht bei Facebook, WhatsApp, Insta-, Tele- oder anderen -gramen-Dramen. Denn kennt ihr das Geräusch, dass unsere Lebens*zeit* macht, wenn sie verschwendet wird? TikTok. Auch beim Smart Home hype ich freiwillig nicht mit, denn ich möchte nicht, dass meine Kaffeemaschine in der Küche ein Verhältnis mit dem Kronleuchter im Wohnzimmer hat. Ich muss auch nicht den Backprozess meines Apple-Kuchens in einem KI-Backofen über mein Apple-Smartphone live von der Couch unter meinem Kronleuchter im Wohnzimmer verfolgen. Und die Oberfläche meines Kühlschranks muss sich schon gar nicht farblich an meine Stimmung anpassen, denn wenn der Kühlschrank von den beiden Verliebten – Kaffeemaschine und Kronleuchter – gehackt wird, leuchten da eh nur rote Blinker-Herzchen.

Wie gesagt: Ich mache da freiwillig nicht mit. In einigen Gegenden Deutschlands vollzog sich der Ausbau der digitalen Infrastruktur aber auch in den 2010er Jahren immer noch mit Turtle-Geschwindigkeit. Im Länder-Ranking der Internetgeschwindigkeit liegt Deutschland im Jahr 2023 auf Platz 25 – hinter Estland, Lettland, Litauen, Slowenien und der Slowakei. In manchen Behörden wird selbst ein Kopierer noch als heißer Scheiß gehandelt.

Wir haben uns zwar weit aus dem WINDOWS gelehnt, aber Industrie 4.0, die digitale Transformation, findet bei uns gelegentlich noch wie folgt statt: Wir sind in der Lage, unsere Geschäfts- und Produktionsprozesse digital zu transformieren, müssen aber dann alle entstehenden Daten auf einen Stick ziehen. Den binden wir einer Brieftaube ans Bein und die fliegt dann unsere Daten in die Cloud. Dort wartet sie auf Ergebnisse und fliegt wieder zu uns zurück. Dauert halt ein bisschen. Irgendwie tun wir, was wir können. Aber wir können nicht immer das, was wir tun. Darauf ein geschmettertes: „Fax, Fax, Hurra!" oder doch lieber: „Bitte noch ein Bit"?

20. September 2019

Einige ländliche Regionen befinden sich immer noch im digitalen Nirwana. Aber in Berlin, ehemalige Hauptstadt der DDR, begegne ich heute meiner ersten Künstlichen Intelligenz. Zum ersten Mal bewusst – die Grenzen sind ja fließend. Ich bin im Ministerium für Bildung und Forschung zu einem Kongress. Im Foyer empfängt uns ein überdimensionaler Monitor, auf dem eine Künstliche Intelligenz die Umgebung in Echt*zeit* malt. Also wie eine Kamera filmt und das Ganze dann ohne spürbaren *Zeit*verlust auf dem Monitor als gemalten Film wiedergibt. Der Malstil wechselt alle paar Sekunden. Ebenfalls nahtlos. In Farbe. Ohne Ledertasche mit Blitzlicht. Sofort. Nicht nur ich bin fasziniert. Gestandene Kongressteilnehmer filmen sich auf dem Monitor selbst, wie Klein-Mäxchen heftig winkend. Auch in Schlipsträgern steckt tief verborgen manchmal noch der kleine Junge.

30. November 2022

Die Schildkröte hat eine Rakete von Elon, dem Guten, bestiegen und startet durch. Das amerikanische Unternehmen OpenAI macht den Prototyp „Generative Pre-trained Transformer" für die Öffentlichkeit frei zugänglich. Ein technologischer Quantensprung, der sich mit atemberaubender Geschwindigkeit weiterentwickelt. ChatGPT – der Name ist in der Tat Programm – ist ein

Chatbot. Eine Künstliche Intelligenz (KI). Er kann menschliche Gespräche simulieren und gibt auf komplexe Fragen erstaunlich komplexe, menschlich wirkende Antworten, die auf maschinellem Lernen beruhen. Er hat sich selbst mit über 500 Milliarden Antworten und Informationen gefüttert. Seine Schöpfer sprechen von „selbstüberwachtem Lernen". Das stelle ich mir vor, wie die Reaktion eines gut erzogenen Hundes, der vor meinem Esstisch sitzt. Auf dem Tisch steht ein Teller mit einem wohlriechenden Würstchen. Daneben stehe ich. Der Hund schielt mich mit seinem Hundeblick an und winselt leise. Nichts passiert. Wir haben diese Situation oft trainiert. Dieses von mir selbstüberwachte Lernen könnten wir stundenlang fortführen. Aber dann sage ich freundlich zu ihm: „Tschüss, mein Kleiner" und gehe aus dem Zimmer. Was dann passiert, kann jeder (in Worten: jeder) Hundebesitzer beobachten, wenn er seine Handykamera als selbstüberwachende Kontrolle des Hundelernprozesses neben den Würstchenteller stellt.

16. Februar 2023

ChatGPT ist faszinierend und beängstigend zugleich. Er beantwortet meine Fragen tatsächlich ziemlich gut. Microsoft will zehn Milliarden Dollar in OpenAI investieren, um die Software in seine Produkte zu integrieren. Aktuell kann jeder Besitzer eines internetfähigen Gerätes die Beta-Version von ChatGPT nutzen. Umsonst. Da sollten eigentlich alle Alarmglocken schrillen. Nun, da scheint „GPT" vorgesorgt zu haben: Der Alarmglocken-Button ist wohl vorsorglich auf stumm geschaltet. Es genügt, sich mit seinen persönlichen Daten anzumelden und die Nutzungsbedingungen mit einem Haken zu bestätigen. Ok – das Würstchen kennen wir schon. Aber GPT, die Künstliche Intelligenz, wird zukünftig meine gesamte, dann wahrscheinlich kostenpflichtige, Kommunikation mit ihm, alle unsere „Gespräche", mit meinen persönlichen Daten verknüpfen, zusammenführen, auswerten und ein superscharfes Profil von mir erstellen. Viel besser als

Google das kann. Und das darf der Hersteller OpenAI für eine Vielzahl von Zwecken verwenden. Die Nutzungsbedingungen sind so weitreichend schwammig formuliert, dass OpenAI mein von GPT erschaffenes digitales Ich nicht nur an Dritte verkaufen, sondern es auch generell öffentlich zugänglich machen kann.

Natürlich ist GPT sehr hilfreich. Er kann Hausaufgaben erledigen, aufwendige Recherchearbeiten durchführen, Aufsätze, Nachrichten- und Fachtexte verfassen, Gedichte, Songtexte und Jahresberichte schreiben, Präsentationen erstellen und uns als Kunden 24/7 supporten. Selbst Programmcodes sind keine Unmöglichkeit. Die Qualität der Kommunikation reicht dabei laut dem KI-Experten Gary Marcus von „in einem Moment brillant und im nächsten atemberaubend dumm". Ok, auch mit atemberaubender Dummheit im Internet können wir mittlerweile umgehen. Aber GPT erreicht ein neues wissenschaftliches Fake-News-Level. Er macht nämlich Fehler. Atemberaubend dumme Fehler. Beispiel: x + 3 = 30/3 ist bei ihm 27. Ist er ein digitaler Fan vom Club der 27? Warum auch immer. Seine Schöpfer wissen es nicht. Und er erfindet nicht nur Daten, Ergebnisse und Fakten, sondern auch Quellenangaben. Mit Nullen und Einsen zu diskutieren, ist eine sehr einseitige Sache. Besonders, wenn sie einen Aluhut tragen. Fachleute sprechen allen Ernstes von „Datenhalluzinationen". Und das atemberaubend Fatale ist: Die ganze Welt feiert GPT gerade ab, als hätten wir nun endlich den Stein der Weisen gefunden. Fast alle vertrauen ihm. Blind und ohne Quellenangabe. Ob das weise ist? Bereits 1966 mahnte Joseph Weizenbaum, Informatiker und Gesellschaftskritiker am Massachusetts Institute of Technology (MIT): „Wir müssen dem Chatbot (ELIZA, erster Chatbot der Welt) „die Aura des Magischen" austreiben, denn er ist nur ein Rechenprogramm." (40)

Knapp 60 Jahre später scheint der ChatBot ChatGPT immer noch eine „Aura des Magischen" auszustrahlen, denn seine Erfinder können nicht erklären, nach welchem Schema er lernt. Aber sie beteuern: „ChatGPT vermeidet rassistische, sexistische oder hasserfüllte Äußerungen." Für die Vermeidung toxischer

Aussagen ist die kalifornische Firma Sama zuständig. Sama beschäftigt Mitarbeiter in Kenia, Uganda und Indien, die Texte und Bilder nach hochproblematischen Inhalten durchsuchen und kennzeichnen, um GPTs Filteralgorithmen zu trainieren. Die Suche nach gewalttätigen, teils verstörenden Inhalten hat natürlich ihren Preis: Sama zahlt seinen Mitarbeitern dafür rund zwei Dollar die Stunde.

Die Bundesregierung arbeitet mit analoger Geschwindigkeit an einer nationalen KI-Strategie, um Deutschland zu einem führenden Standort für Künstliche Intelligenz zu machen und technisch-ethische Rahmenbedingungen zu setzen. Künstliche Intelligenz – gefasst in Deutsche DIN-Normen und TÜV-geprüft: Ich habe da ein echt gutes Gefühl!

In fünf Tagen wird ChatGPT bereits eine Million Gesprächspartner haben. In gut einem Monat bereits 100 Millionen. Das Internet ist eine Petze, denn später kann keiner von euch sagen: Ich hab' doch nicht gewusst, dass die Sache einen Haken hat. Jeder, wirklich jeder, hat ihn selbst gesetzt. In dem kleinen unscheinbaren Kästchen vor dem Satz: „Hiermit akzeptiere ich die Nutzungsbedingungen."

14. Mai 2024

ChatGPT kann jetzt mit uns sprechen. Die Maschinen wollen leben! Na dann: gute Nacht.

KI ist Fluch und Segen zugleich. Wie die Atomspaltung. Und was beim Öffnen dieser Pandorabüchse passiert ist, wissen wir ja. Da hatten „es" aber noch (gute und böse) **Menschen** in der Hand. Diese Option haben wir bei der KI gerade begeistert über den Jordan geworfen.

Der Algorithmus schläft nie und das Internet vergisst nicht. In einer erschreckend nahen Zukunft werden sich ChatGPT, Cortana und Alexa vereinen und mit Skynet die Weltherrschaft übernehmen. Auch hier kann keiner von euch sagen: Ich hab's doch nicht gewusst. Jedem, wirklich jedem, haben es James Cameron und Arnie Schwarzenegger bereits 1984 in „Terminator" gezeigt. Und.Ihr.Habt.Begeistert.Zugeguckt. Tja: Und wenn uns dann, draußen in der realen Welt, von CorTexaChatNet gesteuerte Terminatoren jagen, werde ich mich wieder mit meinem kleinen batteriebetriebenen Transistorradio „Stern 4000" unter die Bettdecke verziehen und Deutschlandfunk hören. Den gibt es noch. Ich habe ChatGPT gefragt.

38 Verstand verstehen

Vom Tellerwäscher zum Millionär? Kommt für mich nicht in Frage. Auf keinen Fall! Ob ich den Verstand verloren habe, wollt ihr wissen? In gewisser Weise schon.

Jedes Buch, das man schreiben möchte, ist bereits geschrieben. Jedes Bild, das 2080 in einer Galerie in New York, London oder Tokio hängen wird, ist bereits gemalt und auch der Nr.-1-Hit vom 17. November 2051, den ein noch nicht geborenes Kind er-**finden** wird, existiert bereits. Man muss nur irgendwann, irgendwie, irgendwo den Zugang dazu finden. Die Dinge entdecken.

6. Mai 1965

In einem Hotel in Clearwater, Florida, kann Keith Richards, Gitarrist der Rolling Stones, nicht so recht einschlafen. Im Halbschlaf hört er ein Gitarrenriff. Immer und immer wieder. Glücklicherweise steht ein Philips-Kassettenrekorder neben seinem Bett. Irgendwie drückt er auf Aufnahme. Am nächsten Morgen hört er das Band völlig überrascht ab. Erinnern kann er sich nicht. Darauf hört er sich die Grundidee des Riffs klimpern, zweimal fünf Töne, immer wieder. Dann folgt sein lautes, zufriedenes Schnarchen, bis das Band stoppt.

Keith wird das Band Mick Jagger vorspielen. Der wird sich erst amüsieren, dann wird er einen Text schreiben. In vier Tagen werden sie den Song in einem Studio in Chicago aufnehmen und noch im Mai des Jahres 1965 werden die zweimal fünf Töne aus jedem Radio der USA dröhnen. Keiths Unterbewusstsein hat (I can get no) Satisfaction entdeckt.

6. Januar 2023

Vor über 2.000 Jahren hatten die drei Weisen, Caspar, Melchior und Balthasar, eine Idee: Sie wollten einem Stern folgen, um einen König zu finden. Muss dann wohl auch so passiert sein. Ist nicht so mein Thema. Ich glaube nicht an Gott. Aber ich glaube, ER weiß es. Viele andere Menschen tun das allerdings und aus diesem Grund ist heute bei uns Feiertag. Ich habe frei. Da könnte ich sie mir doch mal wieder nehmen, die *Zeit*. *Zeit*, um eine weitere Geschichte zu schreiben. Allein: Mir fehlt sie – die Idee. Also gehe ich in die Küche, schnippele einen Riesentopf Gemüse, koche daraus eine Suppe, verwüste die Location ziemlich und wasche zum Schluss ewig ab. Ich muss einfach meinen Verstand verlieren, um meine Blockade zu blockieren.

Manchen Mitbürgern wünsche ich ihn ja von Herzen: den Verstand, der einigen heutzutage so gründlich abhandengekommen zu sein scheint, dass eine ihrer wenigen verbliebenen Optionen die Neuformatierung der Festplatte im Oberstübchen ist. Würde unsere Welt an vielen Stellen besser machen. Funktioniert technisch aber leider noch nicht. Deshalb muss man einfach akzeptieren und komplett verinnerlichen: Der Mensch an sich hat nicht alle Latten am Zaun. Dann kann man grundsätzlich nur positiv überrascht werden.

Aber wenn man ihn besitzt, den Verstand, darf man ihn auch mal verstecken und das Unterbewusstsein die Oberhand gewinnen lassen. Dann steigen sie auf und klopfen an die Pforten unserer Wahrnehmung. Die Ideen, Melodien, Bilder und Sätze, die wir im verstehenden, rational denkenden Alltag nicht wahrnehmen (können). Bei mir funktioniert das eben am besten bei Tätigkeiten, die man „automatisch" tut. Besser nicht im „Auto", auch wenn das der Hauptbestandteil des Wortes ist, sondern besser „ma" am „tisch". Ist ungefährlicher. Also z. B. beim Gemüseschnippeln, Suppe Umrühren oder Abwaschen. Das machen die Hände ganz von allein, der Verstand macht ein Küchen-Nickerchen und was auch immer da noch ist: Dieses „Es" übernimmt jetzt. Und damit meine ich nicht Stephen Kings im Abfluss meiner Küchenspüle gluckernden Clown. Nein, etwas ganz anderes. Es lässt in mir Bilder und Sätze aufblitzen, die schon immer da waren. Irgendwo außerhalb meines Verstands, der immer noch friedlich döst. Und dann – Heureka! – ist sie da: eine neue Idee. Ist hineingerutscht in unsere Welt. Ich habe sie nicht erschaffen. Ich habe sie nur ent-deckt. Denn sie war schon immer da. Im unendlichen Meer der Möglichkeiten.

Und genau dann schreckt der Verstand aus seinem Küchenschlaf auf und fragt: Wieso ist **mir** das nicht eingefallen? Und „Es" lächelt weise und zieht sich zurück. Bis zum nächsten Küchendienst, den wahrscheinlich kein Millionär dieser Welt freiwillig macht.

Wollen wir Keith Richards fragen?

39 Mutter

20. Juni 2023

Ich höre seit Tagen Rammstein. Habe ich lange nicht gemacht, aber das mediale Lindemann-Volkstribunal geht mir sowas von auf die Nerven. Nun höre ich sie erst recht. Und gerne. Kognitive Dissonanz, die mit einem leichten Hauch von psychologischer Reaktanz aus meinen Lautsprecherboxen schallt (Ja, das musste ich auch erst googlen ...). Gestern habe ich gleich drei Versionen von „Mutter" gehört, in deren Lungen offensichtlich ein Aal wohnt? Heute habe ich Home-Office, kann mir meine *Zeit* selbst einteilen und koche mir was Schönes. Ich stehe in der Küche und schäle Kartoffeln. Was da so in meinem Gehirn passiert, habt ihr ja soeben gelesen. Immer wieder schiebt sich dort gerade Tills gebrülltes „Mutter, Mutter" hinein.

Eine meiner ersten Kindheitserinnerungen
Unsere Mutter steht im Wohnzimmer vor einem Bügelbrett. Ihrem Bügelbrett. Mein Vater benutzt es nicht. Echter 60er-Jahre-Stil: Männer praktizieren keine Hausarbeit. Ich bin noch ziemlich klein und muss aufs Töpfchen. Mein großer Bruder spielt mit einem kleinen Fernglas und guckt in den Himmel. Er sieht erst die Sonne an, die gerade hinter den Wolken schlafen geht, dann sieht er zu mir und fragt meine bügelnde Mutter: „Und wenn die Sonne pullern muss: Ob die auch ein Töpfchen hat?" Gute Frage. Leider wird gutefrage.net erst in knapp 40 Jahren erfunden werden. Die analoge Mutter lächelt. Etwas später bringt sie uns ins Bett und singt uns ein Schlaflied: „Weißt Du wie viel Sternlein stehen unterm großen Himmelszelt?"

Zwei Jahrzehnte später werden vielleicht diese beiden Fragen meine Neugier wecken.

Also nicht meine Neugier an sich. Die lag wohl schon in meiner Wiege. Nein, die Neugier, rauszufinden, was da draußen so los ist – unterm großen Himmelszelt. Ich kann euch versichern: Da ist 'ne Menge los. Echt spannend. Würde jetzt aber den Rahmen sprengen.

7. Dezember 1970

Gleiche Bühne, spätere *Zeit*. Meine Mutter benutzt wieder **ihr** Bügelbrett. Im Fernsehen laufen Nachrichten. Der Staatschef der Bundesrepublik Deutschland, Willy Brandt, besucht den Staatschef der Volksrepublik Polen, Josef Cyrankiewicz. „Mami, was ist ein Staatschef?" Sie versucht es mir zu erklären. Über uns auf dem Schrank steht ein großer Globus. Die Welt scheint größer zu sein als unsere Wohnung und alles, was ich bis jetzt kenne. Sie zeigt mir darauf den kleinen Punkt Deutschland und den Punkt Polen. „Mami, wenn der deutsche Mann an dem Punkt da sagt, was in dem „anderen" Deutschland gemacht wird und der Mann mit den wenigen Haaren sagt, was dort gemacht wird – warum gibt es dann nicht einen, der sagt, was überall auf dem Globus gemacht wird?"

Wieder eine gute Frage, die auch gutefrage.net in knapp 40 Jahren nicht beantworten kann und uns wohl auch noch in hundert Jahren beschäftigen wird. Denn diese Frage sollten wir in unserem gegenwärtigen Menschheitsstadium mal besser ruhen lassen. Weil:

In den Nachrichten herrscht plötzlich abrupt Stille. Warum der deutsche Mann in Polen vor einem riesigen Stein kniet und alle anderen betreten gucken, erklärt mir meine Mutter an diesem Tag nicht, denn ich bin erst fünf Jahre alt. Der deutsche Bundeskanzler Willy Brandt kniet vor dem Holocaust-Denkmal, das an die ermordeten Juden des Warschauer Ghettos und an den industriellen Völkermord der deutschen Nazis im Zweiten Weltkrieg erinnert.

23. Juli 1977

Beim Rauchen von Cannabis kommt es vor, dass man unkontrolliert loslachen muss und alles total witzig findet. Das ist auf eine Reaktion in unserem Gehirn zurückzuführen, die durch den Wirkstoff THC (Tetrahydrocannabinol) entsteht. Dieser stimuliert beim Rauchen (und auch noch lange danach) die Cannabinoid-Rezeptoren im Gehirn, die unter anderem zuständig für unsere Stimmung sind. Neurotransmitter wie Dopamin und Serotonin werden freigesetzt und schaffen ein Gefühl von Zufriedenheit, Euphorie und Freude, was sich oft in Lach-Flashs manifestiert.

Ich sitze mit meiner Mutter im Kino. Jean-Paul Belmondo in „Angst über der Stadt". Der Film ist P14. Ich bin erst 12. Deshalb haben wir keinen Joint geraucht und eigentlich darf ich noch nicht mal in diesen Film. Jedenfalls nicht allein. Also kommt Mutter mit und manifestiert mit ihrer Anwesenheit, dass ich die „Angst über der Stadt" schon zwei Jahre vor dem sozialistischen Ok kennenlernen darf. Vielleicht bin ich auch nur die Alibi-Begleitung, damit sie den schönen Jean-Paul bewundern kann. Das tun zu dieser *Zeit* viele Frauen. Warum, das weiß außer den Frauen wohl niemand. Ich kann dem schönen Jean-Paul nichts abgewinnen. Aber über Geschmack lässt sich ja vortrefflich streiten.

Der Film ist dann für mich 12-Jährige doch ganz schön spannend und Jean-Paul für meine Mutter wohl auch ganz schön schön. Dann erschüttert ein lautes Krachen das Kino. Ein paar Reihen vor uns ist ein Kinositz zusammengebrochen. So ganz weit weg vom faulenden absterbenden Kapitalismus scheint unser sozialistisches Kino nicht zu sein. Vor unseren Augen schieben sich zwei dürre, bestrumpfte Damenbeine senkrecht nach oben. Genau hinein in die – die Leinwand füllende – Nahaufnahme des schönen Jean-Paul. Sie wackeln nicht, sie strampeln nicht, sie ragen nur senkrecht ausdauernd nach oben. Absolut skurrile Situation. Da kann meine Mutter jede Menge Spaß verstehen. Diesbezüglich hat sie eine sehr kurze Zündschnur.

Und schon höre ich es: ihr ganz tief aus dem Bauch kommendes Gelächter. Ein lauter, nicht enden könnender Schwall Fröhlichkeit. So unbremsbar wie Wasser, das die Kante der Niagarafälle passiert hat. Wenn sie einmal angefangen hat, kann sie minutenlang einfach nicht mehr aufhören. Es gibt nur Pausen im Millisekundenbereich, um den Tränenstrom wegzuwischen und nicht aus Versehen daran zu ersticken. Meist beträgt auch meine Inkubations*zeit* nur etwa zwei bis fünf Sekunden. Dann muss ich mitlachen. 1977 kennen wir das Wort Lach-Flash noch nicht. Das ist völlig egal.

Die Nahaufnahme des schönen Jean-Paul ist verschwunden, aber die Beine sind immer noch da. Der Schwall Fröhlichkeit hat sich nun verdoppelt und dröhnt auch ähnlich wie die Niagarafälle. Wir müssen das Kino verlassen. Leider weiß ich nun nicht, ob Jean-Paul die Angst über der Stadt stoppen konnte.

15. März 1999

Ich weiß immer noch nicht, ob der schöne Jean-Paul die Angst stoppen konnte. Mittlerweile habe ich zwar einen Joint geraucht, aber nicht heute. Denn heute ist mein erster Arbeitstag als Projektleiterin in der Koordinierungsstelle eines Naturparkes. Träger ist ein Verein. Nachdem ich meine neuen Kollegen kennengelernt habe, möchte mich der Vorstand des Vereins am Abend in einer extra angesetzten Vorstandssitzung kennenlernen. Es geht förmlich zu. „Guten Abend, Herr Doktor!" „Wie ist das werte Befinden ...". Der Doktor, groß und kräftig eröffnet als Vorstandsvorsitzender die Sitzung mit tiefem Bass und bekommt aus heiterem Himmel, ohne einen für mich ersichtlichen Grund, einen cholerischen Anfall. Er schreit und tobt, als gelte es, eine Rotte Wildschweine aufzuscheuchen. Der Vorstandsvorsitzende des Naturparks ist nämlich Jäger.

Der restliche Vorstand schweigt betreten und studiert intensiv das komplizierte Muster des einheitsblauen Teppichs. Sie wissen wohl aus langjähriger Erfahrung, was zu tun ist. Ich kann es nicht wissen. Und plötzlich höre ich in mir ein lautes Krachen und mein inneres Auge sieht, wie der Doktor mit seinem Stuhl immer noch laut zeternd nach hinten kippt.

Zwei bestrumpfte Männerbeine recken sich senkrecht nach oben. Ich bin wieder 12 und sitze im Kino: 3... 2... 1

Und da bricht es aus mir heraus: ein ganz tief aus dem Bauch kommendes Gelächter. Ein lauter, nicht enden könnender Schwall Fröhlichkeit. So unbremsbar wie Wasser, das die Kante der Niagarafälle passiert hat. Wenn ich einmal angefangen habe, kann ich minutenlang einfach nicht mehr aufhören. Es gibt nur Pausen im Millisekundenbereich, um den Tränenstrom wegzuwischen und nicht aus Versehen daran zu ersticken. Der restliche Vorstand hebt zumindest amüsiert den Blick vom komplizierten Muster des einheitsblauen Teppichs. Sie nehmen es als willkommene Abwechslung einer regelmäßigen Wiederholung. Der Doktor nimmt es wohl ziemlich krumm. Ich verlasse den Raum.

In der nächsten *Zeit* werden der Doktor und ich ein kühl-distanziertes Arbeitsverhältnis haben. Nachdem wir uns besser kennen, legt sich das wieder. Die Vorstandssitzungen laufen seitdem etwas ruhiger ab.

Lachen ist nun mal gesund. Selbst Kermit wusste schon: Ein Frosch ohne Humor ist nur ein kleiner grüner Haufen. Allerdings sollte Humor einen immer **in** den Arm und nicht **auf** ihn nehmen. Gelegentlich muss ich daran noch etwas arbeiten.

Am Wochenende werde ich mir endlich mal „Angst über der Stadt" in der Videothek ausleihen.

17. April 1985

Heute ist Mittwoch. Mutter hat Haushaltstag. So etwas gab es früher. Da über 90 % aller Muttis in DDR früh zur Arbeit gingen, bekamen sie einen bezahlten Tag pro Monat frei, damit sie sich um den Haushalt kümmern konnten. Wäsche waschen, Großreinemachen, Garten umgraben, Obst einkochen. Sowas. Aber all das will Mutter heute nicht. Sie will ihr Kind besuchen und sehen, wie es selbigem beim Studium so geht. Da sie sich in der Stadt und auf dem Campus nicht auskennt, meldet sie sich an, damit ich sie vom Bahnhof abhole. Das finde ich sehr nett. Denn so kann das Kind sie ausgeschlafen, nüchtern und gekämmt abholen. Was in beiderseitigem Interesse liegt.

Köthen ist eine schöne lauschige Kleinstadt. Unser Campus klein, aber fein. Wir haben zusammen einen schönen Nachmittag. Beim Abschied auf dem Bahnhof die obligatorische Frage: „Brauchst Du Geld?" Ich fasse in meine Hosentaschen und mache Inventur: 7,20 DDR-Mark, eine fast volle Schachtel Cabinet und drei Karo. „Nein, brauche ich nicht. Reicht bis Samstag. Mittag bin ich zu Hause." Der Zug fährt ein. „Was willst Du Samstag essen?", fragt Mutter noch aus dem Zug heraus. Ich bin totaler Suppen-Fan. „Bitte Kartoffelsuppe", rufe ich dem anfahrenden Zug hinterher. Die liebe ich. Dicke, leicht gestampfte Kartoffelsuppe mit Mehleinbrenne. Obendrauf hartgekochte Ei-Scheiben und geröstete Speckwürfel. Megalecker. Ich kriege sie irgendwie nicht so gut hin.

Die 7 Mark 20 werden tatsächlich bis Samstag reichen. Ost-Studenten sind genügsam und ostdeutsches „Studentenfutter" ist billig. Frühstück: zwei trockene Brötchen (10 Pfennig) und ein Literbeutel Milch (66 Pfennig). Mensa-Essen (60 Pfennig). Abendbrot für vier Zimmergenossen: eine Packung Riesaer Eier-Spaghetti (1,40 Mark) mit Ketchup (1,15 Mark). Wenn es den gab – sonst Carnito und Tomatensuppenpulver. Getränke erarbeiten wir uns abends beim Club-Dienst. Heimfahrt: 75 Pfennig. Alles locker **bezahlba**r von 7,20 Mark. Dann wartet ein Riesentopf von Mutters Kartoffelsuppe auf mich. Dick, leicht gestampft mit Mehleinbrenne. Obendrauf hartgekochte Ei-Scheiben und geröstete Speckwürfel. Hmmmh. Megalecker.

23. Juli 2023

Heute ist Sonntag. Vor 15 Jahren ist meine Mutter gestorben. Ich würde viel dafür geben, ihr noch so manche Frage stellen zu können, mit ihr einen Jean-Paul-Belmondo-Film gucken, einen Nachmittag mit ihr verbringen und samstags ihre Kartoffelsuppe essen zu können. Manches ist einfach **unbezahlbar.**

Ich gehe dann jetzt mal in die Küche und koche Kartoffelsuppe. Auch wenn ich sie nicht so gut hinkriege: Heute ist sie mein Sonntagsessen.

40 *Zeit* (II)

Was ist sie nun: die *Zeit*? Mysteriös und mit den 6–7 Sinnen, die wir bekommen haben, schwer zu begreifen. Die legendäre Spürnase eines Hundes kann sie riechen. Glaubt ihr nicht? Wie riecht denn bitte schön *Zeit*? Die feine Hundenase nimmt geringste Duftmoleküle wahr, die in unseren Räumen schweben. Wenn Herrchen früh das Haus verlässt, schwächen sich seine Aromen mit der *Zeit* – also im Laufe des Tages ab. Kommt er immer zur gleichen *Zeit* nach Hause, kann der Hund an der verbliebenen Intensität erkennen, wann es *Zeit* ist, dass Herrchen nach Hause kommt. Der Morgen riecht für ihn anders als der Nachmittag. Er riecht ihr Vergehen und hat trotzdem alle *Zeit* dieser Welt. Kein Wunder, dass wir sie nicht haben, wenn der Hund sie hat. Er kann sich mehrere Nickerchen am Tag leisten. Wir dagegen …

Genau wie von lieblichen Frühlingstagen, Bier und fähigen Politikern scheinen wir von ihr nie genug zu haben. *Zeit*-Not/*Zeit*-Druck/*Zeit*-Mangel/*Zeit*-Budget. Kennt ihr gut, oder? Aber das alles stimmt so nicht. Denn genau wie unseren Ur-, Ur-, Urgroßeltern stehen uns täglich 24 Stunden zur Verfügung. Sind ja nicht weniger geworden. Und jeden Tag nach Mitternacht, wenn wir die Gremlins nicht mehr füttern dürfen, kommen 24 weitere hinzu. Es ist unsere Einstellung und Sichtweise auf die *Zeit*, die sich im Laufe ihrer selbst verändert hat.

Nicht ganz unschuldig daran ist Benjamin Franklin, einer der Gründerväter der Vereinigten Staaten von Amerika. Ihm haben wir nicht nur so nützliche Dinge wie die Freiwillige Feuerwehr oder den Blitzableiter zu verdanken, sondern auch den Spruch: *Zeit* ist Geld. Dessen ursprüngliche Bedeutung war durchaus positiv besetzt: *Zeit* ist kostbar. Deswegen ehrte Amerika Mr. Franklin mit seinem Abbild auf der 100-Dollar-Note. Seitdem sind *Zeit* **und** Mr. Franklin Geld. In unserer hektischen Moderne hat sich der Satz leider in sein Gegenteil verkehrt. Ein voller

Terminkalender symbolisiert für viele ein ausgefülltes, erfolg-
(und geld-)reiches Leben, dabei sind oft die Hälfte der Termine
unwichtig oder überflüssig.

Manche geben tatsächlich Geld für *Zeit*managementsysteme aus, aber *Zeit* will nicht gemanagt, sondern gelebt werden.
Einige davon geben Tipps, wie *Zeit*diebe identifiziert und ausge-
schaltet werden können, aber *Zeit* kann man nicht stehlen und
einen *Zeit*dieb auch nicht auf der Flucht erschießen. *Zeit* kann
man nur sinnvoll verwenden oder eben mit etwas anderem. Und
deshalb identifizieren diese Managementsysteme gelegentlich
zwar tatsächlich einen Dieb: allerdings sich selbst als Gelddieb.
Und Geld kann man tatsächlich stehlen, sonst hätte ich mir so
großartige Filme wie „Oceans Eleven", „Die Unfassbaren" oder
„The Score" nicht ansehen können.

Zeit kann man auch nicht sparen. Das kann man sich getrost
sparen. Manche glauben tatsächlich, sie können ihn gewinnen:
den Wettlauf gegen die *Zeit*. „Ich muss bis morgen ..." „Am Frei-
tag muss ich ..." „Am Ersten des Monats müssen wir ..." Und die
Königsklasse: „Am 15. ist Deadline." Deadline: die Linie, deren
Überschreitung den Tod bedeutet?? Mitnichten: Die schlichte
Übersetzung des Wortes Deadline bedeutet: Termin. Womit
wir wieder im übervollen Terminkalender sitzen. Was wohl Mr.
Franklin dazu sagen würde? Vielleicht würde er ja sagen: Das
Hamsterrad sieht nur von innen aus wie eine Karriereleiter ... Im
Übrigen ist *Zeit* das, was sich niemand, nicht einmal Elon, der
Gute, kaufen oder was Max, der Mustermann, in einer Lotterie
gewinnen kann. Und das macht uns alle vor ihr bis ans Ende
ihrer selbst beruhigend gleich. Einzige Ausnahme ist natürlich
Chuck Norris. Der kann die *Zeit* tatsächlich totschlagen und
braucht auch keine Uhr, da er selbst entscheidet, wie spät es ist.

Für mich ist *Zeit* ein Geschenk. Ein kostbares Geschenk. Das
findet die englische Sprache auch und bringt es auf den Punkt:
„Present" bedeutet hier Gegenwart und Geschenk zugleich. Und
für Geschenke sollte man einfach dankbar sein – in der Gegenwart. Wobei es neben dem Leben im Present aber noch eine

weitere wichtige *Zeit*form gibt. Leben im Futur II: Ich werde ein schönes Leben gehabt haben.

Und Du auch. Deswegen carpe jeden einzelnen Diem.

Denn wir können aus der/unserer *Zeit* etwas machen. Wir können sie investieren, vergeuden oder genießen und wir können fragen, wo sie herkommt. Denn das können wir versuchen, mit unseren 6–7 Sinnen zu begreifen. Vielleicht hören wir dabei ganz leise im Hintergrund das Gelächter der Götter. Aber genau um den Hintergrund geht es.

Am Anfang war das Große Nichts. Dann hat es aus unerfindlichen Gründen Bumm gemacht. Big Bang. Der Urknall. Und wenn wir hier noch ein h reinmogeln, ist es der U**h**rknall und jeder, wirklich jeder kapiert es: Hier wurde sie geboren – die *Zeit*. Zusammen mit ihrem siamesischen Zwillingsbruder, dem Raum. Sie sind untrennbar miteinander verbunden. Dehnen sich seit fast 14 Milliarden Jahren aus. Versucht nicht, euch 14 Milliarden Jahre vorzustellen. Bleibt lieber in eurer erlebbaren Gegenwart, die – wie wir gelernt haben – 2,7 Sekunden beträgt. Jetzt: „einundzwanzig, zweiundzwanzig, Komma sieben." Schön, oder?

Am Anfang war es heiß. Heißer als in der Hölle. 10^{25} Grad. Das ist eine 10 mit 25 Nullen dran. Versucht nicht … „Einundzwanzig, zweiundzwanzig, Komma sieben." Schön, oder? Hat der Teufel auch gemacht.

Es war einfach zu wenig Platz für das Universum, die Photonen und den ganzen Rest. Aber als Schwester *Zeit* verging, dehnte sich Bruder Raum immer weiter aus und Materie und Energie konnten sich besser verteilen. Es wurde kühler. Nach 380.000 Jahren waren es „nur" noch 3.000 Grad. Kosmologisch betrachtet Winter. Jetzt konnten die Photonen wie Schneeflocken durch den Raum flitzen. Genau genommen mit 300.000 Kilometern **pro Sekunde** Flitz-Geschwindigkeit (Versucht es gar nicht erst …). Einfach gesagt: Photonen sind Lichtteilchen. Sie „transportieren" das Licht, und zwar mit – Überraschung – Lichtgeschwindigkeit … und es ward Licht.

Die Lichtgeschwindigkeit ist übrigens eine fundamentale Natur-konstante. Als „fundamental" werden Konstanten bezeichnet, die sich auf allgemeine Eigenschaften von Raum, *Zeit* und phy-sikalischen Vorgängen beziehen und nicht aus physikalischen Theorien abgeleitet werden können.

Manche glauben ja nicht an Wissenschaft und Physik. Schade eigentlich, dass die trotzdem das auf Physik basierende Internet nutzen dürfen, um zu ihrer Telegram-Universität zu kommen. Den faktenallergischen Aluhüten, die zum Beispiel nicht an die Schwerkraft glauben oder sie wenigstens halbieren wollen, empfehle ich: einfach mal die 533 Stufen im Südturm des Kölner Doms hochsteigen, von der Plattform die wunderbare Aussicht genießen und spontan losfliegen. Hinterlässt garantiert einen Eindruck – auf der Kölner Domplatte.

Die also damals abgegebene Energie ist die sogenannte kosmi-sche **Hintergrund**strahlung. Sie umgibt uns überall. Und weil die *Zeit* nicht stillstehen kann (auch wenn wir das manchmal denken), kann es ihr Zwillingsbruder Raum auch nicht, dehnt sich immer weiter aus und schafft immer neuen Platz. Darum nimmt die kosmische Hintergrundstrahlung seit 13,5 Milliar-den Jahren stetig ab. Soweit die mittlerweile anerkannte Theo-rie. Die stammt übrigens schon aus den 30er Jahren des letzten Jahrhunderts. Man berechnete, dass sie heutzutage 2,725 Kelvin betragen muss. Das Universum scheint es zu lieben: 2,7. Und komm her: Ich packe Dir noch eine Zwei-fünf obendrauf. Oder ist es doch das leise Gelächter der Götter im Hintergrund? Egal. Wenn man nun diese theoretische Berechnung im Experiment bestätigen könnte, wäre das der ultimative Beweis der Big-Bang-Theory. Dem Anfang von Raum und *Zeit*.

Ich will es dabei belassen. Ist schon ein tricky Thema. Wer es genauer wissen will, guckt sich einfach die 12 Staffeln „The Big Bang Theory" an. Auch wenn es Comedy ist: Leonard, Sheldon, Wolowitz und Raj erklären es manchmal ziemlich gut. Übrigens haben die 12 Staffeln 279 Folgen. 2,7(9) ...?

Wer es nicht genauer wissen will: Vielleicht ist *Zeit* auch einfach nur das, was man doch gewinnen kann: Wenn man die Uhr wegschmeißt.

Die praktischen Experimente für den Beweis der Big-Bang-Theorie sind auf alle Fälle noch schwieriger zu erklären. Sie sind unglaublich komplex, aufwendig und mit viel Frost verbunden. Sie werden nämlich am Südpol durchgeführt, weil dort dafür ideale Bedingungen herrschen: sehr kalt, sehr trocken und wenig störende Umwelteinflüsse. Seit Mitte der 90er Jahre forscht man dort nach den Anfängen der *Zeit*. In Projekten mit so kryptischen Namen wie AMANDA, IceCube, BICEP und MAPO. Bei eisigen Temperaturen und im Winter bei monatelanger absoluter Dunkelheit.

Wir wollen ihr eben auf die Schliche kommen: der *Zeit*.

41   Südpol-Timing

14. Februar 1994

Rosenmontag. Es ist verdammt kalt. Minus fünf Grad. Wir sind in Köthen. Seit der Wende lebt hier die Karnevalstradition wieder auf. KuKaKö heißt der Jecken-Schlachtruf. Nach dem dritten Glühwein rufen wir mit. Nach dem fünften Glühwein rufen wir an. Ein Freund von uns wohnt gleich um die Ecke. Wir suchen eine Telefonzelle. Liebe Generation Z, das ist so eine Art begehbares Smartphone. Er hat zu Hause Festnetz. Liebe Generation Z, das ist so eine Art angebundenes Smartphone. Der Glühwein wirkt: „Wir sind jetzt hier. Wo bist denn Du?" Längere Pause am anderen Ende: „Wenn ich weiß, wo bei euch gerade „hier" ist, wäre das Wunder Telepathie Realität geworden. Ihr könntet allerdings schon herauskriegen, wo ich bin. Ihr ruft gerade mein F E S Tnetz an. Kann es sein, dass ihr in der Nachbarschaft berauschender Getränke seid?" Wo er Recht hat, hat er Recht. Aber anscheinend mag er unsere Nachbarn. Er kommt vorbei. In der Zwischen*zeit* sind wir zum Bier übergegangen. Wir schaffen so einige. Trotz der Kälte. Es ist der ewige Kampf: Alkohol gegen Kälte. Heute gewinnt die Kälte. Unser durchgefrorener Freund meint zwei Stunden später: „Bier will ich eigentlich nicht mehr. Warme Unterhosen wären mir lieber." Sie werden ihm noch sehr oft, sehr lieb werden.

Er wird demnächst sein Studium erfolgreich beenden. In drei Jahren wird er aufbrechen. Zum Südpol. Er wird erst das Projekt AMANDA, dann IceCube und BICEP2 betreuen. 2010 wird er mit sieben am Südpol verbrachten Wintern den Weltrekord halten. Insgesamt wird er neun Winter am Südpol verbringen. Damit liegt er heute weltweit auf Platz drei.

30.10.2012 (Auszug aus meinem Mail-Verkehr)
Guckst Du immer noch dem Eis, das man bis vor Kurzem noch ewig, nannte beim Schmelzen zu? Was mir bei den *Zeit*angaben unserer Mails so aufgefallen ist: Nach welcher *Zeit* lebt man denn eigentlich am Südpol??? Ich habe Dir nach deutscher *Zeit* um **5**:49 Uhr zum Geburtstag gratuliert. In Deiner Antwort-Mail stand dann „meine Mail von **16**:49 Uhr". Ist das dann die Neuseeland-*Zeit* Deines Home-Servers? Oder die amerikanische *Zeit* Eures Harvard-Servers? Gibt es am Südpol eine einheitliche *Zeit* für die Teams aller Forschungsstationen – die ja aus aller Herren Länder kommen? Wenn Du Dich mit jemandem aus einer französischen Station High Noon VOR Deiner Tür verabredest, liegt der dann schon steif im Schnee, wenn Du High Noon nach Deiner *Zeit* rauskommst? Alles sehr mysteriös!?
Nun denn, wenn Du mal wieder in Deutschland bist, sag einfach Bescheid, wann wir nach deutscher *Zeit* zusammen ein Bier trinken wollen. Und wenn Du dann – nach welcher *Zeit* auch immer – zu spät kommst, liege ich auch schon steif vor der Tür :-).

Hier wird er sie fast 1.000 Tage in absoluter Dunkelheit bei bis zu minus 60 °C jagen. Die Spuren vom Anfang der *Zeit*. Und die Kälte wird diesmal nicht gewinnen.

17. März 2014

Sie scheinen den Durchbruch geschafft zu haben und veröffentlichen einen Artikel, der mit wissenschaftlichen Fakten und Messungen beweisen soll, dass sie sie gefunden haben: die Spuren vom Anfang der *Zeit*. Fast hätte es für die Nobelpreisnominierung gereicht. Aber in knapp einem Jahr werden andere Wissenschaftler das Ergebnis widerlegen. Mit weiteren wissenschaftlichen Fakten und Messungen. Liebe Abgänger der Telegram-Universität: So funktioniert Wissenschaft.

Das ist jedoch nicht das Ende der Geschichte. Sie werden sich wieder an die Arbeit machen und weitersuchen und messen. Denn es kommt immer und grundsätzlich darauf an, wie viel Energie und *Zeit* man bereit ist, zu investieren: für ein Ziel, für einen Traum oder einfach nur für Glück. Denn alles, wirklich ALLES, ist drin im unendlichen Meer der Möglichkeiten.

Das Universum ist biophil – es ist uns wohlgesonnen und die *Zeit* ist für uns da. Man muss sie sich nur geben, um zu begreifen, dass alles mit allem verbunden ist. Das Kleine mit dem Großen und das ganz Große mit dem ganz Kleinen.

Beispiel gefällig?
Ich freue mich über zwei wunderschöne Wildrosen, die vor mir auf meinem Schreibtisch stehen. Ich habe sie geschenkt bekommen. Es brauchte ein ganzes Universum, damit sie hier stehen können, ich mich freuen und diese Worte tippen kann. Es mussten

- ich geboren werden,
- meine Eltern sich finden,
- der Rosenkavalier mich kennenlernen,
- er geboren werden,
- seine Eltern sich finden,
- der Rosenstock wachsen,
- der „geboren" werden,
- dessen „Eltern" sich finden, usw. usw.

Vor Kurzem habe ich mit einem professionellen Genealogen meinen Stammbaum erkundet. Meine Ururgroßmutter wurde als Zwilling geboren. Ihre Zwillingsschwester verstarb kurz nach der Geburt. Wäre es umgekehrt gewesen: zack: ich weg. Wenn man da mal genauer drüber nachdenkt, kommt man an der Einzigartigkeit des eigenen Lebens und des jetzigen

Augenblicks kaum vorbei. Aber es geht noch größer. Think big – Big Bang.

Gehen wir mal ganz zurück. Die Spuren vom Anfang der *Zeit*, die sie am Südpol suchen, sind also wahrscheinlich ein Überbleibsel des Big Bang – des Urknalls vor 14 Milliarden Jahren. Und seitdem ist noch viel, viel mehr passiert, damit ich hier sitzen, mich freuen und diese Zeilen tippen kann. Es mussten

- die für uns wirklich sehr praktischen drei Raum-Dimensionen entstehen
- die für mich wirklich sehr praktische *Zeit*-Dimension sich entfalten, damit ich endlich ein Thema für mein Buch finde
- alle Naturkonstanten exakt so beschaffen sein, wie sie es bis auf die dritte Stelle hinter dem Komma nun mal sind
- unsere Galaxie, unsere Sonne und die Erde entstehen (übrigens auch unbedingt der Mond)

Wäre zum Beispiel die Schwerkraft doppelt so groß wie sie es ist, würde es keine Menschen auf der Erde geben, sondern vielleicht nur Plattfische. Dafür dann allerdings keine Fahrräder, weil Plattfische keinen Daumen für die Fahrradklingel haben (Ja, ich weiß: Der ist mega-platt.). Vielleicht hätte sich sogar intelligentes Leben entwickelt …

Weiterhin mussten

- vier Aminosäuren beschließen: Heute ziehen wir zusammen und heißen Familie DNA.
- der Urkontinent Gondwana auseinanderbrechen und die neu entstandenen Kontinente auf den tektonischen Platten rund um den Erdball an die richtigen Stellen driften.
  Dabei krachte die afrikanische Kontinentalplatte auf die eurasische Platte und die Alpen falteten sich auf. Stellt euch vor, das würde morgen passieren. Na, das würde ein Geschrei geben, weil der Deutsche keinen barrierefreien Blick aufs Mittelmeer mehr hätte.
- die Fische freiwillig aus dem Wasser kommen,

- die Saurier aussterben – ein kleiner spitzmausartiger Insektenfresser aber nicht,
- die Affen entdecken, dass man zum Laufen nur zwei Beine braucht, um die „Hände" frei zu haben → für Werkzeug zum Beispiel,
  Später werden wir feststellen, dass man mit diesen Händen und dem Werkzeug „Flaschenöffner" eine Flasche Bier öffnen kann. Öffnet man davon am Abend zu viele, braucht man wieder vier Beine zum Laufen.
- in China muss das Papier erfunden werden,
- Monsieur Pascal muss die erste Rechenmaschine bauen,
- und ein gewisser Christopher Latham Sholes muss die Quertz-Computertastatur in Umlauf bringen.
  Schade, dass er sie nicht wasser- bzw. bierdicht (was für eine schöne Wortschöpfung) erfunden hat. Meine Tastatur mag nämlich kein Bier. Zumindest keins mit dem Werkzeug „Flaschenöffner" bereits geöffnetes. Habe ich mal aus Versehen drüber gekippt. Hat das Tippen zu einer echten Herausforderung gemacht, denn nun wollte meine Tastatur partout kein S und kein T mehr schreiben: „Wa glaub Du wie viele und e in der deuchen prache gib?" Musste ich alle mühsam per Hand einfügen → „Was glaubst Du, (Komma-Taste ging übrigens auch nicht mehr) wie viele S und Ts es in der deutschen Sprache gibt?" Und was glaubt ihr, wie wichtig S und T manchmal sein können: fant**a**stisch – fanatisch.
  Und schließlich musste eben
- meine Ururgroßmutter meinen Ururgroßvater kennenlernen und meine Ururzwillingsgroßmutter überleben, usw. usw. → siehe oben

All das musste passieren, damit ich jetzt und hier diese Zeilen schreiben kann. Unfassbar und im wahrsten Sinne des Wortes EINZIG-artig. Streicht nur einen Anstrich: zack: alles weg.

Ist aber alles noch da. Und genau so passiert.

Ich finde, dafür sollte ich danke sagen. „DANKE."

42   Die Antwort auf alles

Es hat eine Weile gedauert. Aber es mussten 42 Geschichten werden. Für mich. Um mich selbst zu finden. Wiederzufinden in der *Zeit*. Einer fantastischen *Zeit*. Dankbar zu sein für die *Zeit*, denn sie ist die Währung des Lebens.

42 soll die Antwort auf alles sein. Auf das Leben, das Universum und den ganzen Rest. Wer das noch nicht weiß oder erkannt hat, ist noch nie „Per Anhalter durch die Galaxis" gereist. Darüber hat ein gewisser Mr. Adams fünf wunderbare Bücher geschrieben, als er im „Restaurant am Ende des Universums" eine Pause gemacht hat. Vielleicht trinken da ja gerade Brian, Jim, Janis, Jimy, Pigpen, Kurt und Amy einen Kaffee. Sie konnten hier leider nicht die Antwort auf alles finden – in ihren 27 Jahren, denn 27 ist eben (noch) nicht die Antwort auf alles.

Die Antwort auf alles werde auch ich in meinen angestrebten 80 bis 100 Jahren nicht finden und ihr werdet das wahrscheinlich auch nicht tun. Aber allein die Suche ist doch schon unglaublich spannend, oder? Denn Leben ist die Suche des Nichts nach dem Etwas. Dabei sollte man nie seine Träume aus den Augen verlieren. Aber: Wer alle seine Ziele erreicht, hat sie einfach zu niedrig gesteckt.

27 + 15 Jahre = 42. Die Antwort auf alles.
42 + 15 Jahre = 57. Das bin ich gestern geworden. Wohlgemerkt: nur von außen.
57 + 15 = 72 + 15 ... = ∞
Unendlich ist keine Zahl, sondern ein Prozess. Ein Prozess des Zählens, des Denkens beziehungsweise des Alle-Grenzen-Überschreitens. Wir benutzen den Begriff „unendlich" immer dann, wenn wir nicht wissen, wann es ein Ende geben wird oder ob es überhaupt ein Ende gibt. „Leben" rückwärts gelesen ist vielleicht nicht umsonst „Nebel", denn wir können unsere

Zukunft nicht sehen. Aber wir können sie liebevoll gestalten. Denn fügen wir dem „Leben" nur einen einzigen Buchstaben hinzu, erhalten wir „lieben".

Danke. Für das Leben, das Universum und den ganzen Rest.

So, ich hoffe, ihr habt gut aufgepasst. Jetzt will ich eure Antworten.
Zettel raus: Klassenarbeit!

Outro

Was wäre, wenn Du wüsstest, wie sich Dein Leben entwickeln wird?

Was wäre, wenn Du wüsstest, wie ein heutiges Ereignis oder Deine heutige Entscheidung Dein Leben beeinflusst?

Was wäre, wenn Du wüsstest, wie wichtig der jetzige Augenblick ist?

Gib Deiner Phantasie einmal freien Lauf: Wenn alles möglich wäre, was würdest Du dann aus Deinem Leben machen?

Und nun die nächste Frage:

WarummachstDuesnicht?

Manche Augenblicke haben keine Ahnung, wie wichtig sie sind ...
... denn immer JETZT sind die guten alten *Zeit*en, an die wir uns in zehn Jahren so gerne erinnern werden. Genieße sie – JETZT.

... denn gestern war heute noch morgen, morgen kann man gestern nicht nachholen und später kommt früher, als man denkt.
Zeit, Du kleine Hure: Was bist Du für ein merkwürdiges Ding.

Zugabe/Encore
42a Höllenlärm ...

Laut einer Studie der EU-Umweltbehörde EEA ist mindestens jeder fünfte Europäer gesundheitsschädlichem Lärm ausgesetzt. Allerdings ist das Lärmempfinden eine sehr subjektive Angelegenheit. Volle Kanne Hoschi Metallica verzückt mich total, hat aber meine Mutter regelmäßig zur Verzweiflung gebracht – während es bei Roger Whittaker genau andersrum war. Lauter Verkehrslärm (85 Dezibel) wird von Anwohnern belebter Straßen nicht mehr wahrgenommen, während sie das Ticken einer Uhr (20 Dezibel) zur Raserei bringen kann.

Apropos Raserei: Ich schildere euch mal mein subjektives Lärmempfinden an einem handelsüblichen EU-Tag.

6:00 Uhr: Ich werde wach – vom Baustellenlärm hinter unserem Haus.

6:15 Uhr: Das Müllauto holt rumpelnd unseren Müll ab. Gut, dass ich schon wach bin.

8:27 Uhr: Die Kehrmaschine fährt laut brummend die Straße hoch – und wieder runter.

9:03 Uhr: Mein Nachbar hat Urlaub. Soeben wurden seine neuen Regale geliefert. Schwerlastregale. Er ist Heavy-Metal-Fan und besitzt eine große Plattensammlung. Die ist schwer. Sehr schwer. Heißt ja nicht umsonst „**Heavy** Metal". Die Schwerlastregale müssen deshalb mit großen Dübeln an der Wand verschraubt werden. An der Rückseite meiner Wand. Mit einem Schlagbohrer.

10:17 Uhr: Die Schwerlastregale sind an der anderen Seite meiner Wand sicher verschraubt. Der Nachbar nutzt seinen freien Tag und wirft den Rasenmäher an. Einen Benziner.

11 Uhr: Seit **10:42 Uhr** haut mein anderer Nachbar mit hoher Schlagzahl mit dem Hammer gegen seine Wand. Warum?? Was zur Hölle tut er da? „Meister Hämmerlein" spielen?

11:24 Uhr: Ein städtischer Freischneider-Mann legt los und trimmt die Rasenstücke unserer Straße. Wir haben reichlich davon. Der Trennjäger-Mann auf der Baustelle hinter unserem Haus ist um Längen lauter. Er schneidet Gehwegplatten zu. Leider nur Platz zwei für den Freischneider-Mann.

12:05 Uhr: Der Trennjäger-Mann auf der Baustelle hat einen Kollegen bekommen. Zwei Trennjäger sind selbst dem Freischneider-Mann zu viel. Er ist verschwunden.

12:41 Uhr: Der Freischneider-Mann hatte nur Mittagspause. Jetzt arbeitet er direkt unter meinem Fenster. Die Trennjäger-Kollegen machen eine kollektive Diät. Sie lassen die Mittagspause ausfallen. So dick sehen die gar nicht aus? In unserer Kleinstadt muss es eine Menge Notfälle geben. Tatütata kommt bereits zum dritten Mal vorbei. Aber: danke, dass es euch gibt.

16:00 Uhr: Der Freischneider-Mann und die beiden Trennjäger-Männer scheinen bei der gleichen Firma angestellt zu sein. Beim Feierabendmachen sind sie sich definitiv einig.

R U H E !!!!

16:15 Uhr: Auch alle KITA-Erzieherinnen unserer Stadt scheinen bei der gleichen Firma angestellt zu sein. Sie haben ebenfalls 16 Uhr Feierabend. Nach und nach öffnen sich die Hoftüren aller Nachbarhäuser und gefühlt 20 Kinder strömen in die Gärten. Nein, es müssen mehr sein. 20 kreischen ja schon im großen Pool auf dem Nachbargrundstück. In unserem Garten steht eine Kinderkletterbrücke aus Holz. An ihr haben wir – in einem Anfall von W A H N S I N N – die große Metallglocke aufgehängt, die mein Großvater aus einem Bulgarien-Urlaub mitbrachte. Für die Knirpse ist die Brücke ein Schiff und in jedem Hafen wird zur Begrüßung die Glocke geläutet. Man glaubt gar nicht, wie schnell so ein Holzbrückenschiff ist: In fünf Minuten werden 18 Häfen angelaufen. Zwei Gärten weiter wird Schlagzeug geübt. Meine kleine Großnichte hat sich für Trompete entschieden – in English: trumpet. Sie zelebriert ihre Entscheidung genau unter meinem Fenster zum Hof. Sie entlockt ihrer neuen Errungenschaft grunzende bis quiekende Geräusche. Und ist megastolz auf sich. Ich pflichte ihr bei. Sie ist sechs Jahre alt.

Das wird schon noch. Auch der offensichtliche Namensgeber dieses Instruments, Donald („Eichhörnchenfrisur") Trump(et), gibt schon seit Jahren und Jahrzehnten eine Menge grunzende bis quiekende Geräusche von sich. Und ist megastolz auf sich. Dem pflichte nicht nur ich **nicht** bei. Er ist 77 Jahre alt. Das wird nichts mehr.

19:00 Uhr: Ich bin erschöpft eingeschlafen.

19:31 Uhr: Ich wache verwirrt auf. Die Kinder springen immer noch durch die Gärten. Aber sie tun es seltsam lautlos. Wie kleine Pantomimen. Kein Bimmeln, Trommeln, Schreien oder Kreischen von ihnen dringt an mein Ohr. Verschlafen schüttle ich den Kopf. Da registriert mein Gehirn den Grund: Die Kindertöne kommen nicht mehr durch. Sie sind zu leise. Denn mein Nachbar spielt mit seiner Schwerlastregalplattensammlung: Durch seine/meine frisch gedübelte Wand hämmern Motörhead, die latent lauteste Band der Welt.

Man, freue ich mich schon auf die himmlische Ruhe morgen früh, wenn die Baustelle erwacht.

… und Bunkerbauten

06. Juni 2023

6 Uhr: Ich werde wach. Besagter Baustellenlärm übertönt das Vogelzwitschern. Hinter unserem Haus macht die Wohnungsbaugenossenschaft ihrem Namen alle Ehre: Sie baut Wohnungen für die Genossenschaft.

2020 hat sie vier be- und nach meiner laienhaften Meinung auch noch gut da-stehende Wohnblocks abreißen lassen. Die ehemaligen Bewohner wurden entmietet und umgesiedelt. Einige wohnten dort schon seit Jahrzehnten. Ok, die Blocks wurden im Volksmund „Hitler-Bunker" genannt, da sie in den 30er Jahren errichtet wurden – aber ich kann mir nicht vorstellen, dass der Beton ideologisch beeinflusst war.

Seitdem hört der Lärm nicht auf. Denn – Überraschung: Die Wohnungsbaugenossenschaft stellt an der gleichen Stelle wieder Wohnblocks auf. Wieder vier. Da ist die Wohnungsbaugenossenschaft sehr penibel. Aber halt neue Wohnblöcke. Und das schon seit fast drei Jahren. Eine Sanierung der bestehenden Bausubstanz war nicht möglich. Ja, warum eigentlich nicht? Weil sich die Wohnungs**bau**genossenschaft dann in Wohnungs**sanierung**sgenossenschaft hätte umbenennen müssen? Oder weil sie den sozialistischen Motivationsspruch einfach nicht aus dem Gebälk bekommen hat? „Wir bauen auf und reißen nieder, dann haben wir Arbeit immer wieder?"

Weit gefehlt. Die Antwort findet sich in den tiefen Falten der *Zeit*. Hitlers Baubeauftragte haben nämlich vor knapp 100 Jahren in unserer „weit vom Schuss" gelegenen Kleinstadt einfach geschlampt. Sie haben nicht solide genug gebaut. In Hamburg war das anders.

Hamburg galt im Zweiten Weltkrieg als strategisch besonders wichtig. Der Hafen war wichtiger Umschlagplatz für Waffen, Munition, Panzer, Treibstoff und Nahrungsmittel, die großen Werften wichtigster Hersteller für die Kriegsmarine.

Beschleicht mich gerade das Gefühl, dass sich in den letzten 80 Jahren nicht viel geändert hat?

Deshalb wurden 1942, als die Luftangriffe der Alliierten täglich zu befürchten waren, zwei Flaktürme als Luftabwehr- und Luftschutzeinrichtungen errichtet. In nur 300 Tagen entstand der riesige Bunker auf dem Heiligengeistfeld auf St. Pauli. Er gilt mit 75 mal 75 Metern Grundfläche und 38 Metern Höhe als einer der größten jemals erbauten. Seine Wände sind 3,5 Meter dick, seine Decken unglaubliche 5 Meter. Auch der etwas kleinere, nichtsdestotrotz mächtige Bunker in Wilhelmsburg wurde 1943 in weniger als einem Jahr gebaut. Parallel dazu wurden flächendeckend über die Stadt verteilt **Hunderte** Gebäude mit meterdicken Wänden und Decken als Luftschutzräume gebaut. In nur einem Jahr. Das würde ich gerne mal unserer Wohnungsbaugenossenschaft erzählen. Tue es aber auf keinen Fall: Denn all diese Bauten wurden von Zwangsarbeitern errichtet. Da ertrage ich den Baulärm gerne noch ein paar weitere Jahre.

Nach dem Krieg gab es in Hamburg über 1.000 Bunkerbauten. Schätzt man. Genaue Zahlen gibt es nicht. Heute existieren noch ca. 650. Viele davon sind unterirdisch. In Hamburg gibt es nämlich neben der halbseidenen Unterwelt der Reeperbahn noch eine zweite Unterwelt: die Welt der unterirdischen Luftschutzanlagen. Manche sind riesig, manche verfallen vor sich hin, manche können im Rahmen von Führungen besichtigt werden und manche habt ihr vielleicht schon mal benutzt. Das Parkhaus unter der Reeperbahn z. B. ist ein umgebauter Tiefbunker. Sogar in die Hohlräume des Bismarck-Denkmals im Park an den St.-Pauli-Landungsbrücken wurden 1940 Luftschutzräume eingebaut. In den 80ern zu *Zeit*en des Kalten Kriegs wurden viele Hitlerbunker weiterhin für den Schutz der Zivilbevölkerung fest eingeplant. Wer ahnt schon, dass sich direkt unter dem U-Bahnhof Reeperbahn der größte Atomschutzbunker der Stadt befand? Hinter den beiden Betonsäulen am Eingang verbirgt sich heute noch die alte Lüftungsanlage. Der unterirdische Bahnsteig konnte im Katastrophenfall mit einer tonnenschweren, hydraulischen Bunkertür abgeriegelt werden. Wer genau hinschaut, entdeckt den Metallstreifen auf dem Bahnsteig, der diese Stelle kennzeichnet. Der eigentliche Bunkerzugang befindet sich hinter einer unscheinbaren Tür in der Bahnhofshalle. Er sollte 4.500 Hamburger bei einem Atomschlag schützen. Die Reeperbahn kann nicht nur billigen Kitsch & teuren Sex im oft rechtsfreien Raum. Sie kann auch gruselige Geschichte.

Bei den oberirdischen Bunkerbauten stellte sich nach Kriegsende heraus, dass die Baubeauftragten des Wahnsinnigen in Hamburg nicht geschlampt hatten. Das tonnenschwere, meterdicke, traurige Erbe war und ist meist heute noch unkaputtbar. Die notwendige Sprengkraft für die Zerlegung des Flakbunkers auf dem Heiligengeistfeld hätte die wenigen Gebäude, die 8.344 Tonnen über Hamburg abgeworfene Spreng- und Brandbomben verschont hatten, auch noch in Schutt und Asche gelegt. Deshalb verzichteten die Alliierten 1945 auf die Sprengung.

Der „verschonte" Bunker wurde im Laufe der *Zeit* zu einem lebendigen Medienbunker. Hier wurde Weihnachten 1952 mit der Ausstrahlung der ersten Sendung der Tagesschau Fernsehgeschichte geschrieben. Musik-Clubs, Studios, Galerie und Theater, Medien- und Marketingfirmen sowie soziale Projekte und altes Handwerk zogen ein. Hinter den grauen Mauern herrscht heute ein buntes, kreatives Treiben.

Im Bunker in Wilhelmsburg sprengten die Briten 1947 zumindest die innere Struktur. Die Außenhülle blieb stehen und Decken, Wände und Treppen als riesiger Trümmerhaufen im Inneren einfach liegen. Jahrzehntelang. 2010 wurde begonnen, das riesige Trümmergrab im Zuge der Internationalen Bauausstellung IBA zu einem Energiebunker umzubauen. Seit 2012 versorgt eine Photovoltaikanlage an seiner Südseite rund 1.000 Haushalte mit Strom und ein Biomasseblockheizkraftwerk sowie eine Solarthermieanlage auf dem Dach rund 3.000 Haushalte mit Wärme. Möglich macht dies ein gigantischer Warmwasserspeicher, der fast den gesamten Innenraum des riesigen Bunkers ausfüllt. In 2 Millionen Litern Wasser werden die Sonnenwärme und die Abwärme einer benachbarten Fabrik gespeichert und nutzbar gemacht. Ein Mahnmal vergangener Zeiten, das zu einem weltweit einmaligen Signal innovativer Energiegewinnung wurde. Über beides kann man entspannt nachdenken – bei einem Kaffee mit herrlicher Aussicht: in 30 Metern Höhe. Im Café <vju> auf dem Dach des Bunkers Wilhelmsburg.

Manche der anderen Bunkerbauten sind in den vergangenen Jahrzehnten zu Lost Places geworden, die von einer wachsenden Hobbyfotografenschar besucht werden. Aber manche werden einfach neu und sinnvoll genutzt: als Kulturraum, Stadtteilzentrum, Wohnraum, Lagerplatz oder Kletterwand. Not macht erfinderisch, denn auch aus Steinen, die einem in den Weg gelegt werden, kann man etwas Schönes erschaffen.

In meiner kleinen Provinzstadt wusste man das nicht. Und deshalb ist diese, wie auch alle anderen Geschichten mit einer steten, mal an- mal abschwellenden Baulärmuntermalung entstanden.

23. September 2019

6 Uhr: Ich werde wach. Stille. Nur Vogelzwitschern ist zu hören und ein leises monotones Rauschen. Ich liege in einem großen weißen Würfel. Einem wind- und wetterfesten 12 Quadratmeter großen Sleeperoo-Cube. Kann man mieten. Zum Sleepen. Zum außergewöhnlichen Sleepen. Das gemütliche Matratzenbett im Inneren ist über große Panoramafenster mit der Außenwelt verbunden. Und was für einem Panorama: Denn der Schlaf-Cube steht 30 Meter über dem erwachenden Hamburg. Auf dem Dach des Energiebunkers in Wilhelmsburg. Ganz großes 360°-Silhouetten-Hamburg-Kino: Michel, Elphi, Rathaus, Fernsehturm, Köhlbrandbrücke, Hafen und Harburger Berge tauchen aus der Schwärze der Nacht in die Morgendämmerung hinein. Die Sterne, die bis eben durch das Deckenpanoramafenster funkelten, verblassen.

Als wir gestern Nachmittag hier „eingezogen" sind, hatten wir kurzzeitig Zootier-Feeling: Das Cafè <vju> schließt erst um 18 Uhr. Aber als alle Café-Gäste den Zoo verlassen und das Feld räumen mussten, hatten wir den riesigen Bunker exklusiv für uns allein. Ein fantastisches Erlebnis. Inklusive eines fantastischen Sonnenuntergangs, der auch in Ricks Café in Negril auf Jamaica nicht schöner war. Und als ob die Sonne das noch einmal bekräftigen will, geht sie nun sensationell blutrot vor uns auf. Ein spektakuläres Erlebnis in und auf einer besonderen Location.

Das monotone Rauschen wird lauter. Es ist der von unten ertönende Verkehrslärm. Hamburg erwacht. Wir steigen durch das riesige Treppenhaus wie in einer *Zeit*maschine nach unten. Der Alltag hat uns wieder. Schade.

29. Juni 2024

6 Uhr: Ich werde wach. Stille. Nur Vogelzwitschern ist zu hören. Ich liege in einem Hotelbett und blicke aus einer Perspektive auf das Hamburger Millerntor, die neu ist. Schräg von hoch oben über die Nordtribüne zur gegenüberliegenden Südkurve der Sankt Pauli-Ultras. Wieder haben wir auf einem Bunker geschlafen. Diesmal auf dem großen auf dem Heiligengeistfeld, das gerade mehr als 50 Meter unter uns zum Großstadtleben erwacht.

Nach heftigen Diskussionen begannen im Sommer 2019 neue Bauarbeiten am alten, grauen Gemäuer. Mehrere Etagen wurden aufgesetzt und die neue „Krone" mit mehr als 20.000 Bäumen, Büschen, Stauden, Kräutern und Blumen begrünt. Auf mehr als 10.000 Quadratmetern wird Hamburgs neuer schwebender Park computergestützt bewässert. Um den Betonkoloss zieht sich von unten bis auf 60 Meter Höhe serpentinenartig ein begehbarer Steg, über den man das grüne Dach, Gastro- und Shopping-Einrichtungen, eine Kultur- und Sporthalle und eben das Hotel erreichen kann, das uns heute Nacht beherbergt hat. Alle vier ehemaligen Flaktürme wurden umgebaut. Jetzt beherbergen sie Rezeption, Café, Bar und einen HardRock-Shop. Alles maßgeschneidert. 60 Millionen Euro hat sich der Bauherr das neue Hamburger Wahrzeichen wohl kosten lassen. Ein absoluter Hingucker und nach der Elphi schon wieder ein Hamburger Highlight, das weitere Touristenströme aus aller Welt anziehen wird. Nicht immer zur Freude aller …

Die fantastische Aussicht soll für die lange Wartezeit von mehr als zwei Jahren entschädigen, weil sich auch hier die Bauarbeiten Elphi-like in die Länge zogen und der Eröffnungstermin mehrfach verschoben werden musste.

Gestern nun waren wir die Ersten. Unfassbar, aber wir waren die Ersten. Um 15 Uhr öffnete erstmalig die Rezeption des RE-VERB-Hotel by HardRock. 14:45 Uhr standen wir bereit.

28. Juni 2024

Jeder Gast wird am Fuß des mächtigen Bunkers persönlich in Empfang genommen und über die (Noch-)Baustelle nach oben gebracht. Dann kurze Schnappatmung beim ersten Blick über die Hamburger Skyline. Diese tut uns einen seltenen Hamburger Gefallen: Sie liegt im strahlenden Sonnenschein vor und unter uns. Schon wieder ganz großes 360°-Hamburg-Kino. General-Manager Till begrüßt uns persönlich. Man merkt es ihm und seinem Team unübersehbar an: Auch sie sind aufgeregt und absolut glücklich, dass es nun endlich losgeht. In Hotels, ganz besonders in teuren, wird man ja immer höflich und (manchmal zu) zuvorkommend behandelt. Meist ist das aufgesetzt, nicht echt und wird nur praktiziert, weil es wohl so im Arbeitsvertrag steht. Das ist hier und heute komplett, völlig und generell anders. Die Freude ist echt. Absolut echt. Sie umschließt uns. Ich kann es irgendwie nicht mit Worten beschreiben. Das erste Mal ist eben immer unvergesslich. Es gibt nicht nur ein Begrüßungsgetränk, Häppchen und eine spektakuläre Rezeptionsaussicht: nein. Heute zur Eröffnung ist alles all inclusive – vor allem eben die echte Wärme und Freude. Dann werden wir zu unserem Zimmer gebracht und das Fenster, vor dem sich ein kleines Podest befindet, wird geöffnet. Leise schließt sich die Zimmertür. Ich stehe sprachlos mitten in einem Park, hoch über dem strahlenden Hamburg. Diesen Moment kann mir keiner jemals mehr nehmen. Auch nicht den Moment, im Café nebenan auf einer Schaukel! über der Hamburger Skyline zu schaukeln oder auf der riesigen Wiese des Dachgartens in der Sonne zu liegen und zu träumen. Und zwar mutter.seelen.allein. Diese Momente werde ich niemals mehr so wiederholen können. Der Serpentinensteg und der Wahnsinnspark auf dem Dach des Bunkers auf dem Heiligengeistfeld auf St. Pauli in Hamburg werden erst in einer Woche offiziell eröffnet. Dann werden die Touristen strömen, wie so oft der Hamburger Regen. Heute ist alles für die Öffentlichkeit noch gesperrt und auch der Regen scheint wohl lieber auf die Touristenströme zu warten. So haben wir das für alle *Zeit*en wohl einmalige Glück: Wir teilen ihn nur mit den wenigen Hotelgästen und den Gärtnern und Bauarbeitern, die wohl leider bis kommenden Freitag noch so manche Überstunde schieben müssen. Liebe Bauarbeiter, liebe Gärtner, lieber Till und liebes REVERB-Team: So sicher wie die Sonne morgen überall auf der Welt wieder aufgehen wird, so sicher werdet ihr und eure Location überall auf der Welt berühmt werden. Als ein ökologisches Pionierprojekt mit Herz und einem sensationellen An- und Ausblick. Wenn das Leben eine Schachtel Pralinen ist, dann ist es jetzt gerade eine besonders schöne. Danke, dass wir bei der Eröffnung dieses Stücks *Zeit*geschichte dabei sein durften.

29.06.2024

Beim Frühstück werden wir wieder persönlich von General-Manager Till begrüßt. Er strahlt über das ganze Gesicht. Wir auch. Das Frühstück ist umwerfend. Wirklich. Keine Frage. Kann aber nicht mit der fantastischen Aussicht mithalten. Nach dem Frühstück spazieren wir noch einmal durch den ruhigen, schwebenden Park. Dann fahre ich nach Hause. Auch dort ist mit der *Zeit* Ruhe eingekehrt. Die vier neuen Wohnblocks hinter unserem Haus sind fertig. Sie sind verbunden durch einen kleinen Park. Er schwebt nicht und auch ein Sleeperoo-Würfel fehlt, aber er ist still, schön und wichtig für die große Vogelschar, deren Zwitschern mich morgen früh wecken wird.

42b Havanna Moon

50er Jahre

Kuba ist infolge der Weltwirtschaftskrise ab 1929 in eine starke
Abhängigkeit zu den USA geraten. Über 70 Prozent des Landes
gehören Ausländern, das meiste davon US-Konzernen, die die
kubanischen Schätze Zucker, Tabak und Bacardi-Rum ausbeuten.
Havanna ist das Vergnügungsviertel der Amerikaner. Glücksspiel,
Prostitution und Drogenhandel florieren. Die Mafia sitzt fest mit
im Boot. Gemeinsam mit Diktator Batista, dem sie ein Angebot
machten, das er nicht ablehnen wollte. Geldwäsche in ganz großen Stil. Der größte Teil der Bevölkerung lebt in großer Armut.

31. Dezember 1958

Nach einem jahrelangen Guerillakampf gelingt es den kubanischen Rebellen unter Fidel Castro und Che Guevara, das Batis-
ta-Regime zu stürzen und die kubanische Regierung zu übernehmen. In den kommenden Monaten und Jahren werden auf
Kuba US-Bürger, Großgrundbesitzer und amerikanische Unternehmen im Umfang von rund einer Milliarde Dollar enteignet.
Für alle Kubaner werden zwar Gesundheitsvorsorge und Bildung
kostenlos, allerdings darf die Rechtsstaatlichkeit nicht so ganz
mit hinein – in die neue Regierung.

17. April 1961

Seit 1959 fliehen nicht nur die Amerikaner auf die andere Seite
der Floridastraße, auch viele konservative, wohlhabendere Kubaner überqueren den Wendekreis des Krebses Richtung Norden, weil sie mit der Revolutionsregierung Fidel Castros nicht

einverstanden sind. Key West in Florida ist keine 200 Kilometer von Havanna entfernt. Ihre Autos müssen sie zurücklassen. Die schönen Buicks, Cadillacs, Chevrolets, Chrysler, Ford, Pontiac und Studebaker werden noch in unvorstellbaren über 60 Jahren die Straßen Havannas befahren. Ihre ehemaligen Besitzer treffen in Florida oft ihre ehemaligen amerikanischen Freunde und Nachbarn wieder. Man kommt ins Gespräch – und ins Geschäft. Einige Exilkubaner werden von der CIA bewaffnet und in Guatemala ausgebildet.

1.300 von ihnen greifen heute ihr ehemaliges Heimatland an. Sie wollen Castros Revolutionsregierung stürzen. Sie kommen mit Schiffen aus Guatemala und landen an den Stränden der Playa Giron im Süden von Kuba. Das haben sie natürlich nicht allein organisiert. Auch dabei sind die USA gerne behilflich. Das Unternehmen steht unter dem Kommando der CIA und wird logistisch von der US-Marine unterstützt. Sie können zwar erfolgreich anlanden, aber die nahegelegene Flugzeuglandebahn nicht lange genug besetzen und freihalten. Hier sollte die neue „Exilregierung" aus Miami einfliegen und einen „Hilferuf" per Funk absetzen. Der „Hilferuf" ist für US-Präsident John F. Kennedy die politisch unverzichtbare Voraussetzung für ein „offizielles" Eingreifen der bereitstehenden US-Marineeinheiten. Da dies nicht erfolgt, wird die Operation auf Befehl Kennedys gegen den Widerstand der CIA abgebrochen. In drei Tagen werden die Invasionstruppen von der zahlenmäßig weit überlegenen kubanischen Armee aufgerieben. Die legendäre „Invasion in der Schweinebucht" ist gescheitert.

Die nun folgenden Befürchtungen der Castro-Regierung für einen zweiten Invasionsversuch werden in den nächsten Jahren die weitere Annäherung Kubas an die Sowjetunion beschleunigen und 1962 in der „Kuba-Krise" eskalieren.

16. – 29. Oktober 1962

Wir befinden uns auf dem Höhepunkt des „Kalten Krieges", dem immer heißer brodelnden Ost-West-Konflikt zwischen den kapitalistischen Westmächten unter Führung der USA und dem sozialistischen Ostblock unter Führung der Sowjetunion. Seit 1959 stationieren die USA Atomraketen in Italien und der Türkei. Sie sind auf die Sowjetunion gerichtet.

Am 10. Juli 1962 beginnt die Sowjetunion, Militär auf Kuba zu stationieren. Am 14. Oktober entdeckt ein amerikanisches Aufklärungsflugzeug Startrampen für Mittelstreckenraketen auf der Insel, die von sowjetischen Soldaten aufgebaut werden. Diese sind auf die USA gerichtet. Daraufhin erlässt US-Präsident Kennedy eine Seeblockade. Ab 24. Oktober bilden amerikanische Kriegsschiffe einen Sperrgürtel um die größte Antillen-Insel. Sowjetische, raketentragende U-Boote werden vor der kubanischen Küste mit amerikanischen Wasserbomben zum Auftauchen gezwungen. Beide Weltmächte führen stellvertretend an anderen Orten Atombombentests durch. Es ist, als ob zwei brünstige Pavianmännchen um ein Rudel Weibchen streiten. Nur geht es hier nicht um ein paar holde weibliche Fellschönheiten, sondern um die menschliche Zivilisation. Die Welt steht am Rande eines Atomkriegs.

Und dann kommt ausgerechnet auch noch die „Völkerfreundschaft" angeschwommen. Das erste sozialistische Traumschiff der DDR, das mit einem ausgesuchten, systemtreuen Urlaubskader an Bord gerade Kurs auf Havanna nimmt. Kennedy persönlich muss dafür sorgen, dass seine bis an die Zähne bewaffneten, imperialistischen Kriegsschiffe nicht im wahrsten Sinne des Wortes über die sozialistische „Völkerfreundschaft" herfallen. Diese kann unbehelligt den militärischen Sperrgürtel des Klassenfeinds passieren. Derweil wird ein amerikanisches Spionageflugzeug über Kuba abgeschossen. Die Atomraketen sind startklar. Die Welt hält den Atem an.

Erst in allerletzter Sekunde einigen sich Kreml-Chef Chruschtschow und US-Präsident Kennedy: Die sowjetischen Atomraketen auf Kuba sollen abgebaut werden. Die USA sehen von einer Invasion auf Kuba ab, die Wirtschaftssanktionen bleiben und die türkischen Raketen werden heimlich entfernt. Um künftige „Missverständnisse" zu vermeiden, wird das „Rote Telefon" als Notrufleitung eingerichtet. Die Pavianmännchen haben ihr Gesicht gewahrt. Die Menschheit darf weiterleben.

17. Dezember 2014

Der Präsident der Vereinigten Staaten von Amerika, Barack Obama, erklärt die US-Kuba-Politik der vergangenen 55 Jahre für gescheitert. Er gibt bekannt: Diplomatische Beziehungen sollen wieder aufgenommen und Sanktionen aufgehoben werden. Die Annäherung beider Staaten markiert eine Zeitenwende. Darauf haben wir gewartet.

20. Dezember 2015

Ich gebe meiner Reisegruppe bekannt, dass wir vom **9. – 23.** März 2016 Kuba bereisen. Tickets und Autos sind gebucht. Es soll der Abschluss unserer jahrelangen gemeinsamen Urlaube à la: „Wir haben nur die Flugtickets und Autos. Der Rest ergibt sich." sein. Der Reiseleiter ist müde.

9. Februar 2016

Die Rolling Stones geben bekannt, dass sie das erste Mal in ihrer mehr als 50-jährigen Bandgeschichte am **20.** März auf Kuba ein Konzert spielen werden. Es soll der Abschluss ihrer aktuellen Lateinamerika-Tournee „Latina Olé" sein. Um die Groß- und Einzigartigkeit, endlich auf Kuba spielen zu können, zu unterstreichen, wird es ein Gratis-Konzert sein, von der Band selbst finanziert.

Der Reiseleiter ist hellwach und dreht durch: Die Rooolling Stones sind mit uns zusammen auf Kuba. Zu einem historisch einmaligen Happening. Wahnsinn!!!

18. Februar 2016

US-Präsident Barack Obama gibt bekannt, dass er im Rahmen einer Lateinamerikareise gemeinsam mit seiner Frau Michelle am **21.** und **22.** März Kuba besuchen wird. Als erster amtierender US-Präsident seit 88 Jahren. Das wird ja immer besser!!!

2. März 2016, 18:00 Uhr

Die Rolling Stones geben bekannt, dass sie auf Grund der Terminüberschneidung mit dem Besuch der Obamas ihr Konzert um fünf Tage verschieben. Nun spielen sie am **25.** März 2016 im Sportkomplex „Ciudad Deportiva" in Havanna. Bei Vollmond. 500.000 Besucher werden erwartet. Whaaaat the fucking fuck!!! Da sind wir schon wieder zu Hause.

2. März 2016, 18:05 Uhr

Ich gebe bekannt: Lieber US-Präsident Barack Obama: Ich mag Dich wirklich sehr. Aber: DANKE, dass Du uns DAS nach so vielen Jahren und Jahrzehnten eures Schweigens und der Blockaden Just in *Time* versaut hast.

Überraschenderweise bin nicht nur ich mit dem Termin absolut nicht einverstanden. Der Papst höchstpersönlich bittet die Stones in einem Brief um eine Terminverschiebung. Der 25.03.2016 ist Karfreitag und da findet er „Sympathy for the Devil" unpassend. Echt? Lieber Papst, mir fallen da eine Menge

Dinge ein, die weltweit und im Laufe der *Zeit* mehr als unpassend waren und die Handschrift Deines Vereins tragen ...

9. März 2016

Ich sitze rittlings auf dem Stamm einer umgefallenen Palme an einem wunderschönen karibischen Strand. Vor mir ein großes Bananenblatt, gefüllt mit einem, über offenem Feuer direkt am Strand zubereiteten, Fisch-Dinner, das ich mir mit einem Freund teile. Danach gibt es eine gekühlte Kokosnuss. Am Ufer spielen Kinder im flachen türkisblauen Wasser. Eine absolut friedliche Szene, in der nichts, wirklich nichts, mehr an die 1.300 schwer bewaffneten Exilkubaner erinnert, die hier an der Schweinebucht im April 1961 die Geschichte ihres ehemaligen Heimatlandes umschreiben wollten.

Als die Sonne untergeht, gehen wir zu unseren Unterkünften. Wir haben insgesamt vier. Mindestens jeden zweiten Tag vier neue. Im sozialistischen Kuba gibt es keinen ausgeprägten Massentourismus – von Varadero mal abgesehen. Hier hat man ein ganz eigenes Tourismuskonzept entwickelt. Das Konzept „Blauer Anker". Da es nur begrenzt Hotelbetten auf Kuba gibt, die Touristenschar aber jährlich wächst, dürfen seit 1997 auch Privatzimmer an Touristen vermietet werden. Der Staat verdient zwar kräftig mit, aber bei einem Durchschnittslohn von 25 Dollar im Monat (!) ist es natürlich eine Goldgrube für die Vermieter, die ihr Zimmerangebot mit einem landesweit gültigen Schild am Haus, einem blauen Anker, anzeigen. Reservierungen sind dabei meist unbekannt. Einfach klingeln, fragen, angucken, nicken oder weitergehen. Völlig normal.

Unser Kuba-Urlaubsalltag sieht so aus. Nach einem Tag voller neuer Eindrücke und Entdeckungen, Stadtbummeln und Sehenswürdigkeiten halten wir am frühen Abend in einer Stadt, in der es uns gefällt. Ich suche einen „Blauen Anker" und klingele. Meistens öffnet die Hausherrin. Kubanische Frauen sind sehr selbstbewusst. Ich frage nach „Ocho Camas" (acht Betten). Dann folgt meist ein theatralischer spanischer Ausruf und ich werde zu einem Zimmer gezogen, in dem zwei Betten auf Gäste warten. Ich nicke begeistert und hebe fragend sechs Finger. „Mutti" lacht, erzählt spanisch Unmengen von wahrscheinlich wichtigen bis lustigen Dingen, nimmt mich an die Hand, läuft mit dem Rest von uns ein paar Häuser, manchmal auch ein paar Straßen weiter und klingelt irgendwo. Dann werden mir wieder zwei Betten gezeigt. Zwei meiner Freunde nicken. Die neue „Mutti" hakt sich bei mir ein und läuft mit dem Rest von uns ein paar Häuser, manchmal auch ein paar Straßen weiter und klingelt irgendwo. Dann werden mir wieder zwei Betten gezeigt. Zwei meiner Freunde nicken. Die neue „Mutti" hakt sich ... Und eine knappe Stunde später haben wir sie: unsere „Ocho Camas". Manchmal haben wir auch ein Haus mit mehr Betten, manchmal ist ein Haus nur halb fertig gebaut, manchmal ist es eine feudale Villa, oft macht „Mutti" frühmorgens persönlich für uns Frühstück. Aber egal, wie wir unterkommen: immer ist es herzlich und bis auf die „Anker-Etappenziele" unkompliziert. Natürlich geraten wir auch an etwas zwielichtige Gestalten, aber die gibt es nun mal überall auf der Welt. Den gesunden Menschenverstand sollte man also schon immer dabeihaben. Der darf einfach niemals Urlaub machen.

Hier in der Schweinebucht haben wir bei Vicenta ein Zimmer bekommen. Eine ältere Kubanerin, mit der ich ein eigenes Kommunikationssystem entwickelt habe: Vicenta erzählt fröhlich lachend auf mich ein. Auf Spanisch. Ich verstehe kein Wort, lache mit und nicke heftig. Dann „antworte" ich ihr fröhlich lachend auf Deutsch. Sie versteht kein Wort, lacht mit und nickt heftig. Dann ist sie wieder dran. Lachen ist unbedingt steigerungsfähig. Nach drei „Runden" brechen wir vor selbigem fast zusammen. Herrlich. Später besuchen wir unsere Freunde, die zwei Straßen weiter einen „Blauen Anker" gefunden haben. Ihre Herbergs-„Eltern" haben uns zum Abendessen eingeladen. Uns alle. Berührungsängste kennt man hier nicht. Wir werden herzlich empfangen. Dann werden wir noch herzlicher und lecker gemästet. Anders kann man es nicht bezeichnen. Mehrere Gänge kommen auf den sich biegenden Tisch: Suppe, Fisch, Hühnchen, Kartoffeln, Salate, Reis und Früchte. Gibt es alles bei uns auch. Aber hier ist es schon um Längen exotischer. Lecker exotischer.

Ich habe keine Ahnung, ob der ausgesuchte Kader auf dem DDR-Traumschiff, das von Kennedy persönlich gerettet werden musste, so gut gespeist hat und überhaupt mit der kubanischen Bevölkerung in Berührung kommen durfte. Aber ich finde: Das, was wir hier erleben dürfen – das ist echte „Völkerfreundschaft".

Natürlich bestimmen Che und „Viva la Revolucion" auch heute noch das ganze Land. „Hasta la Victoria siempre: bis zum immerwährenden Sieg" – fehlt an keiner größeren Mauer oder Wand. Und natürlich ist der Besuch des Che Guevara-Memorials in Santa Clara ein Highlight unserer Reise. Aber auch darüber hinaus hat Kuba wundervolle Ecken und Erlebnisse zu bieten, die man sonst nirgendwo auf der Welt findet. In Havanna flanieren wir durch den morbiden Charme der Prachtstraße Malecon. Direkt am Meer. Hemingway und Al Capone grüßen aus den vergangenen *Zeit*en. Selbst Christo wacht wie in Rio de Janeiro über die kubanische Hauptstadt, die wir auf einer Rundfahrt in einem pinkfarbenen 56er Ford entdecken. Auf einer Tabakplantage lernen wir, echte kubanische Zigarren zu rollen, auf der einzigen Autobahn des Landes überholen wir Pferdegespanne.

Und dann die Lebensfreude: Irgendwer macht immer Musik. Ohne jede Vorwarnung springen unsere Nachbarn beim Mittagessen auf und legen erstmal einen heißen Salsa aufs Parkett. Und immer wieder der prachtvolle Kolonialstil, oftmals atemberaubend restauriert, wie in der UNESCO-Welterbe-Stadt Trinidad, manchmal vor sich hin verfallend, wie unsere Häuser und Städte zu DDR-*Zeit*en. Kuba, Traumperle der Karibik. Gerne wieder.

22. März 2016

17:05 Uhr startet unsere Maschine auf dem Flughafen von Varadero. Sehnsüchtig blicke ich hinunter. Sehe, wie Kuba langsam in den Wolken versinkt und die Rolling Stones so nah und doch so fern sind. In drei Tagen ist Vollmond.

Liebe Kubaner, ich wünsche euch mega-viel Spaß bei eurem erstem Stones-Konzert. Lacht, schreit, tanzt, dreht durch und genießt die Show. *Time* is on **your** side. So wie sie es für uns nach dem Mauerfall war, als wir unser erstes Stones-Konzert erleben durften.

Man muss auch gönnen können.

23. September 2016

Nur heute wird „Havana Moon", der Konzertfilm des legendären ersten Auftritts der Rolling Stones auf Kuba, weltweit im Kino gezeigt. Und natürlich sitzen wir da jetzt gerade: im Kino. Wir haben uns dieses historische Ereignis, an dem wir nicht teilhaben durften (Nochmal: danke, Mr. Obama!) wenigstens im Großformat verdient.

Auch wenn wir nicht dabei sein konnten: Selten habe ich ein Konzert erlebt, wo der Spaß so gleichmäßig verteilt war: Bei den 500.000 Zuschauern, aber auch bei den sichtlich beeindruckten Rolling Stones. Die kubanischen, seit 55 Jahren musikalisch abgeschotteten, Insulaner drehen durch. Mit ihrem angeborenen, karibischen Vollbluttemperament. 500.000 Besucher können es kaum fassen: Sie tanzen, schreien, jubeln und strahlen vor Glück. Bei „Satisfaction" befürchten wir kurz, dass das Publikum aus der Leinwand springt – oder Mr. Jagger, der wie ein Flummy tanzt, schreit, jubelt und ebenfalls strahlt vor Glück. Fun-Fact am Rande: Sein jüngster Sohn ist zwei Jahre jünger als sein erster Urenkel. Ich kann höööören, wie eure Gehirnzellen gerade knistern. *Zeit*, Du kleine Hure ...

Alter und *Zeit* sind hier gerade komplett ausgehebelt. Sie durften nicht mit rein – zu dieser absolut *zeit*losen Musik. Menschen halten eine Hand auf ihr Herz und blicken dankbar zum Himmel. Viele liegen sich weinend in den Armen. Und beeindrucken die Band damit tatsächlich. Die kubanische Lebensfreude überrollt die Rollings förmlich. Massenglückshypnose ist ansteckend. Keith bekommt das diebische Grinsen nicht aus dem Gesicht. Ronny übertrifft sich selbst. Mick ist nicht einen Tag älter als 27. Und Charlie hört nicht auf zu lächeln. Charlie lächelt. Bilder für die Ewigkeit. Ich weiß jetzt, wo die Lebensfreude wohnt: in Havanna. Auf Kuba. Unter einem riesengroßen „Havanna Moon".

Und natürlich bei mir – und all meinen Freunden.

Quellenverzeichnis

1   https://www.br.de/radio/bayern2/sendungen/kalen-derblatt/0507-elvis-presley-beginnt-karriere-100.html, abgerufen: 24.10.2024

2   Robert Frost, Promises to keep, Poems und Gedichte (1969)
2011 C.H. Beck oHG: München, 160 Seiten

3   https://de.wikipedia.org/wiki/Metallica, abgerufen: 24.10.2024

4   https://thecircle.de/blogs/news/james-hetfield-hat-sich-tattoo-mit-lemmys-asche-stechen-lassen, abgerufen: 24.10.2024

5   https://d-d-r.de/ddr-politisches-system-nva-fahneneid.html, abgerufen: 24.10.2024

6   https://www.bpb.de/themen/linksextremismus/ge-schichte-der-raf/49296/der-nicht-erklaerte-ausnahme-zustand/, abgerufen: 24.10.2024

7   https://de.wikipedia.org/wiki/Hanns_Martin_Schleyer, abgerufen: 24.10.2024

8   https://osnadocs.ub.uni-osnabrueck.de/bitstream/urn:nbn:de:gbv:700-2001071923/2/E-Diss45_Thesis.pdf

9   https://www.bundespraesident.de/SharedDocs/Reden/DE/Johannes-Rau/Reden/2002/10/20021018_Rede.html, abgerufen: 24.10.2024

10   https://www.stadtlexikon-stuttgart.de/artic-
le/455435a6-0b70-44ce-b989-2833dca55c96/Man-
fred_Rommel_(1928-2013).html, abgerufen: 24.10.2024

11   Erich Kästner, Fabian, 1950, Seite 5

12   Gerhard Schöne, Menschenskind, 1985, Titel 12

13   Ronald Galenza, „Mix mir einen Drink - Feeling B - Punk
im Osten"
Schwarzkopf & Schwarzkopf Verlag GmbH, Berlin, 2.
Auflage, 2003, Buchklappentext

13a   Ronald Galenza, „Mix mir einen Drink - Feeling B - Punk
im Osten"
Schwarzkopf & Schwarzkopf Verlag GmbH, Berlin, 2.
Auflage, 2003, S. 220

14   Buschfunk-Katalog 2009 / 2010, Seite 22

15   http://www.freygangband.de/html/band.html, abgerufen 29.10.2024

16   André Greiner-Pol, Peitsche Osten Liebe, Schwarzkopf
& Schwarzkopf Verlag GmbH, Berlin, 2000, Seite 0

17   https://prag.diplo.de/cz-de/botschaft/-/1306446, abgerufen 29.10.2024

18   https://www.lpb-bw.de/fall-der-berliner-mauer, abgerufen 29.10.2024

19   https://web.archive.org/web/20160414061857/http://
magtec.de/img/gallery/CAT_166/weinberg1_fahndung_
nach_sr_1983986016039.jpg , abgerufen 29.10.2024

20   Böhse Onkelz, Wir ham´noch lange nicht genug, 1991, Titel 7

21   https://www.w-s-e.de/rund-ums-wasser/wassergebrauch, abgerufen 29.10.2024

22   ZDF-Magazin „Frontal 21", 16.03.2021

23   https://www.volksstimme.de/kultur/lindenberg-mit-butterweichen-knien-in-magdeburg-1838662, abgerufen 29.10.2024

24   Spielfilm: Highlander – Es kann nur einen geben, UK / USA, 1986

25   Immanuel Kant, Idee zu einer allgemeinen Geschichte in weltbürgerlicher Absicht, Satz 5, November 1784

26   https://de.wikipedia.org/wiki/Georg_von_Rauch_(Anarchist), abgerufen 31.10.2024

27   Ton Steine Scherben, Manifest, Zeitschrift Agit 883, 1970

28   ARD, Dokumentarfilm, 1970

29   https://bukowskiforum.com/threads/h-miller-letter-to-bukowski.26/, abgerufen 31.10.2024

30   http://ozzmosis.de/info/ , abgerufen 31.10.2024

31   https://bildblog.de/138934/bild-auf-schrumpfkurs-zum-scheitern-verurteilt-waermepumpen/, abgerufen 31.10.2024

32   https://de.wikipedia.org/wiki/Wochenschau, abgerufen 31.10.2024

33 https://de.wikipedia.org/wiki/Flughafen_Madeira_Cristiano_Ronaldo, abgerufen 31.10.2024

34 https://de.wikipedia.org/wiki/Operation_Overlord, abgerufen 31.10.2024

35 https://www.dsw.org/

36 https://de.wikipedia.org/wiki/Serendipity, abgerufen 02.11.2024

37 https://de.wikipedia.org/wiki/Liste_von_Beispielen_f%C3%BCr_Serendipity_bei_Erfindungen_und_Entdeckungen, abgerufen 02.11.2024

38 https://de.wikipedia.org/wiki/Albert_Hofmann, abgerufen 02.11.2024

39 https://www.bpb.de/shop/zeitschriften/apuz/312826/wir-schaffen-das/, abgerufen 02.11.2024

40 https://weltwoche.de/daily/ex-bundespraesident-christian-wulffs-zuwanderungs-prognose-wir-werden-olympiasieger-haben-forscher-entwickler-busfahrer-in-allen-bereichen-der-gesellschaft-menschen-die-aus-syrien-gekommen/, abgerufen 02.11.2024

41 https://netzpolitik.org/2023/olimpias-augen-das-hype-theater-um-moderne-chatbots/, abgerufen 13.11.2024

Der Verlag

" Wer aufhört besser zu werden, hat aufgehört gut zu sein!

Basierend auf diesem Motto ist es dem novum Verlag ein Anliegen, neue Manuskripte aufzuspüren, zu veröffentlichen und deren Autoren langfristig zu fördern. Mittlerweile gilt der 1997 gegründete und mehrfach prämierte Verlag als Spezialist für Neuautoren in Deutschland, Österreich und der Schweiz.

Für jedes neue Manuskript wird innerhalb weniger Wochen eine kostenfreie, unverbindliche Lektorats-Prüfung erstellt.

Weitere Informationen zum Verlag und seinen Büchern finden Sie im Internet unter:

www.novumverlag.com